【高等院校公共课教材】

Bangong zidonghua shiyong jiaocheng

办公自动化实用教程

第二版

◆李 蒨 编著

暨南大学出版社
JINAN UNIVERSITY PRESS
中国·广州

图书在版编目（CIP）数据

办公自动化实用教程/李倩编著．—2版．—广州：暨南大学出版社，2009.9（2013.6重印）
（高职高专院校公共课教材）
ISBN 978－7－81079－829－7

Ⅰ．办…　Ⅱ．李…　Ⅲ．办公室—自动化—应用软件—高等学校；技术学校—教材
Ⅳ．TP317.1

中国版本图书馆CIP数据核字（2009）第173355号

出版发行：暨南大学出版社

地　址：中国广州暨南大学
电　话：总编室（8620）85221601
　　　　营销部（8620）85225284　85228291　85228292（邮购）
传　真：（8620）85221583（办公室）　85223774（营销部）
邮　编：510630
网　址：http：//www.jnupress.com　http：//press.jnu.edu.cn

排　版：暨南大学出版社照排中心
印　刷：江门市新教彩印有限公司

开　本：787mm×1092mm　1/16
印　张：10.5
字　数：269千
版　次：2007年9月第1版　2009年9月第2版
印　次：2013年6月第5次
印　数：15001—18000册

定　价：25.00元（附送光盘一张）

（暨大版图书如有印装质量问题，请与出版社总编室联系调换）

前　言

在信息技术高速发展的今天，对计算机的操作与应用已成为人们生活中不可缺少的内容。本书对计算机的基础知识、发展趋势及其应用进行了详细的讲解。书中以轻松的文字，直观的图示，详细的操作步骤，易学易懂的方式，全面系统地介绍了运用计算机所要掌握的知识。

本书的写作目的是为适应计算机技术快速发展的现实需要，不断跟踪最新应用技术，使学习者能在短时间内学到最前沿的计算机知识，并能达到国家计算机高新技术办公软件应用模块中级水平。

本书在编写过程中，参考了国家劳动部职业技能鉴定指导中心《全国计算机信息高新技术考试》办公软件的应用模块，并且根据作者多年的办公自动化教学实践和经验，以及多年举办劳动部全国计算机信息高新技术办公软件应用模块考试的要求，将计算机的内容按知识的层次，循序渐进地进行细化，深入地进行讲解，将操作步骤详细列出，让初学者能够在短时间内学到较多实用、适用的知识，切实提高学习者熟练操作计算机相关软件的能力，以达到培养学习者掌握计算机应用技能的目的。

本书适用于高职高专院校、中等专业技术院校以及技工学校的学生；文秘人员、办公室工作人员以及其他需要掌握办公软件操作技能的社会人士。

本书由李倩编写，翁俊英、张俊芳、黄金玉、温晓桐等为此书编写做了大量的工作，在此表示衷心的谢意。

由于时间仓促，疏忽和错漏之处在所难免，希望广大读者不吝批评指正。

编者

二〇〇九年九月

目 录

第 1 章　计算机入门

1.1　计算机的发展及其应用

1.1.1　计算机的概念及其特点

1. 计算机的概念

计算机也称为电脑，它是一种能快速高效地完成信息处理的数字化电子设备。它通过人们编写的程序对输入的原始数据进行加工、处理、存储、传递，从而获得所期望的输出信息。因此，计算机是一种能按预先编好的存储程序来自动完成信息处理、数据加工的通用工具，具有明显的社会效益与经济效益。计算机的问世，使人们从繁重的脑力劳动中解放出来，并能够在浩瀚的信息海洋中，及时、准确地探索和揭示大自然的奥秘，它使得工业自动化、农业自动化、办公自动化和通信网络化成为现实，并且改变着人类社会生活的方方面面。

2. 计算机的特点

计算机具有如下主要特点：

①运算速度高。计算机运算部件采用的是电子元件，具有很高的运算速度，现在有的机型的运算速度已达到每秒上百亿次。随着科学技术的不断发展和人们对计算机要求的不断提高，其运算速度还将更快。

②计算精度高。计算机内用于表示数和数的位数越多，其计算的精度就越高，有效位数可为十几位、几十位甚至达到几百位。

③记忆能力超强。计算机中拥有容量很大的存储装置，可以存储所需要的原始数据信息、处理的中间结果与最后结果，还可以存储指挥计算机工作的程序。计算机不仅能保存大量的文字、图像、声音等信息资料，还能对这些信息加以处理、分析和重新组合，以满足在各种应用中对这些信息的需求。

④判断能力强。计算机具有逻辑推理和判断能力，可以代替人脑的一部分劳动，如参与管理、指挥生产等。随着计算机的不断发展，这种判断能力还在增强，人工智能型的计算机将具有思维和学习能力。

⑤工作自动化。计算机可以不需要人工干预而自动、协调地完成各种运算或操作。这是因为人们将需要计算机完成的工作预先编辑程序，并储存在计算机中，使计算机能够自动完成工作。

1.1.2　计算机的发展

自 1946 年世界上第一台电子计算机问世以来，计算机科学与技术已成为本世纪发展最快的一门学科，尤其是微型计算机的出现和计算机网络的发展，使得计算机的应用渗透到社会的各个领域，有力地推动了信息社会的发展。多年来，人们以计算机电子器件的变革作为标志，把计算机的发展分为四代。

第一代（1946—1956 年）是电子管计算机。这个时期计算机使用的主要逻辑元件是电子管，也称电子管时代。主存储器先采用延迟线，后采用磁铁磁芯，外存储器使用磁带。这个时期计算机的特点是：体积庞大，运算速度低（一般每秒几千次到几万次），成本高，可靠性差，内存容量小。

第二代（1957—1964 年）是晶体管计算机。这个时期计算机使用的主要逻辑元件是晶体管，也称晶体管时代。主存储器采用芯片，外存储器使用磁带和磁盘。软件方面开始使用管理程序，后期使用操作系统并出现了 FORTRAN、COBOL、ALGOL 等一系列高级程序设计语言。

第三代（1965—1970 年）是集成电路计算机。这个时期的计算机用中小规模集成电路代替了分立元件，用半导体存储器代替了磁芯存储器，外存储器使用磁盘。软件方面，操作系统进一步完善，高级语言增多，出现了并行处理、多处理机，虚拟存储系统以及面向用户的应用软件。

第四代（1971 年以后）是大规模和超大规模集成电路计算机。这个时期的计算机主要逻辑元件是大规模和超大规模集成电路，一般称大规模集成电路时代。存储器采用半导体存储器，外存储器采用大容量的软硬磁盘，并开始引入光盘。软件方面，操作系统不断发展和完善，同时发展了数据库管理系统、通信软件等。

如今，计算机的发展进入了以计算机网络为特征的时代。

1.1.3 计算机的分类

随着计算机的快速发展和应用领域的不断扩大，为了适应不同领域，其规模和功能也逐渐地朝着五大方向发展。到目前为止，我们可以将计算机分为以下五大类：

1. 微型计算机

即个人计算机。它体形较小，是使用最广泛的机型，通常所说的 486、586、奔腾Ⅱ、奔腾Ⅲ、奔腾Ⅳ等都属于微型计算机的机型。微型计算机虽然体积小，但它的功能却是非常强大的，它的计算速度可达到每秒百万次以上。

2. 工作站

工作站的体积与微型计算机的体积差不多，但它的运算速度更高，并配有大屏幕器和大容量存储器，而且有较强的网络通信功能。

3. 小型机

运算速度可达到每秒几百万次，通常在一些科研机构、设计院和普通高校充当主要角色。

4. 大中型机

大中型机的运算速度为每秒几千万次，通常装备在国家级的科研机构以及国家重点理工科院校。

5. 巨型机

巨型机是运算速度超过每秒亿次的高性能计算机。它主要应用在航天、地震预测、军事、宇宙探索等尖端高科技领域。

1.1.4 计算机的主要应用

计算机是 20 世纪科学技术发展最卓越的成就之一。它问世以来，已经广泛应用于工业、农业、国防、科研、文教、交通运输、商业、通信以及日常生活等各个领域。计算机的应用可以归纳为以下几个主要方面：

1. 科学计算

早期的计算机主要用于科学计算。目前，科学计算仍然是计算机应用的重要领域。随着计算机技术的发展，计算机的计算能力越来越强，计算速度越来越高，计算的精度也越来越高。利用计算机进行数值计算，可以节省大量的时间、人力和物力。

2. 信息管理

信息管理是目前计算机应用最广泛的一个领域，它是利用计算机对数据进行及时的记录、整理、计算，加工成人们所需要的形式，如企业管理、报表统计、账目计算、信息情报检索等。

3. 过程检测与控制

利用计算机进行控制，可以节省劳动力，减轻劳动强度，提高劳动生产效率，并且还可以节省生产原料，减少能源消耗，降低生产成本。

利用计算机对工业生产过程中的某些信号自动进行检测，并把检测到的数据存入计算机，再根据需要对这些数据进行处理，这样的系统称为计算机检测系统。在实际应用中，检测和控制往往同时并存。

4. 计算机辅助工程

计算机作为辅助工具，目前被广泛应用于各个领域。主要有：计算机辅助设计（CAD）、计算机辅助制造（CAM）、计算机辅助测试（CAT）、计算机辅助教学（CAI）。

5. 人工智能方面的研究和应用

人工智能（AI）是指计算机模拟人类某些智能行为的理论、技术和应用。人工智能是计算机应用的一个新领域，这方面的研究和应用正处于发展阶段。如医疗机器人是计算机人工智能的典型例子。

6. 多媒体技术应用

随着电子技术特别是通信和计算机技术的发展，人们已经有能力把文本、音频、视频、动画、图形和图像等各种媒体综合起来，构成了一种全新的概念——“多媒体”(Multimedia)。多媒体在医疗、教育、商业、银行、保险、行政管理、军事、工业、广播和出版等领域的应用发展很快。

7. 计算机网络

所谓计算机网络，就是利用通信设备和线路将地理位置不同、功能独立的多台计算机互联起来，以实现信息交换、资源共享和分布式处理。计算机网络是当前计算机应用的一个重要领域。

1.2 微机系统的组成及软硬件资源

计算机系统是包括计算机在内的具有一定功能的完整系统。计算机系统的每一部分都有自己的组成和功能，并各有其不同的特点。不同的计算机系统其性能也不一样，衡量其性能的高低也有特定的指标。

1.2.1 微机系统的基本组成

一个完整的计算机系统包括两大部分，即硬件系统和软件系统，如图 1－1 所示。

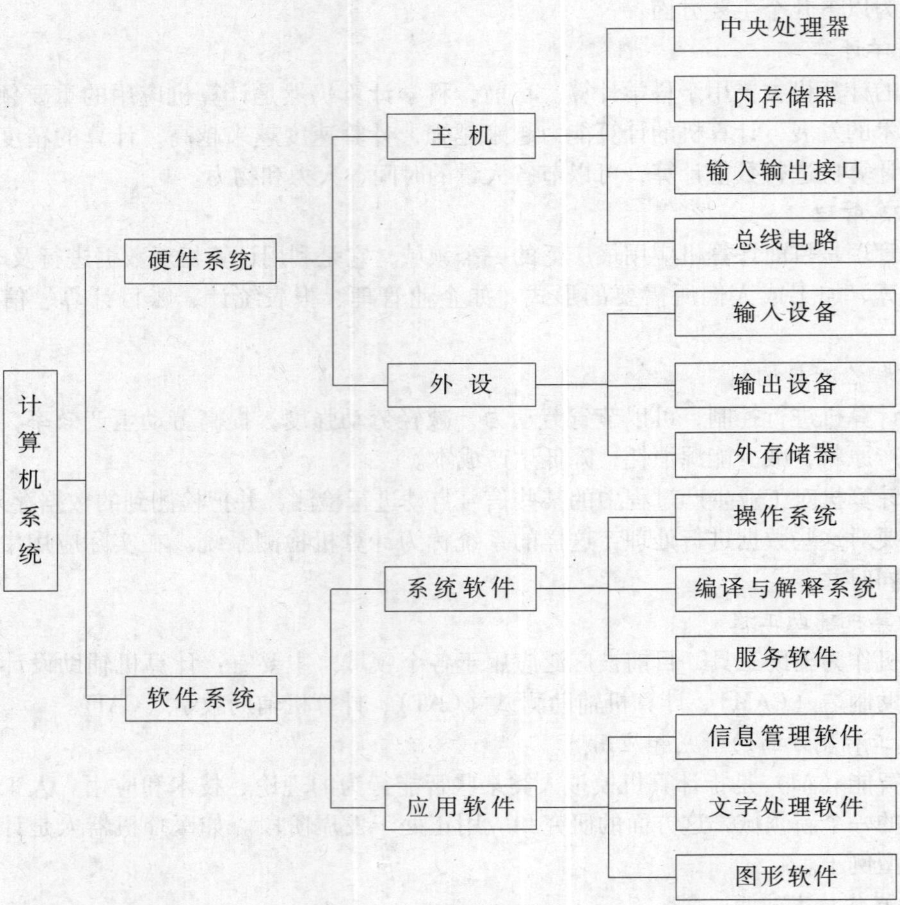

图 1-1　完整的计算机系统

所谓硬件是指构成计算机的物理设备，即由机械、电子器件构成的具有输入、存储、计算、控制和输出功能的部件。计算机硬件是计算机进行工作的物质基础。

所谓软件也称为“软设备”，广义地说，软件是指系统中的程序以及开发、使用和维护程序所需所有文档的集合。所有程序实际上是用于指挥计算机执行各种动作以便完成指定任务的指令集合。我们平时讲到“计算机”一词，都是指含有硬件和软件的计算机系统。我们把不装备任何软件的计算机称为硬件计算机或裸机。

1.2.2　计算机硬件系统的组成

计算机的硬件系统由运算器、控制器、存储器、输入设备、输出设备五个基本部分组成。

1. 运算器

运算器又称算术逻辑单元（Arithmetic Logic Unit，简称 ALU），是计算机对数据进行加工处理的部件，它的主要功能是对二进制数码进行加、减、乘、除等算术运算和与、或、非等基本逻辑运算，实现逻辑判断。运算器在控制器的控制下实现其功能，运算结果由控制器指挥送到内存储器中。

2. 控制器

控制器主要由指令寄存器、译码器、程序计数器和操作控制器等组成，它是用来对计算机各部件进行控制并协调输入、输出操作或对内存的访问，使整个处理过程有条不紊地进行。它的基本功能就是从内存中读取指令和执行指令，即控制器按程序计数器指出的指令地址从内存中取出该指令进行译码，然后根据该指令功能向有关部件发出控制命令，执行该指令。另外，控制器在工作过程中，还要接受各部件反馈回来的信息。

3. 存储器

存储器具有记忆功能，用来保存信息，如原始数据、指令、中间运算结果和最后结果等。存储器可分为两种：内存储器与外存储器。

（1）内存储器（简称内存或主存）：内存储器也称主存储器（简称主存），它直接与 CPU 相连接，存储容量较小，但速度高，用来存放当前运行程序的指令和数据，并直接与 CPU 交换信息。内存储器由许多存储单元组成，每个单元能存放 8 位的二进制信息，或一条由二进制编码表示的指令，这样的存储单元称为一个字节（Byte）。即存储器的容量是以字节为基本单位的。

存储器的存储容量以字节为基本单位，每个字节都依次用从 0 开始的整数进行编号，此编号称为“地址”。如要访问存储器中的某个信息，就必须知道它的地址，然后再按地址存入或取出信息。

（2）外存储器（简称外存或辅存）：外存储器又称辅助存储器（简称辅存），它是内存的扩充。外存存储容量大，价格低，但存储速度较低，一般用来存放大量暂时不用的程序、数据和中间结果，需要时，可成批地和内存储器进行信息交换。外存只能与内存交换信息，不能被计算机系统的其他部件直接访问。常用的外存有磁盘、磁带、光盘等。

4. 输入/输出设备

输入/输出设备简称 I/O（Input/Output）设备。用户通过输入设备将程序和数据输入计算机，输出设备将计算机处理的结果（如数字、字母、符号和图形）显示或打印出来。常用的输入设备有：键盘、鼠标器、扫描仪、数字化仪等。常用的输出设备有：显示器、打印机、绘图仪等。

人们通常把内存储器、运算器和控制器合称为计算机主机。而把运算器、控制器做在一个大规模集成电路块上称为中央处理器，又称 CPU（Central Processing Unit）。也可以说主机是由 CPU 与内存储器组成的，而主机以外的装置称为外部设备，外部设备包括输入/输出设备和外存储器等。

1.2.3 微型计算机

微型计算机是计算机技术和大规模集成元件技术发展的产物，现已成为现代信息社会的一个重要角色。

微型计算机主要由显示器、键盘、鼠标和主机构成。主机箱内有：中央处理器、内存、硬盘、光驱、软驱、显卡等。

1. 显示器

显示器的外形像电视机，但它们的内部构造是不同的。计算机的显示质量要比电视机的高，显示器是如何成像的呢？我们简单地描述一下。在显示器屏幕上排列着许多像素点，这些像素点排得越密，画面的质量就越高。计算机控制显示器中的像素点，使它们部分发光，部分不发光，从而显示出图形和文字。计算机通过控制每个像素点的颜色，就能够得到彩色的画面。

目前应用得最广泛的仍然是阴极射线管显示器，简称 CRT。还有一种是液晶显示器，简称为 LCD。如图 1－2 所示。

图 1－2　阴极射线管显示器和液晶显示器

人们平时所说的 17 英寸、19 英寸显示器，指的是显示器屏幕对角线的长度，而不是显示器的宽度或高度。

还有一个词“点距”，这是显示器性能好坏的一个重要参数。我们在显示器上看到的图像是由无数个细小的像素组成的，而相邻的像素点之间的距离就是点距，单位是毫米。点距越小，像素点就越多，图像也就越清晰、细腻。

显示器的另一个重要参数是最大分辨率。最大分辨率就是显示器屏幕上一行和一列中所能显示的最多像素点，这个值越大，显示器的显示效果就越好。目前适合家庭和办公使用的显示器的最大分辨率一般是 1 024 ×768。

场频又称为“垂直扫描频率”，指每秒钟屏幕刷新的次数，以 Hz（赫兹）为单位。刷新频率过低会导致屏幕有明显的闪烁感，易造成眼睛疲劳。现市面上的显示器一般规定 85 Hz 逐行扫描为无闪烁的标准场频。

目前，市场上的显示器品牌主要有美格、索尼、三星、NEC 等。

2. 中央处理器

中央处理器即 CPU。它由运算器和控制器组成。CPU 品质的高低直接决定了一个计算机系统的档次。反映 CPU 品质的最重要的指标是主频与字长。

主频是指 CPU 的时钟频率，单位是 MHz（兆赫兹）。主频越高，微处理器的运算速度就越高。人们通常说的奔腾Ⅲ800 MHz，就是指它的时钟频率为 800 兆赫兹。CPU 的发展非常迅速，目前 Intel 的奔腾Ⅳ，最高频率已经超过了 3 GHz 了。如图 1－3 所示。

图 1－3　Intel 奔腾ⅣCPU 和 AMD Athlon XP CPU

3. 内存

微型计算机的内存由半导体器件构成。内存按功能可分为两种：只读存储器（ROM）和随机存储器（RAM）。ROM的特点是：存储的信息只能读出，不能随意改写，断电后信息不会丢失，一般固化在主板或其他板卡上用来存放专用的程序和数据。RAM的特点是：可以读出，也可以改写，读取时不损坏原有存储的内容，只有写入时才能修改原来所存储的内容，断电后，存储的内容立即丢失。

图1-4　DDR内存

目前的主流内存的规格是DDR，容量一般是512 MHz。如图1-4所示。

4. 硬盘

硬盘是由若干片涂有磁性材料的同轴合金圆盘组成，是微机系统的主要外存储器。如图1-5所示。

硬盘的一个重要性能指标是存取速度。影响存储速度的因素有：平均寻道时间、数据传输率、盘片的旋转速度和缓冲存储器容量等。一般来说，转速越高的硬盘寻道的时间越短，因而数据传输率也越高。

目前生产硬盘的主要厂商有IBM、希捷、迈拓等，容量一般达到几十GB，甚至上百GB，而且存取信息也很快。

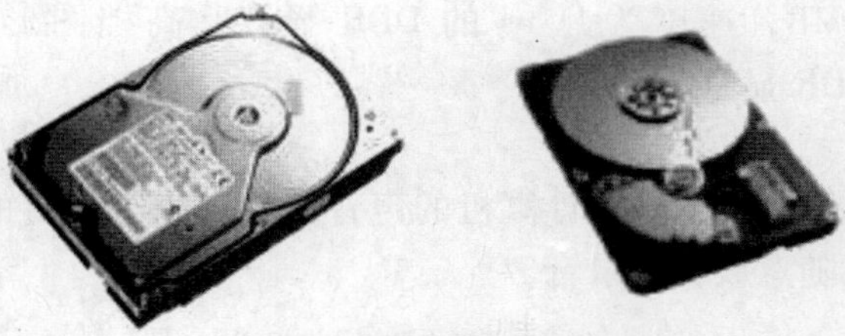

图1-5　两种常见硬盘外观

5. 光驱

现在的多媒体电脑中，光驱（如图1-6所示）已经是一个标准配备。光驱的英文名叫做CD-ROM，具有错误纠察与修正的效能。它的特点与硬盘不同，是利用光盘作为载体的存储设备，光盘中存储的信息不能随意修改或删除。

光驱分为内置式和外置式两种。内置式可配合直立主机或者横向主机，适合阅读多类型的光碟片。外置式则为手提电脑和桌上电脑的最佳配置，因为它具有独立携带的灵活性。光驱有不同的速度，光驱的速度称为“倍速”。目前一般的CD-ROM为52倍速，DVD-ROM为32倍速。

图1-6　光驱的外观

6. 软驱

软驱在必要的时候可以为我们启动计算机，还可以传递和备份一些比较小的文件。如图1-7所示。

软驱的主要组成有：控制电路板、马达、磁头定位器和磁头。磁头其实是很小的，上下各有一个，我们看到的是它的滑轨。

图1-7　软驱

7. 显示卡

显示卡是计算机中负责成像的部分，我们使用的显示卡有两种：一般的显示卡和图形加速卡。一般的显示卡仅仅是将计算机要显示的图形输出到显示器，图形的绘制由 CPU 来完成。这种显示卡构造简单，价格低廉，适合于一般性文字处理的计算机。如图 1－8 所示。

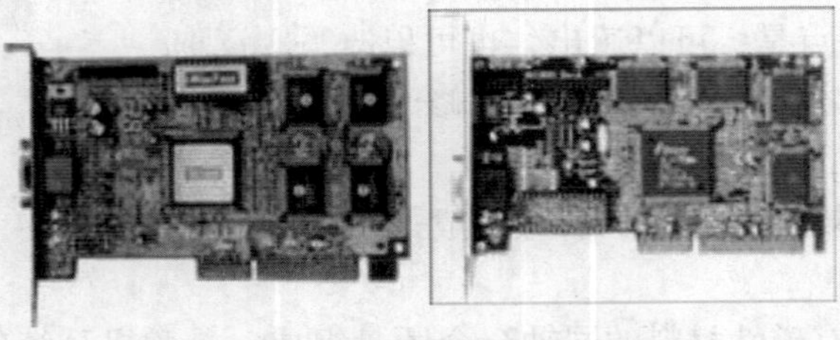

图 1－8 一般的显示卡

图形加速卡自身带有处理器，可以完成一部分图形处理功能，分担了 CPU 的工作，提高了计算机运行的速度，使图像显示的效果和速度有很大的提高。目前，大多数显示卡都已具备了图形加速功能。

影响显示卡性能的另一个重要的部件是显存。显存中储存着图形处理器工作时所需要的数据和指令，显存的容量和速度对显示卡的性能有着很大的影响。目前，一般的图形加速卡带有容量为 32 MB、64 MB，速度为几 ns 的 DDR 显存，高档图形加速卡带有 128 MB、256 MB甚至 512 MB 的 DDR 显存。

8. 声卡

声卡是多媒体计算机的必备配件，计算机的声音就是由声卡负责的。声卡插在主板上连接着音箱和麦克风，可以随意放音、录音。

9. 键盘、鼠标

键盘、鼠标是计算机的标准输入设备，也是最常用的输入设备之一。键盘负责将各种数字、符号等信息输入计算机。鼠标主要在图形操作系统中使用，在某些环境下，使用鼠标比键盘更方便。一般情况下，键盘和鼠标都是相互配合使用。如图 1－9 所示。

图 1－9 键盘、鼠标

1.2.4 计算机外设

1. 打印机

打印机有很多种，如家庭及办公常用的有针式打印机、喷墨打印机和激光打印机等，还有用于高级印刷的热升华打印机、热蜡打印机等。

（1）针式打印机：针式打印机因其便宜、耐用、可打印多种类型纸张等，普遍应用于多种领域。如图 1－10 所示。我们常用的 EPSON LQ－1600K、STAR CR－3240 等属于宽行针式打印机；EPSON LQ－100、NEC－P2000 则属于窄行针式打印机。

图 1－10 针式打印机

宽行打印机可以打印 A3 幅面的纸，窄行打印机一般只能打印 A4 幅面的纸，针式打印机可以打印穿孔纸。针式打印机有着其他机型所不能代替的优点，那就是它可以打印多层纸，这使之在报表处理中的应用非常普遍。

打印机通过25针电缆线连接到电脑主机的并行端口（LPT），使用自己的电源接线。在连接打印机到电脑上时，注意要在断电情况下操作，带电插拔打印电缆会烧坏打印机和电脑的连接端口。

（2）喷墨打印机：喷墨打印机的价格也比较低，而且打印时噪音较小，图形质量较高，成为当前家庭打印机的主流。它也有宽行和窄行之分，而且有很多型号可以打印彩色图像。

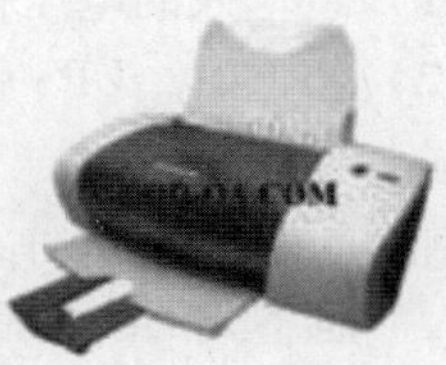

图1－11　喷墨打印机

喷墨打印机适合打印单页纸，其打印质量在很大程度上决定于纸张的质量。它的进纸方式及面板控制和针式打印机相似，但它是通过墨盒喷墨打印。如图1－11所示。

喷墨打印机的墨盒用完了也要及时更换，而且相对于针式打印机来说消耗较高，更换墨盒的方法比较简单，我们以EPSON STYLUS 1520彩色喷墨打印机为例向大家介绍换墨盒的方法：首先打开电源，打印机启动正常后，按下“切换”键约3分钟，当打印头开始活动时松开按键，稍等一会，打印头便停在更换墨盒的位置上了，接着打开墨盒上的保护夹，取出旧墨盒，换上新墨盒，然后再按一下“切换”键即可。注意有些打印机需要在断电后更换墨盒，具体要参看说明书。

喷墨打印机在安装了新的墨盒后，一般都需要清洗打印头才能正常打印，在打印机的面板上通常都会有一个“清洗”打印头的按钮，有一些打印机在更换了墨盒后会自动地进行清洗。最好依据说明书来进行清洗操作。

（3）激光打印机：激光打印机更趋于智能化，比如HP6L打印机，它没有电源开关，平时自动处于关机状态，当有打印任务时自动激活。它有自己的内存和处理器，能单独处理打印任务，大大减轻了计算机的负担。

激光打印机的分辨率很高，有的能达到600 dpi以上，打印效果精美细致，但其价格较高，所以常用于激光照排系统以及办公室。

激光打印机也有宽行、窄行及彩色、黑白之分，但宽行和彩色机型都很昂贵，所以目前普通应用的是用于打印A4单页纸的窄行黑白机型。如图1－12所示。

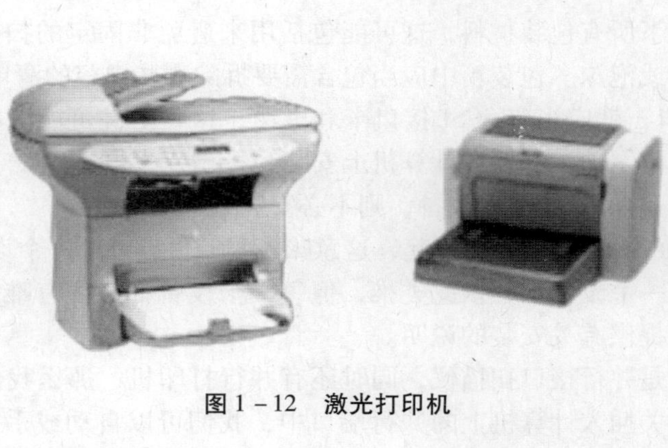

图1－12　激光打印机

2. UPS

UPS 就是不间断电源。如果我们使用的电源电压不稳定或者经常停电，计算机就会立即停止工作，计算机中没来得及储存的信息就会丢失，而且不稳定的电压还会损坏计算机的硬件。UPS 能起到两方面的保护作用：

（1）将输入的电压稳压后，再输出到计算机，保证计算机在稳定的电压下工作；

（2）停电时，UPS 就以自身携带的蓄电池为计算机供电，从而避免计算机停止工作而丢失数据。

常用的 UPS 有两种：后备式和在线式。

（1）后备式 UPS：后备式 UPS 在市电正常供电时，把市电直接提供给计算机，UPS 内的逆变器处于停止工作状态。只有当市电供电中断或低于 170 V 时，蓄电池才对 UPS 的逆变器供电，并输出给计算机系统。后备式 UPS 噪音小、价格低，适用于市电波动不大、对供电质量要求不高的场合。

（2）在线式 UPS：在线式 UPS 是将市电经过逆变器稳压后，再向计算机系统提供电源。在线式 UPS 的供电质量远远优于后备式 UPS，适用于要求电压较稳定的场合。

3. 扫描仪

随着数字时代的发展，扫描仪已逐渐成为家庭计算机环境中的常见设备。它能够将照片和原图扫描到计算机中，通过计算机对照片进行编辑和网上传送。如图 1－13 所示。

图 1－13　扫描仪

扫描仪可以分为以下几种类型。

（1）平板式：目前最流行的家用扫描仪类型是平板式扫描仪。平板式扫描仪看起来有点像小型复印机，带有一个玻璃板，可以将纸张、书籍或者希望扫描的任何其他物体放在上面。

（2）单页进纸式：这种扫描仪比较常见，它非常适合于扫描大批量松散的单页纸，但不能处理装订的文档。

（3）手持式：这种扫描仪一次能够扫描 2～5 英寸。尽管对于扫描小图像或小段文本很有帮助，但扫描整页时却很难操作。

扫描仪的安装过程对于一般的计算机用户来说比较困难，因此我们将它的安装过程简单地介绍一下。

从扫描仪主体取下所有包装材料，这可能包括用来避免非固定的扫描仪固件在装运过程中移动的胶带、螺钉或泡沫。包装箱中应当包含需要拆除哪些内容的清单。

如果有 SCSI 接口，就应当有 SCSI 接口卡和电缆，这些附件可能随机提供，也可以单独购买。在进行其他操作之前，需要在计算机上安装 SCSI 卡——请按生产商的说明操作。如果计算机上已经连接了另外一个 SCSI 设备，则不必安装 SCSI 卡。

最多可以将 15 个 SCSI 设备接在一起，这意味着我们可以将第一个设备连接到计算机上，第二个设备连接到第一个设备上，依此类推，但每一个设备都必须有唯一的标识号，生产商提供的说明应当为你提供有关安装的说明。

如果我们选择的是并行接口扫描仪，同时还有并行打印机，那么我们可能需要购买 A/B 打印机开关。这个开关插入计算机上的并行端口中，我们可以自动或手动旋转开关，通过同一个端口操作打印机和扫描仪。

如果计算机上的 USB 端口已经用完，那么我们可以购买一个集中器。将集中器插入 PC

的一个 USB 端口中，然后将附加的 USB 端口插入集中器中。

在将任何设备连接到计算机上之前，应确保关闭 PC 上的电源。将扫描仪电缆连接到计算机的适当端口上，确保锁定或把螺钉拧到位，将电缆的另一端插到扫描仪上。

将电源电缆连接到扫描仪上，然后插入。

打开扫描仪，然后打开计算机。计算机启动时，Windows 应当检测到连接的新设备，并询问是否想要查找驱动程序。驱动程序是使计算机可以与扫描仪正常通信的一个程序，可能包含在随扫描仪附带的盘上。如果 Windows 没有识别扫描仪并要求安装适当的驱动程序，我们可能需要运行生产商提供的特定安装程序。不同的生产商、甚至不同机型的安装差别很大，请阅读手册中包含的安装说明，以确定如何继续。

安装好扫描仪后，我们就能够使用它了。

4. 手写笔

手写笔的出现就是为了输入中文，使用者不需要再学习其他的输入法就可以很轻松地输入中文，当然这还需要专门的手写识别软件。同时手写笔还具有鼠标的作用，可以代替鼠标操作 Windows，并可以作画。

手写笔一般都由两部分组成，一部分是与电脑相连的写字板，另一部分是在写字板上写字的笔。如图 1－14 所示。手写板上有连接线，接在电脑的串口，有些还要使用键盘孔获得电源，即将其上面的键盘口的一头接键盘，另一头接电脑的 PS/2 输入口。

图 1－14　手写笔和手写板

1.2.5　计算机软件

所谓软件是指能指挥计算机工作的程序与程序运行时所需要的数据，以及与这些程序和数据有关的文字说明和图表资料。软件是计算机系统的重要组成部分，它与硬件息息相关，缺少任何一个，计算机系统都不能正常发挥其作用。

计算机的软件系统可以分为系统软件和应用软件两大类。

1. 系统软件

系统软件是控制和维护计算机系统资源的程序集合，这些资源包括硬件资源与软件资源。例如对 CPU、内存、打印机的分配与管理；对磁盘的维护与管理；对系统程序文件与应用程序文件的组织和管理等。常用的系统软件有：操作系统、各种语言处理程序和一些服务性程序等，其核心是操作系统。

系统软件是计算机正常运行不可缺少的，一般由计算机生产厂家研制或软件开发人员研制。其中一些系统软件程序，在计算机出厂时直接写入 ROM 芯片，例如系统引导程序、基本输入输出系统（BIOS）、诊断程序等。有些直接安装在计算机的硬盘中，如操作系统。也有一些保存在活动介质上供用户购买，如语言处理程序。

（1）操作系统：用于管理和控制计算机硬件和软件资源，是由一系列程序组成的系统。操作系统是直接运行在裸机上的最基本的系统软件，是系统软件的核心，任何其他软件必须在操作系统的支持下才能运行。

（2）语言处理程序：程序是计算机语言的具体体现，是用某种计算机程序设计语言按问题的要求编写而成的。随着计算机语言的进化，程序也越来越趋近于人的思维而使机器更智能化。对于用高级语言编写的程序，计算机是不能直接识别和执行的。要执行高级语言编写的程序，首先要将高级语言编写的程序通过语言处理程序翻译成计算机能识别和执行的二进制机器指令，然后供计算机执行。

（3）数据库管理系统：数据库管理系统的作用就是管理数据库，具有建立、编辑、维护、访问数据库的功能，并提供数据独立、完整、安全的保障。按数据模型的不同，数据库管理系统可分为层次型、网状型和关系型三种类型。如 Foxpro、Oracle、Access 都是典型的关系型数据库管理系统。

（4）网络管理软件：网络管理软件主要是指网络通信协议及网络操作系统。其主要功能是支持终端与计算机、计算机与计算机以及计算机与网络之间的通信，提供各种网络管理服务，实现资源共享和分布式处理，并保障计算机网络的畅通无阻和安全使用。

2. 应用软件

除了系统软件以外的所有软件都称为应用软件，是由计算机生产厂家或软件公司为支持某一应用领域、解决某个实际问题而专门研制的应用程序。例如 Office 套件、标准函数库、计算机辅助设计软件、各种图形处理软件、解压缩软件、反病毒软件等。用户通过这些应用程序完成自己的任务。例如，利用 Office 套件创建文档、利用反病毒软件清理计算机病毒、利用解压缩软件解压文件、利用 Outlook 收发电子邮件、利用图形处理软件绘制图形等。

1.2.6 计算机程序设计系统

1. 计算机程序设计语言

人与人之间用语言进行交流，语言是一种媒介工具，它的作用就是传达信息。人与计算机之间也需要一种媒介来传输信息。人通过程序设计语言，使计算机能够“懂得”人的需求，从而达到为人服务的目的。程序设计语言是一个统称，可以分为三种类型：

（1）机器语言：机器语言是一种用二进制代码“0”或“1”的形式来表示的，能够被计算机识别和执行的语言，不同的计算机具有各自不同的机器语言。构成机器语言的字是指令，所谓指令是规定 CPU 执行某种特定操作的命令，通常一条指令对应着一种基本操作，又称为机器指令。一台计算机能实现的全部指令称为该台计算机的指令系统。每台计算机的指令系统就是该计算机的机器语言。

机器指令不直观、难记，编写过程中容易出错，且检查错误难。因此用机器语言编写程序的难度比较大。

（2）汇编语言：汇编语言使用助记符来表示机器指令，即将机器语言符号化。与机器语言相比，汇编语言的可读性和可维护性有了显著的提高，而且汇编语言的运算也非常快。但由于汇编语言与机器指令具有一一对应的关系，实际上是机器语言的一种符号化表示，所以不同的 CPU 类型的计算机的汇编语言也是互不通用的。而且由于汇编语言与 CPU 内部结构关系紧密，因此汇编语言要求程序设计人员掌握 CPU 内部结构寄存器和内存储器组织结构，所以对一般人来说，汇编语言仍然难学难记。在计算机程序设计语言体系中，由于汇编语言与机器指令的一致性两者都是对计算机硬件进行底层操作，通常将机器语言和汇编语言合并称为低级语言。

计算机执行用汇编语言编制的程序时，必须先用汇编语言的汇编程序将其翻译成机器语言，然后才能运行。

（3）高级语言：高级语言是用数学语言和接近于自然语言的语句来写程序，更易于为人们掌握和书写，而且高级语言不是面向机器，因此具有良好的可移植性和通用性。但高级语言不能直接被计算机识别，需要通过一些编译和解释程序将其转换为用机器指令表示的目标程序才能被识别并执行。

随着计算机的发展，高级语言的种类越来越多，目前已达数百种，常用的高级语言有十几种，主要的有 BASIC 语言、FORTRAN 语言、PASCAL 语言、C 语言、C + +、Java 语言等。

2. 语言处理程序

用汇编语言和高级语言编写的程序，要经过编辑处理、语言处理、装配链接处理后，才可以在计算机上运行。用编辑软件完成机器语言的形式，以便计算机能够运行，这一转换是由翻译程序来完成的，翻译程序除了要完成语言间的转换外，还要进行语法、语义等方面的检查，翻译程序统称为语言处理程序，共有三种。它们是：

（1）汇编程序：将汇编语言源程序翻译成机器语言程序，这一翻译过程称为汇编。汇编程序通过对源程序的扫描，用一定方法进行机器码与源程序符号码的替换，同时对各种形式的错误进行检查和分析，如有错误，就以某种方式输出错误的类型及有关信息，以便用户修改。

（2）编译程序：将高级语言源程序翻译成机器语言程序。这个翻译过程称为编译。对汇编而言，通常是将一条汇编语言翻译成一条机器语言指令。对编译而言，则往往需要将一条高级语言的语句转换成若干条机器语言指令。源程序经过编译之后，若无错误便生成了目标程序，再经一定处理之后，便可以运行了。运行时与源程序及编译程序无关，但若源程序作了某些修改，主程序必须再重新进行编译。

（3）解释程序：解释程序是边扫描边翻译边执行的翻译程序，解释过程不产生目标程序。解释程序将源程序一句一句读入，对每个语句进行分析和解释，有错误便随时通知用户，无错误就按照解释结果执行所要求的操作。

解释方式很灵活、方便，边解释边执行，所以程序运行时间长，且运行时离不开翻译程序。编译方式一次性把源程序翻译成可执行程序，然后再执行，所以程序的运行与翻译程序无关，因此运行速度要快得多，但其灵活性差，源程序一旦改动就要重新编译。

经汇编或编译之后生成的目标程序不能直接运行，目标程序可能调用一系列内部函数、外部程序、库函数或其他程序模块，这时就需要装配链接程序将全部的目标程序块、库程序和系统库链接起来，使其成为一个可调入内存运行的程序模块，这种程序称为可执行程序。

【本章小结】

本章讲解了计算机的发展、分类及应用，计算机硬件系统的组成，计算机的外部设备使用，计算机软件分类，计算机程序设计系统等知识。

通过对本章的学习，对计算机的发展及软、硬件应用应有一个基本的了解。

思考练习

一、选择题

1. 第二代电子计算机使用的电子器件是（　　）。

A. 电子管　　B. 晶体管　　C. 集成电路　　D. 超大规模集成电路

2. 一个完整的计算机系统包括（　）。

A. 计算机及其外部设备　　B. 主机、键盘、显示器

C. 系统软件和应用软件　　D. 硬件系统和软件系统

3. 计算机硬件系统由（　）组成的。

A. 控制器、CPU、存储器和输入输出设备

B. CPU、运算器、存储器和输入输出设备

C. CPU、主机、存储器和输入输出设备

D. 运算器、控制器、存储器和输入输出设备

4. 微机硬件系统中最核心的部件是（　）。

A. 内存储器　　B. 输入输出设备　　C. CPU　　D. 硬盘

5. 用计算机进行资料检索工作是属于计算机应用中的（　）。

A. 数据处理　　B. 科学计算　　C. 实时控制　　D. 人工智能

6. 用电子计算机进行地震预测方面的计算，是计算机在（　）领域中的应用。

A. 数据处理　　B. 过程控制　　C. 科学计算　　D. 计算机辅助系统

7. 计算机辅助系统中，CAD 是指（　）。

A. 计算机辅助制造　　B. 计算机辅助设计

C. 计算机辅助教学　　D. 计算机辅助测试

8. 微处理器是把运算器和（　）作为一个整体采用大规模集成电路集成在一块芯片上。

A. 存储器　　B. 控制器　　C. 输出设备　　D. 地址总线

9. 断电会使存储数据丢失的存储器是（　）。

A. RAM　　B. ROM　　C. 硬盘　　D. 软盘

10. 显示器的像素分辨率是（　）好。

A. 越高越　　B. 越低越　　C. 中等为　　D. 一般为

11. 打印机是一种（　）。

A. 输入设备　　B. 输出设备　　C. 存储器　　D. 运算器

二、填空题

1. 计算机是由________、________、________、________和________五部分组成，其中________和________组成 CPU。

2. 按计算机的综合性能指标，通常将计算机分为________、________、________、________和________等几类。

三、思考题

计算机主要应用在哪些方面？我们周围有哪些计算机应用的实际例子？

第 2 章　中文 Windows XP 操作系统

2.1　Windows XP 基础

2.1.1　操作系统概述

操作系统是用于管理和控制计算机硬件和软件资源的一组程序，操作系统是计算机硬件与其他软件的接口，也是用户和计算机的接口。

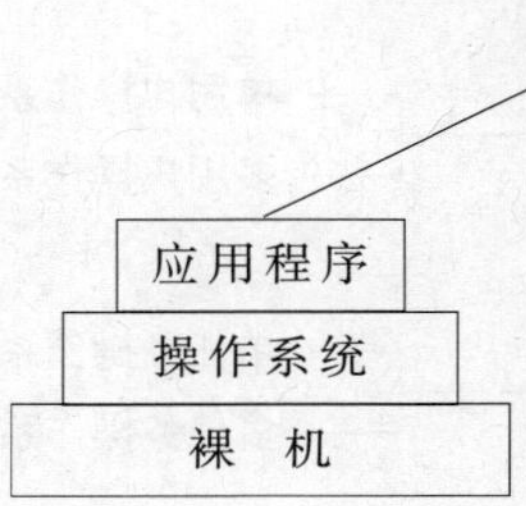

1. 操作系统的主要功能

（1）CPU 的控制与管理：CPU 是计算机系统中最重要的硬件资源，任何程序只有占有了 CUP 才能运行。操作系统可以使 CUP 按预先规定的优先顺序和管理原则，轮流地为若干外部设备和用户服务，或在同一时间内并行地处理几项任务，以达到资源共享的目的，从而使计算机系统的功能得到最大的发挥。

（2）存储管理：当计算机在处理一个问题时，要用到操作系统、编译系统、用户程序和数据等很多资源，这就需要由操作系统对内存进行统一分配并加以管理，使它们既保持联系，又避免互相干扰。如何合理地分配与使用有限内存空间是操作系统对内存管理的一个重要工作。操作系统按一定的原则回收空闲的存储空间，必要时还可以用已有的内容临时覆盖掉暂时无用的内容，待需要时再把覆盖掉的内容从外部存储器调入内存，从而相对地增加了可用的内存容量。

（3）设备管理：操作系统控制外部设备和 CPU 之间的通道，把提出请求的外部设备按一定的优先顺序排好队，等待 CPU 响应。为提高 CPU 与输入/输出设备之间并行操作速度，以及为了协调高速 CPU 和低速输入/输出设备的工作节奏，操作系统通常在内存中设定一些缓冲区，使 CPU 与外部设备通过缓冲区成批传送数据。数据传输方式是，先从外部设备一次读入一组数据到内存的缓冲区，然后成组进行 CPU 与输入/输出设备之间的数据交互，这种传输方式减少了 CUP 与外部设备之间的交互次数，提高了运行速度。

（4）信息（文件）管理：把逻辑上具有完整意义的信息集合在一个名字下，作为整体记录保存在存储设备中，这个整体就称为文件。为了区别不同信息的文件而分别对它们命名，这个名字称之为文件名。例如：一个源程序、一批数据、一个文档、一个表格或一幅图片都可以各自组成一个文件。操作系统根据用户要求实现按文件名存取，负责对文件的组织以及对文件存取权限、打印等的控制。

（5）作业管理：操作系统对进入系统的所有作业进行组织和管理，提高运行速度。它为用户提供一个使用计算机的界面，使用户能够方便地运行自己的程序。

作业包括程序数据以及解题的控制步骤。一个计算是一个作业，一个文档的打印也是一个作业。作业管理提供“作业控制语言”，用户通过它来书写控制作业执行的说明书。

同时，还为操作员和终端用户提供与系统对话的“命令语言”，用它来请求系统服务。操作系统按操作说明书的要求或收到的命令控制用户的执行。

2. 操作系统的分类

操作系统的分类可按如下几种方式：

- 操作系统
  - 按界面分类
    - 命令行界面操作系统
    - 图形用户界面操作系统
  - 按用户树分类
    - 单用户操作系统
    - 多用户操作系统
  - 按任务数分类
    - 单任务操作系统
    - 多任务操作系统
  - 按系统功能分类
    - 批处理系统
    - 分时处理系统
    - 实时处理系统
    - 网络处理系统

操作系统的分类有多种方法，最常用的方法是按照操作系统所提供的功能和任务数进行分类，可以分为以下几种：

（1）单用户操作系统：其主要特征是，在一个计算机系统内，一次只能支持运行一个用户程序。此用户独占计算机系统的全部硬件、软件资源。早期的微机操作系统，例如DOS，就是这样的操作系统。

（2）批处理操作系统：用户把要计算的数据、作业说明书等一起交给系统操作员，由它将一批算题输入计算机，然后由操作系统控制执行。这类操作系统又分为批处理单道系统和批处理多边系统。

（3）实时操作系统：“实时”是“立即”的意思。典型的实时操作系统包括过程控制系统、信息查询系统和事务处理系统。实时操作系统是较少有人为干预的监督和控制系统。其软件依赖于应用的性质和实际使用的计算机的类型。实时操作系统的基本特征是事件驱动设计，即当接到某种类型的外部信息时，由系统选择相应的程序去处理。

（4）分时操作系统：这是一种使用计算机为一组用户服务，使每个用户仿佛自己有一台支持自己请求服务的计算机的操作系统。分时操作系统的主要目的是对联机用户的服务和响应，具有同时性、独立性、及时性和交互性。

分时操作系统与实时操作系统的主要差别在交互能力和响应时间上。分时系统交互性强，而实时操作系统响应时间要求高。

（5）网络操作系统：提供网络通信和网络资源共享功能的操作系统称为网络操作系统。它是负责管理整个网络资源和方便网络用户的软件的集合。

网络操作系统除了一般操作系统的五大功能之外，还应具有网络管理模块。后者的主要功能是提供高效而可靠的网络通信能力；提供多种网络服务，如运程作业录入服务、分时服务和文件传输服务等。

（6）分布式操作系统：分布式操作系统是由多台微机组成且满足如下条件的系统。

① 系统中任意两台计算机可以通过通信交换信息；

② 系统中的计算机无主次之分；

③ 系统中的资源供所有用户共享。

一个程序可以分布在几台计算机上并行地运行，互相协作完成一个共同的任务。

3. 常用的操作系统

（1）DOS 操作系统是 Microsoft 公司研制的配置在 PC 操作系统单用户命令行界面操作系统，从 4.0 版本开始成为支持多任务的操作系统。

（2）Windows XP 操作系统是图形用户界面，Windows XP 版本之外，Windows 系统发展到现在还有其他的操作系统版本。

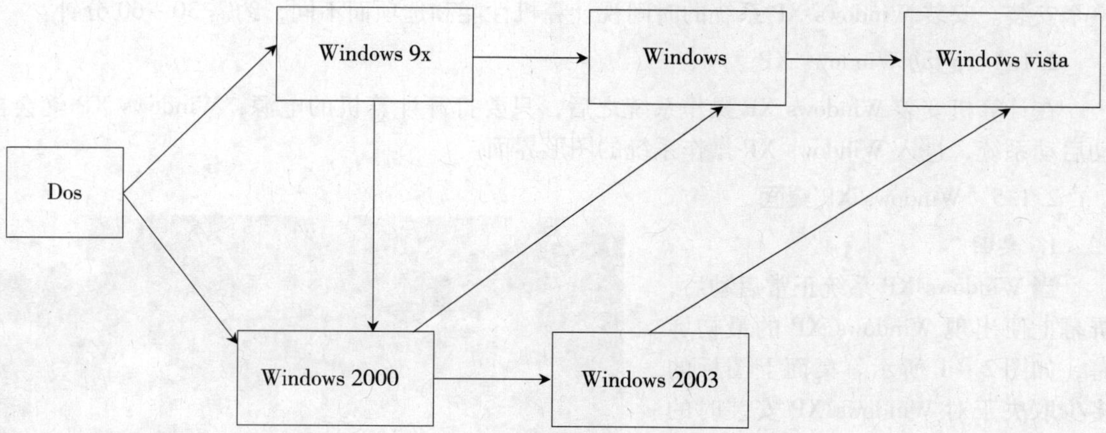

（3）unin 是一个分时操作系统，主要用于“服务器/客户机”体系中。

（4）Linux 由 UNIX 发展而来，源代码开放。

（5）OS/2 是为 PS/2 设计的操作系统，用户可自行制定界面，与 Windows 有较好的兼容性。

（6）Mae DS 用在苹果公司的 Power Maeintosh 机及 Macintosh 一族计算机上，有较好的图形处理能力，主要用在桌面出版和多媒体应用等领域。与 Windows 缺乏较好的兼容性。

（7）Novell Netware 是基于文件服务和目录服务的网络操作系统，用于构建局域网。

2.1.2 Windows XP 概述

Windows XP 是微软公司在 21 世纪推出的操作系统，由于它具有良好的兼容性，强大的功能以及易用性，吸引了广大用户，是目前操作系统的主流。

Windows XP 是微软把所有用户要求合成一个操作系统的尝试，和以前的 windows 桌面系统相比稳定性有所提高，而为此付出的代价是丧失了对基于 DOS 程序的支持。Windows XP，或视窗 XP 是微软公司最新发布的一款视窗操作系统。Windows XP 于 2001 年 8 月 24 日正式发布（RTM，Release to Manufacturing）。它的零售版于 2001 年 10 月 25 日上市。Windows XP 原来的代号是 Whistler。字母 XP 表示英文单词的“体验”（experience）。Windows XP 的外部版本是 2002，内部版本是 5.1（即 Windows NT 5.1），正式版的 Build 是 5.1.2600。微软最初发行了两个版本：专业版（Windows XP Professional）和家庭版（Windows XP Home Edition），后来又发行了媒体中心版（Media Center Edition）和平板电脑版（Tablet PC Editon）等。Windows XP 较之以前版本更加稳定，更易管理，也更加安全，用户和系统管理员可以更方便、更容易地对之进行管理。它提供了安全的文件系统，对共享的资源有了更多的管理手段，支持最新的用户认证技术和一些新的安全工具。

2.1.3 安装 Windows XP 的步骤

① 开机后，将中文 Windows XP 系统的安装盘插到 CD-ROM 驱动器中。

② 运行光盘上的 Windows XP 安装程序 SETUP.EXE，此时屏幕上将出现安装向导，根据向导的指引开始进行安装。

③ 系统自动搜集计算机的有关信息，并将 Windows XP 文件解压后复制到计算机中。

④ 重新启动后，系统自动检测安装硬件并完成最后的设置。

在整个安装过程中，用户只需要按安装向导的提示进行几个简单的选择和输入就可完成整个安装。安装 Windows XP 系统的时间视计算机性能和选项而不同，约需 30~60 分钟。

2.1.4 启动 Windows XP

在计算机安装 Windows XP 操作系统之后，只要打开计算机的电源，Windows XP 就会自动启动系统，进入 Windows XP 操作系统的图形界面。

2.1.5 Windows XP 桌面

1. 桌面

当 Windows XP 系统正常启动后，屏幕上便出现 Windows XP 的最初屏幕，如图 2-1 所示。桌面上图标的多少取决于对 Windows XP 安装时的选项。通常把使用频繁的程序和文件放在桌面工作区中，为用户快速启动需要使用的文件、文件夹或工具带来便利。

图 2-1 “桌面”对话框

2. 图标

在桌面上，有许多上面是图形、下面是文字说明的组合，这种组合称为图标。桌面上通常有如下图标。

我的电脑：可以浏览计算机磁盘的内容，进行文件的管理，更改计算机软硬件设置和管理打印机等。

网上邻居：如果计算机连接到网络上，桌面上就会有一个“网上邻居”的图标，通过它可以访问网络上其他计算机，共享其他计算机的资源。

我的文档：用来保存各种文档、图形或其他文件。

回收站：要删除文件或其他对象时，可以用光标将它们拖到“回收站”。被删除的文件或其他对象会暂时存放在这里，可以恢复它们，或“清空回收站”把它们彻底删除。

Internet Explorer：Internet 的浏览工具，在 Windows 98 中捆绑的是 IE4. 0，在 Windows XP 中捆绑的是 IE6. 0。

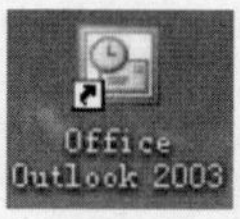

Outlook Express：用来发送和接收电子邮件的应用程序。

桌面上的图标种类由系统图标和应用程序图标组成，上面介绍的都属于系统图标，是安装 Windows XP 时由系统产生的，应用程序图标主要是由安装 Windows XP 的应用程序时所产生的。

3. 开始菜单

开始按钮和开始菜单：单击开始按钮就弹出了开始菜单。

开始菜单提供了一种打开、执行程序的方法。在“开始”菜单中几乎可以完成所有的任务，如可以启动程序、打开文档、自定义桌面、寻求帮助、搜索计算机中的项目等等。

开始菜单通常位于屏幕下方状态栏的左下角。在开始菜单上移动鼠标到你所需要的位置——菜单项，如果这个菜单项的右边有右箭头，则表明该菜单项还有下一级子菜单。当鼠标移到这样的项目时，就会自动弹出下一级子菜单。在没有箭头的项目上，只要单击鼠标，就可执行相应的命令或程序。

4. 任务栏

任务栏是位于桌面底部的一个灰色矩形长条，从左到右依次为开始按钮、快速启动栏、状态栏和提示区。如图 2－2。

图 2－2　任务栏

 快速启动栏：快速启动栏汇集了便于用鼠标访问的相关图标，使用这些图标可以简化平常的任务，如启动程序或打开文档。通常它有三个工具项：“启动 IE”、“Outlook Express”以及“显示桌面”。单击某个项，即可快速启动相应功能。

用鼠标右键单击任务栏，在菜单中选取“工具栏”，可在工具栏中增添或删除工具项目。

“显示桌面”：是一个十分实用的工具，当打开多个窗口时，单击它，即可将所有窗口最小化，十分方便。

状态栏：状态栏的作用是每打开一个窗口，便会在状态栏显示一个有该窗口名称的按钮，点击某个窗口即可将此窗口切换为当前的活动窗口，方便用户在各个程序间的切换。

提示区：提供了有关系统状态的信息，如输入法、音量、日期、计划任务等图标。提示区内所显示的图标依赖于系统的使用方式以及所安装程序的内容。如果不清楚图标代表的意义，可将鼠标指针指在图标上面，即可弹出该图标的说明。

有些应用程序启动后也会在此增加一些新的小图标。例如，当本地打印机正在使用的时候，此栏就会出现打印机图标。当你通过调制解调器与 Internet 连接时，则会出现一个两台相连的计算机的图标。

提示区内包含一个输入法状态按钮，单击它可以用来改变输入法；还包含一个时钟按钮，通过双击它并回答随后弹出的对话框，就可以重新设置时钟；时钟同时也是一个月历，将鼠标指针放在时间上，就会显示当前日期。

2.1.6 桌面和任务栏的操作

1. 桌面的操作

可以对桌面进行如下的操作：

(1) 添加新对象：在桌面上击右键，新建对象。从其他文件夹窗口中，通过鼠标拖动的办法拖来一新的对象。

(2) 删除对象：用鼠标右键单击要删除的对象，然后从弹出的快捷菜单中选取“删除”命令。

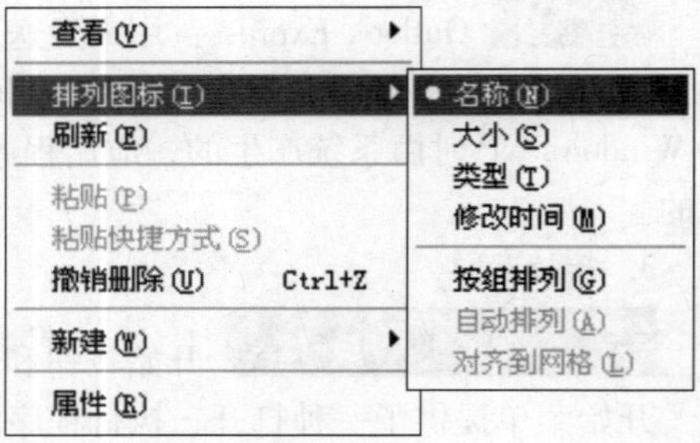

图 2-3 排列图标

(3) 排列桌面上的图标对象：在桌面上单击鼠标右键，在快捷菜单中的“排列图标”子菜单中选择其他排列方式或单击“对齐图标”命令，重新对齐所有的图标，如图 2-3 所示。

(4) 启动程序或窗口：只需双击桌面上相应的图标对象即可。

2. 对任务栏的操作

可以对任务栏进行如下的操作：

(1) 任务栏的移动和大小的改变：任务栏中的内容、位置并不是固定不变的，可以根据用户的需要进行设置和改变。用鼠标左键按住任务栏，可以把它拖到屏幕的四边。任务栏的大小也可以改变。把鼠标光标移到任务栏的边界，会看到光标变成一个上下箭头，这时按下鼠标左键拖动，就可以改变任务栏的大小了。

(2) 任务栏的可覆盖性：对初学者而言，总是希望任务栏能完整地显示在屏幕上，无论是缩放窗口，还是其他操作都不覆盖任务栏，这样的好处是可以确保任何时候任务栏都是完整可见的，缺点是任务栏会占用一定的屏幕空间。

有时用户希望尽量拓宽屏幕的可用空间，这时就可以选用任务栏的可覆盖模式。改变任务栏覆盖模式的方法是单击“开始”→“控制面板”→“任务栏和开始菜单”，弹出“任务栏属性”对话框，选择“任务栏选项”选项卡，然后根据需要选中或取消“将任务栏保持在其他窗口的前端”复选框，如图 2－4 所示，最后单击“确定”按钮。

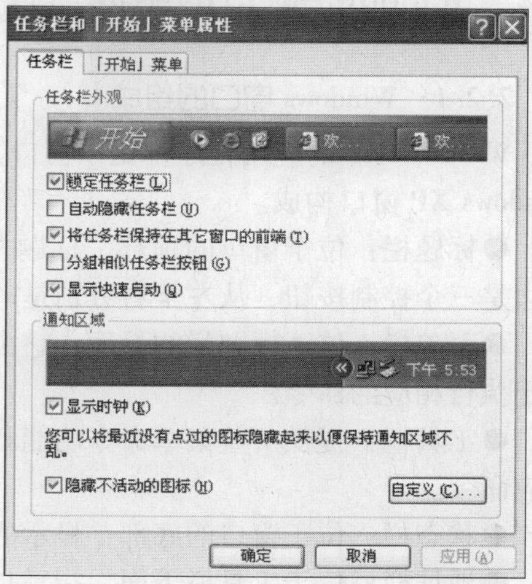

图 2－4 “任务栏”属性对话框

(3) 任务栏自动隐藏：为扩大屏幕空间，也可将任务栏隐藏起来。隐藏任务栏的方法是在“任务栏属性”对话框中，选中“自动隐藏”复选框，然后单击“确定”按钮，任务栏就被隐藏起来了。

在隐藏模式下，任务栏并没有真正消除，只是隐藏在屏幕底部了。如果用户想要对任务栏进行操作，只要把鼠标指针移动到屏幕底部的白线处，任务栏就会自动弹出，用户便可对它进行操作了。

2.1.7 退出 Windows XP

1. 退出没有响应的程序

如果用户正在运行的程序出现异常，如长时间没有反应，可按 Ctrl + Alt + Del 组合键。在弹出的“关闭程序”对话框中，选中没有响应的程序，然后单击“关闭”。

2. 关闭 Windows XP 系统

在关闭系统前，应关闭所有打开的程序或文档窗口。如果用户不关闭，系统将会询问用户是否要结束有关程序的运行。单击“开始”菜单中的“关闭计算机”命令，此时，系统会弹出“关闭 Windows”对话框，其中有三个选项，如图 2－5所示。

图 2－5 关闭 Windows

●待机：系统将当前状态保存于内存，然后退出系统，此时电源消耗降低，维持 CPU、内存和硬盘最低限度的运行；按开机键可以激活系统，电脑迅速从内存中调入待机前状态进入系统，这是重新开机最快的方式，但是系统并未真正关闭，适用短暂关机。

●关闭：选择此项后，计算机会自动关闭，切断电源。

●重新启动：选择此项后，计算机结束本次操作，并重新启动计算机。

●等待：让计算机处于休眠状态。

2.2 Windows 窗口的组成与操作

2.2.1 Windows 窗口的组成

Windows XP 的应用程序都是以窗口方式出现的。如图 2-6 所示。接下来我们了解一下 Windows XP 窗口构成。

●标题栏：位于窗口的顶部。标题栏上的文字是窗口的名称，左边是控制菜单的图标，右边是三个控制按钮，从左至右分别是“最小化”，“最大化/还原”和“关闭”。

●菜单栏：位于标题栏的下面，它由多个菜单构成，每个菜单含有多个菜单选项，分别用于执行相应的命令。

●工具栏：提供一些菜单命令功能相同的按钮，是常用命令的图标化，单击按钮将执行相应命令。

●状态栏：位于窗口的底部，显示的是窗口状态信息。

●地址栏：位于工具栏下面，指示打开对象所在地址，也可在此栏中填写一个地址。

●工作区：窗口的内部区域称为工作区或工作空间。

●滚动条：当打开的内容多而窗口容纳不下时，工作区的右侧或底部就会出现滚动条，通过移动滚动条即可看到更多的内容。

图 2-6　窗口的组成

2.2.2 Windows 窗口的操作

1. 窗口的移动

将鼠标指针移到窗口的标题栏上，按住左键拖动鼠标，就可以把窗口设置在桌面的任何地方。

2. 窗口大小的改变

将鼠标移动到窗口的边框或角上，当鼠标指针变成双向箭头形状时，按住鼠标左键，拖动鼠标就可改变窗口的大小。

3. 窗口的最大化、最小化、还原及关闭

窗口右上角有三个小按钮，最左边有一短横杠的就是最小化按钮。单击它就可以把窗口收起来放在任务栏上，并在任务栏上形成一个“我的电脑”的按钮，但是程序并没有停止运行，如要恢复原来的窗口，用鼠标单击此按钮即可。

三个按钮中间一个就是最大化按钮，单击它可使窗口放到最大，这时拖动标题栏也无法移动窗口。因为这时最大化按钮已经变成了还原按钮，如要恢复窗口的原来大小，只要单击它就可以了。

三个按钮最右边的按钮就是关闭按钮，如果你已结束了工作，想要关闭应用程序，单击它就可以关闭。

窗口左上角的小图标就是控制按钮，所有程序都有这样一个特定的按钮。用鼠标单击它就会出现一个菜单，此菜单提供了一系列操作窗口的命令，这些命令的功能基本上就是刚才介绍的按钮功能，如“最大化”、“最小化”、“移动”、“还原”、“关闭”。另外，双击控制按钮还可以关闭应用程序。

有时窗口太小，显示不了所有的内容，窗口右边就会出现一个滚动条，用鼠标拖动滚动条或按住两端有三角形的控制按钮，窗口中的内容就会不停地滚动，这样用户就可以很方便地找到所需要的内容。

4. 窗口的切换

当我们打开多个窗口时，如果要查看已被当前窗口覆盖住的窗口，可单击该窗口的任何部位，该窗口即成为当前窗口。只有一个窗口处于激活状态、默认设置下，激活状态的窗口标题栏呈现深蓝色，其他窗口的标题栏呈现深灰色，称为后窗口，如图 2－7 所示。

图 2－7　后窗口

5. 窗口的排列

当用户同时打开多个应用程序的窗口操作时，需要将这些窗口进行排列及调整，以便于操作。多个窗口在桌面上的排列方式有两种：级联式（也称层叠式）排列和平铺式排列。

级联式窗口排列就是把窗口按先后顺序依次排放在桌面上，窗口的先后顺序可以调换，最前面的窗口是被激活的当前窗口，是完全可见的。

平铺式窗口排列就是使窗口挨个排列，而不出现重叠和覆盖的情况，即每个窗口都是完全可见的。平铺式排列包括“横向平铺窗口”和“纵向平铺窗口”选项（如图 2－8、图 2－9所示）。

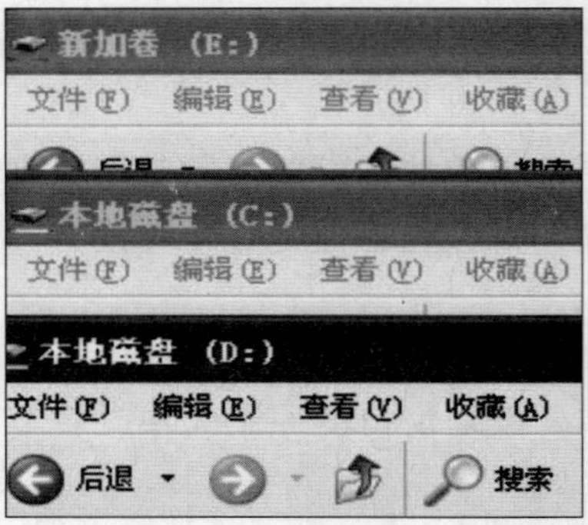

图 2－8　横向平铺窗口

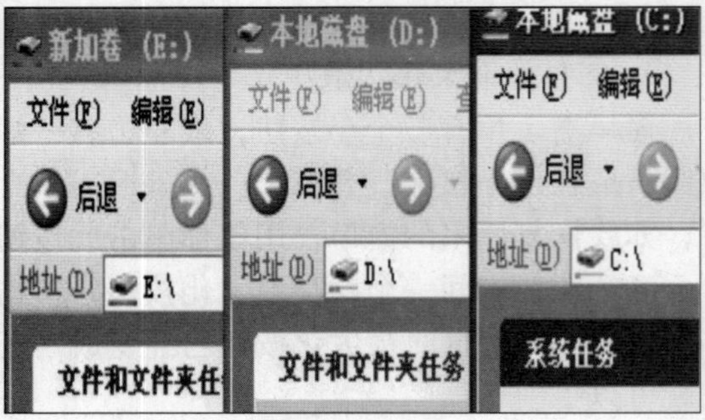

图 2－9　纵向平铺窗口

要进行上述窗口排列，操作方法如下：在任务栏空白处单击鼠标右键，弹出快捷菜单，在快捷菜单中单击“层叠窗口”、“横向平铺窗口”和“纵向平铺窗口”选项，就可对窗口进行相应的排列。如想撤消操作，则可以单击任务栏快捷菜单中的“撤消层叠”或“撤消平铺”命令。

6. 复制窗口

如果希望把当前窗口的内容复制到另外一些文档或图像文件中去，则可按下 Alt + Print Screen 键，将当前活动窗口和其中的内容复制到剪贴板中，然后打开文档或图像文件，选择“编辑”菜单下的“粘贴”命令，即可将剪贴板中的内容粘贴到该文件或图像文件中。

如果用户想复制整个屏幕内容，按下 Print Screen 键即可。

7. 关于 MS－DOS 程序窗口

MS－DOS 程序窗口是一种特殊的程序窗口，用户除了进行一般的窗口操作外，有时可能会因某些特殊操作需要切换到 MS－DOS 操作系统进行操作。用户可以把它设定为窗口模式，也可以把它设成屏幕模式。

用户在文件夹窗口中启动某个 MS－DOS 程序之前，可以先对该程序的窗口特性进行优化设置。首先指向该程序的图标选取该对象，然后单击文件夹窗口中的“文件”菜单，再单击“属性”命令，就会弹出一个对话框，用户可以在该对话框中设置窗口的某些特性。

在 Windows XP 中进入 DOS 的操作步骤如下：

① 单击任务栏上的“开始”按钮，指向“运行”；

② 单击“运行”命令，在运行文本框中输入“cmd”（command 的缩写）；

③ 按回车键或单击“确定”按钮，弹出 DOS 窗口。

另外一种方法是：“开始”→“程序”→“附件”→“命令提示符”。如果要把 DOS 窗口全屏显示，可按 Alt + 回车键。在 DOS 全屏状态下要返回 Windows 窗口，可输入命令“exit”。若不想退出 DOS 状态，仅是在 DOS 与 Windows 间切换，可用 Alt + Tab 键在二者之间进行切换。

2.3 菜单操作

2.3.1 菜单的显示

1. 可用的菜单选项与不可用的菜单选项

如图2-10所示。可用的菜单选项是呈黑色显示，用户可以选取它进行操作；不可用的菜单选项是呈灰色显示的，表示在当前状况下用户是不能选取它进行操作的。

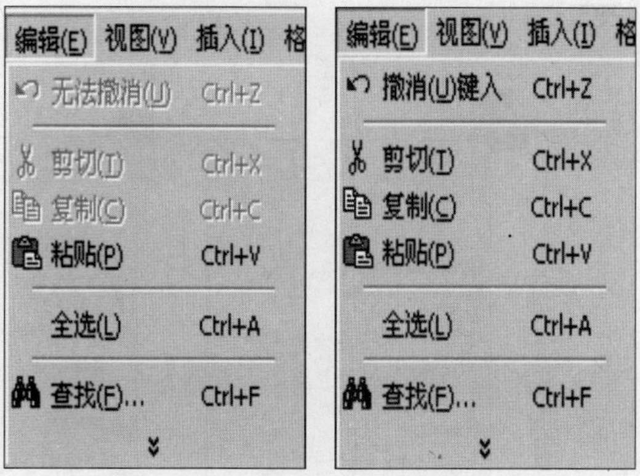

图2-10 可用的菜单选项与不可用的菜单选项

2. 菜单选项中的某些标记

菜单选项后带省略号（…）：表示选择这样一个命令时，在屏幕上会弹出一个对话框，要求输入必要的信息或改变某些设置。

菜单选项右侧带有三角标记（▲）：表示该命令有一个级联菜单，单击则会出现子菜单。

菜单隐藏标识（¥）：如果下拉菜单中显示为“¥”，则表示当前菜单未完全打开，还有一些菜单被隐藏起来了。

菜单前有复选标记（V）：出现在命令前的复选标记指出这是个开关式的切换命令。每次选取它时，它会在打开和关闭之间交替改变。有“V”表示“打开状态”。

菜单前带点（·）：表示当前选项是多个相关选项中的排他性选项，该点表示了当前的选中设置。

菜单后带下划线字母（A）：表示该命令的快捷键。

菜单后带快捷键：表示命令可以不打开菜单而直接执行，如Ctrl + F5。

3. 变化的菜单

一般来说，菜单中的选项是固定不变的，但某些菜单会根据当前环境的变化适当地改变某些选项。例如，在“我的电脑”窗口中，选取对象之后与选取前相比，“文件”菜单中增加了许多选项。

2.3.2 菜单的操作

1. 打开菜单

将鼠标指针移到菜单栏上的某个菜单选项，单击，可以打开菜单。此外，用鼠标右键单击某一对象，可以打开该对象的快捷菜单，单击菜单中的选项就可以执行相应菜单命令。

也可用Alt + 相应的大写字母键来打开菜单。对于没有菜单名和下划线字母的窗口控制菜单，用户可按Alt + 空格键来打开。

2. 关闭菜单

在菜单外面的任何地方单击鼠标，可以取消菜单显示，也可以按Alt键或Esc键取消。

3. 文件系统的快捷菜单

前面已经多次提到，当用户用鼠标右键单击对象时，就会弹出一个快捷菜单。这种操作方法不仅直观，而且弹出的菜单会紧挨着所选择的对象，鼠标移动的距离也小，长期使用，用户就会感觉到这确实是一种方便、迅速的操作方法。例如，当用户要进行文件操作时，只需用鼠标右键分别单击文件、文件夹或磁盘驱动器等相应对象，就会弹出对应的快捷菜单，如图 2－11 所示。

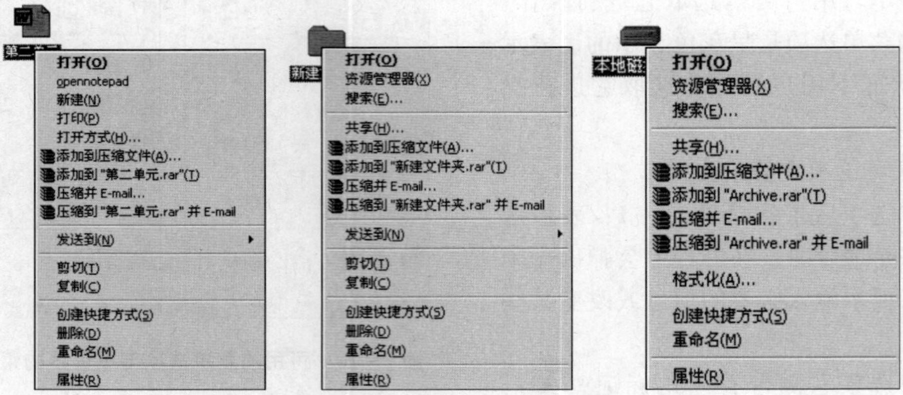

图 2－11　文件、文件夹或磁盘驱动器的快捷菜单

这三个目录快捷菜单既有相似之处，又各有特色，说明如下：

●都有“创建快捷方式”选项，用来创建对象的快捷方式。

●都有“属性”选项，使用户可以检查和改变对象本身的一些属性，如对象的类型、创建日期等。

●都有“打开”选项。单击“打开”选项与双击该对象是等效的。注意，对于某些文档文件，该选项将被“打开方式”所代替。

●在文件夹和磁盘驱动器的快捷键菜单中有“资源管理器”和“搜索”命令，可用来查找和管理文件。

●磁盘驱动器对象的快捷键菜单中有“格式化”命令，可用来对磁盘进行格式化。若所选磁盘是软驱，还会有“复制软盘”命令，可以用来进行磁盘拷贝。这两个选项是磁盘驱动器对象的快捷键菜单所特有的。

●文件对象的快捷键菜单中特有的选项如“打印”等，具体情况与文件类型有关。用户可以很方便地使用这些命令来打印、浏览甚至修改文件。

●文件和文件夹对象的快捷键菜单中都有“剪切”、“复制”、“删除”和“重命名”选项，用户可以进行剪切、复制、删除和重命名操作。

2.4　认识“开始”菜单

单击任务栏下角的“开始”即可显示“开始”菜单。移动鼠标，当指向菜单中带有三角标记的菜单项时，就会自动打开相应的级联菜单。

用户还可以通过 Ctrl + Ese 键打开“开始”菜单。在任务栏处于隐藏状态的情况下用该组合键打开“开始”菜单最为方便。

2.4.1 利用“开始”菜单启动程序

当用鼠标指向“开始”菜单中的“程序”命令时会出现“程序”子菜单。“程序”子菜单中包含了一些程序的启动命令或下一级菜单，单击其中的某个命令，就会启动相应的程序。在刚安装好的 Windows XP 的“开始”菜单中，“程序”子菜单只包含 Internet Explorer、Outlook Express、“附件”子菜单。

2.4.2 利用“运行”命令来启动程序

对于在“开始”菜单中没有列入的程序，也可以用“运行”命令来启动。单击“开始”按钮，然后单击“运行”，就会弹出“运行”对话框，如图 2－12 所示。

图 2－12　“运行”对话框

在“打开”下拉列表框中输入应用程序启动命令的路径和名称，然后单击“确定”按钮，就可以运行所输入的程序。另外，打开列表会保存最近几次使用“运行”命令所启动的程序的名称，以后用户可单击列表框中右侧的下三角按钮，从下拉列表中选取需要的程序来运行。如果用户记不住程序的路径或名称，则可以单击“浏览”按钮来查找所需的程序。

2.4.3 “文档”菜单

“开始”菜单中的“文档”子菜单保存了用户最近打开过的文档。利用该菜单，用户可以快速地打开这些曾经使用过的文档。只需在“文档”子菜单中，单击想要打开的文档的名称，如图 2－13 所示。

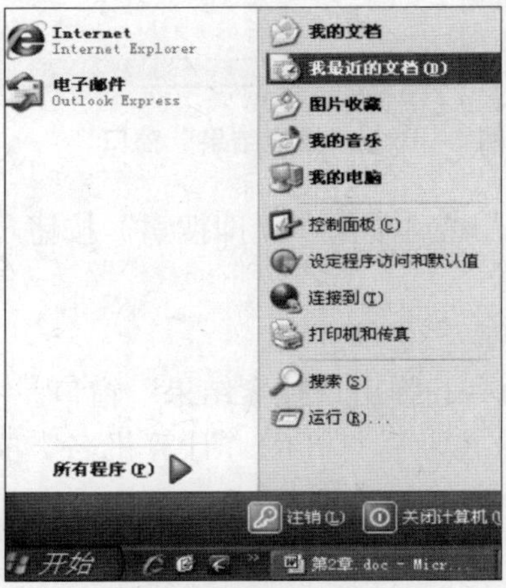

图 2－13　“文档”菜单

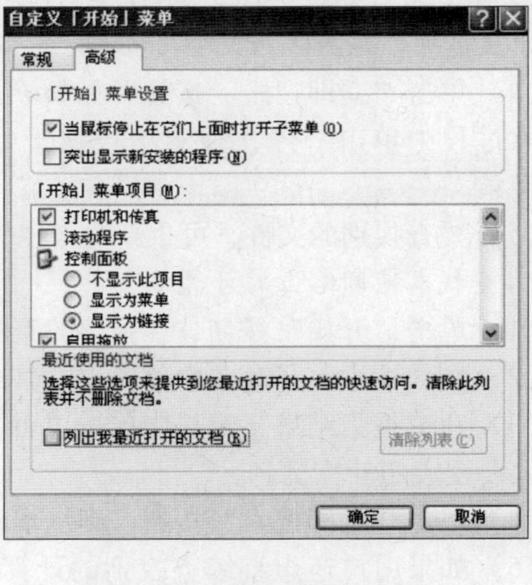

图 2－14　清除菜单中的文档

随着用户不断地打开新文件，“文档”菜单中保留的文档会越来越多（最多可达15个），这样使得查找文件十分不便。此时可以考虑把“文档”菜单清空。如图2-14所示。在“任务栏和开始菜单属性”对话框中，选择“开始菜单→自定义→高级”选项卡，然后单击“清除列表”按钮，就可以清空“文档”菜单的内容。

2.4.4 Windows XP的搜索功能

Windows XP提供的“搜索”功能是一个帮助定位文件、文件夹、用户和计算机的查找工具，它可以搜索本地系统上以及网络上的驱动器，也可以搜索文件、文件夹以及网络中的某台计算机。

“搜索”是“开始”菜单中的选项，如图2-15所示。单击“开始”按钮，指向“搜索”选项，在弹出的搜索窗口中有四项内容：“文件或文件夹”、“在Internet上”、“适用于Internet音频／视频”和“用户”，可以分别用来定位文件或文件夹、计算机、因特网服务和用户。

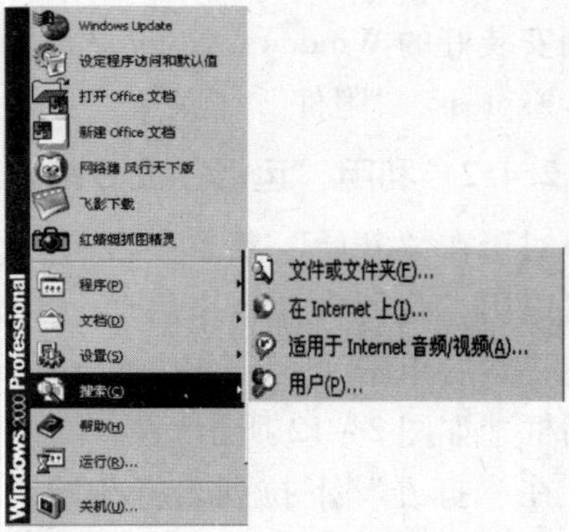

图2-15 “搜索”功能选项

1. 搜索文件或文件夹

搜索文件或文件夹的操作步骤如下：

（1）单击“开始”按钮，在弹出的菜单中指向“搜索”菜单选项。

（2）在出现的子菜单中单击“文件或文件夹”命令，屏幕上将弹出“搜索结果”窗口，如图2-16所示。

（3）在“名称”文本框中输入要查找的文件或文件夹名以及包含的文字，并确定搜索范围等。利用搜索选项，用户还可以设置对象的日期、类型、大小以及是否搜索子文件夹，是否区分大小写等。

（4）单击“立即搜索”按钮开始搜索。在搜索过程中单击“停止搜索”按钮，可终止搜索。

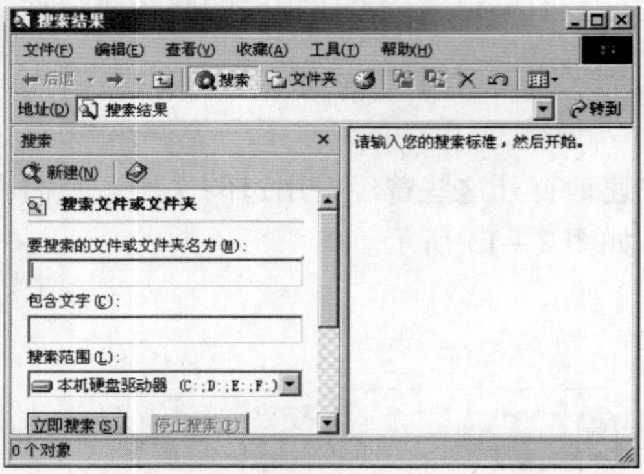

图2-16 “搜索结果”窗口

（5）要查找别的文件，可重新输入相应的查找条件，然后单击“立即搜索”按钮。

2. 查找本地网络上的计算机

（1）单击“开始”按钮，在弹出的菜单中指向“搜索”菜单选项。

（2）在“搜索”子菜单中单击“文件或文件夹”命令，弹出“搜索结果”窗口。

（3）在“搜索结果”窗口中单击“计算机”选项，在随后打开的“计算机名”文本框中输入要搜索的计算机名。

（4）单击“立即搜索”按钮，则从本地网络的所有计算机中查找所需的计算机。

（5）如果用户还想继续查找别的计算机，只需重新输入计算机名，然后单击“立即搜索”按钮即可。如果“计算机名”文本框中没有输入信息，单击“立即搜索”按钮后，右侧的窗口中就会列出本组中的所有的计算机名。

3. 查找因特网上的信息

在“搜索”级联菜单中单击“在 Internet 上”选项，系统就会启动 Internet Explorer，用户可在其中查找信息。

2.5 对话框的组成与操作

对话框主要是用来进行人与系统之间的信息对话的，如运行程序之前或完成任务时所必需的信息输入，或者是对对象属性、窗口环境等设置的更改等。对话框与窗口有类似的地方，即顶部都有标题栏，但是对话框没有菜单栏，而且对话框的尺寸也是固定的，不能像窗口那样随意改变。

2.5.1 对话框的组成

1. 标题栏

标题栏在对话框的顶部，其左端是对话框的名称，右端一般是有对话框的关闭按钮和帮助按钮。

2. 标签与选项卡

有些对话框是由多个选项卡组成的，其中各种选项卡相互重叠，减少了对话框所占用的空间。每个选项卡都有一个标签。虽然选项卡是相互重叠的，但是每个选项卡的标签则是完全可见的，这样用户通过单击选项卡的标签可以在多个选项卡之间切换，就像在图书馆中查阅书目卡片一样，极为方便。

3. 输入框

输入框可以分为两类：文本框和列表框。

文本框用于输入文本信息。一般在文本框的右端还会带有一个下三角按钮，用户既可以直接在文本框中输入文字、修改文字，也可以单击下三角按钮打开下拉列表，从中选取要输入的信息。下拉列表中保存了最近几次输入到该文本框中的信息。

列表框让用户从列表中选取需要的对象。这些对象既可以用文字形式表示出来，也可以用某图形的方式来表示，或者是两者的结合。列表框为用户提供了参考的对象，用户可以从中做出选择，但不能直接修改列表中的内容。例如“显示属性”对话框（右击桌面空白处弹出快捷菜单，选择“属性”命令，单击“外观”选项卡，如图 2－17 所示）的上半部分就是一个列表框。用户单击其中的元素，如桌面、窗口标题等对象，对话框下方就会显示相应的信息，并可对其进行修改。

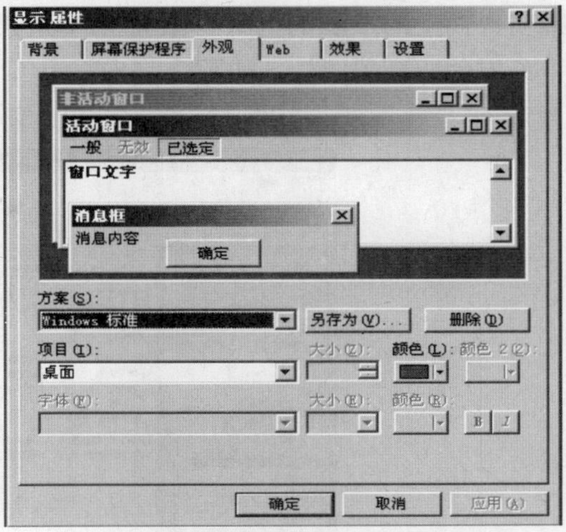

图 2－17 “显示属性”对话框

4. 按钮

Windows XP 为不同用途的操作提供了

形式多样的按钮。这些按钮形象直观，便于操作。可以粗略地将对话框的按钮分成以下几种：

●命令按钮：矩形的带有文字的按钮，如“确定”按钮、“取消”按钮等。

●选择按钮：可分为单选按钮和复选按钮。单选按钮为圆形，如果被选中，则中间加上一个圆点；复选框为方形，如果被选中，则方框中出现“√”标记。对于单选按钮，同一组选项按钮中，某一时刻只能有一个单选按钮被选中；而复选框则无此规定，可任意同时选择几项。

●数字增减按钮（也称微调按钮）：在图 2－17 中就有一对数字增减按钮（在“项目”列表框右侧），它包括两个小按钮，紧紧叠放在一起。上下箭头分别用来增加和减少微调数字的大小。

●滑动式按钮（即滑标）：主要用于鼠标、键盘属性等对话框。利用这种按钮能形象地修改其参数。

2.5.2 对话框的操作

1. 对话框的移动与关闭

移动和关闭对话框的操作步骤如下：

（1）将鼠标移到标题栏上，按住鼠标左键，移动鼠标，到达目的地后松开鼠标，即可将对话框拖到所需位置。

（2）如果要确认在对话框中输入或修改有效，可单击“确定”按钮来关闭对话框。

（3）如果要取消所做的设置，可单击“取消”按钮，或者直接单击标题栏右端的“关闭”按钮，也可按 Esc 键退出。

2. 在对话框中移动焦点

利用鼠标可任意地在对话框的选项之间移动焦点。

2.6 Windows XP 文件操作

2.6.1 认识驱动器、文件和文件夹

双击桌面上的“我的电脑”图标，启动“我的电脑”。在“我的电脑”窗口中显示出计算机上所有的驱动器图标，如图 2－18 所示。

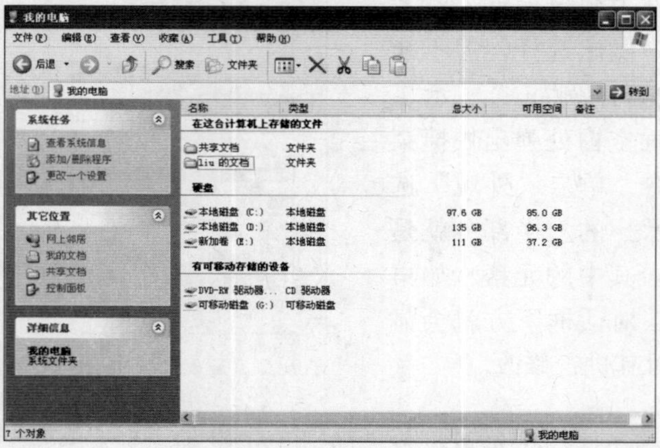

图 2－18 “我的电脑”窗口

1. 驱动器

驱动器代表的是计算机中的磁盘，通常用大写的英文字母后加一个冒号来代表，如 A：、C：等。

一台计算机通常包括下列类型的驱动器：

●软盘驱动器：软盘驱动器又叫“软驱”，通常用 A：来代表 3 寸软驱，简称 A 驱，用来管理 3 寸软盘。

●硬盘驱动器：通常用 C：来代表硬盘驱动器，简称 C 盘。如果你的计算机安装不止一个硬盘，或者一块硬盘有多个分区，则会有 D 盘、E 盘之分。

●光盘驱动器：光盘驱动器简称“光驱”，用来查看和阅读光盘。如果你的计算机中硬盘只有 C 盘，那么 D：就用来代表光驱；如果你的计算机中有 C：、D：两个硬盘驱动器，那么 E：就会用来代表光驱。也就是说，光驱符号紧接在硬盘驱动器符号之后。

2. 文件和文件夹

每个文件都有自己的文件名，文件名的格式为：主文件名．扩展名。每个文件夹也都有自己的名称。Windows 支持长文件名，文件或文件夹的名字最多可以包含 255 个英文字符，亦即 127 个汉字，其中包括空格，但是不能包括西文字符：如反斜杠\、斜杠/、冒号:、星号*、问号?、双引号“、单引号‘、大于号>、小于号<、竖线|。

在 Windows 中，每个文件都用相应的图标表示，同一类型的文件（即扩展名相同的文件）有着相同的图标，不同类型的文件则用不同形式的图标区分。

2.6.2 认识资源管理器

1. 打开资源管理器的方法

Windows XP 的资源管理器是以树型结构来显示文件和文件夹，打开资源管理器的方法有多种，常用的是以下方法：

在“开始”按钮上，单击鼠标右键，弹出一快捷菜单，单击“资源管理器”，即可打开资源管理器，如图 2－19 所示。

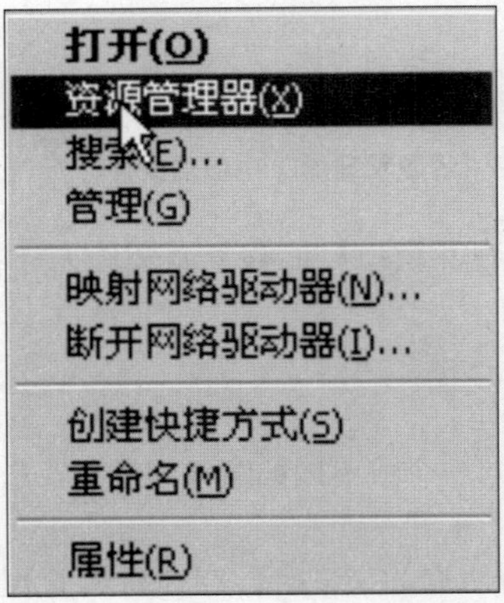

图 2－19　点击“资源管理器”选项

图 2－20　“资源管理器”窗口

2. 资源管理器窗口介绍

打开“资源管理器”后显示的窗口如图2－20所示。资源管理器的浏览窗口包括标题栏、菜单栏、工具栏、左窗口、右窗口和状态栏等部分。

●标题栏：告诉用户当前所打开的文件夹，最右边“×”形状的按钮，用于关闭“资源管理器”。

●菜单栏：以下拉菜单形式向用户提供各种对文件和文件夹的操作。

●工具栏：工具栏上的按钮包括一些常用菜单命令的快捷方式。将鼠标移到工具栏的按钮上并停留几秒钟时间，Windows XP 将显示该按钮名称。

●文件夹窗口和文件夹内容窗口：左边的文件夹窗口以树型目录的形式显示文件夹，右边的文件夹内容窗口是左边窗口中所打开的文件夹中的内容。

另外，从文件夹窗口的图标可以看出文件夹的展开、折叠状态。小方格中的“+”号表示该文件夹的子文件夹处于折叠状态，单击文件夹左侧的“+”号，就可以将该文件夹展开；小方格中的“－”号表示该文件夹中的子文件夹已全部显示，该文件夹是最后一层目录，不包含子文件夹。

资源管理器底部是状态栏，它显示当前选定的文件数目和大小。

3. 在资源管理器中移动、复制文件

在“资源管理器”中使用拖放操作，可以有效地完成复制、移动和删除等命令。如果要将“C：WPS 2000”中的“Winwps32”文件移动到“E：\”，只要选中文件“Winwps32”并拖动到E盘，然后放开鼠标，这样一个简单的操作便完成了文件的移动，如图2－21所示。

如果是复制文件，那么在拖动的同时按住Ctrl键不放，光标上会显示一个有“+”的小方框，将文件拖动到指定位置，则完成了文件的复制。

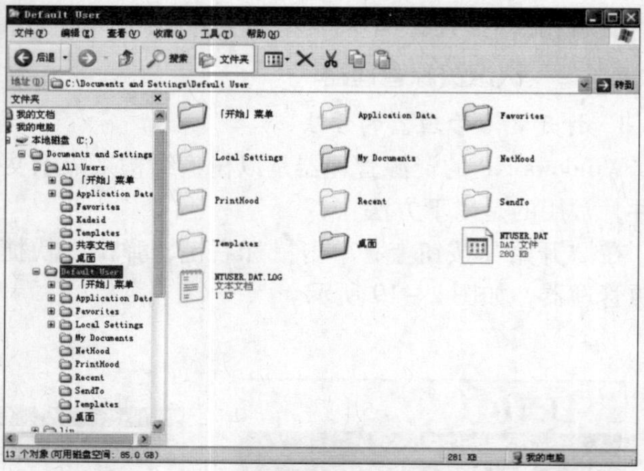

图2－21　在“资源管理器”中移动文件

文件夹的移动和复制与上面的操作相似，只是要注意在左窗口只能够复制文件夹，不能移动。

4. 在资源管理器中删除文件或文件夹

可直接将选取的文件或文件夹拖放到“回收站”图标处。

以上的操作在左、右窗口都能够实现，并且也可以在同一个或不同的窗口间进行。

5. 在资源管理器中打开文件或文件夹

在“资源管理器”中打开文件夹只需用鼠标左键单击所选的文件夹，在“资源管理器”的右边窗口就会显示该文件夹所包含的文件，如图2－22所示。在“资源管理器”中打开文件，只需用鼠标双击该文件。

2.6.3 认识“我的电脑”

“我的电脑”程序可用于管理存储在计算机或网络上的文件，也可以通过它访问系统工具。“我的电脑”图标位于桌面上，可用鼠标双击“我的电脑”图标。进入“我的电脑”后，显示如图 2－23 所示的窗口。“我的电脑”窗口中显示有效的驱动器，单击驱动器可以显示系统配置的软盘、硬盘或光盘的状态，包括总容量、已用空间和可用空间各有多少等。

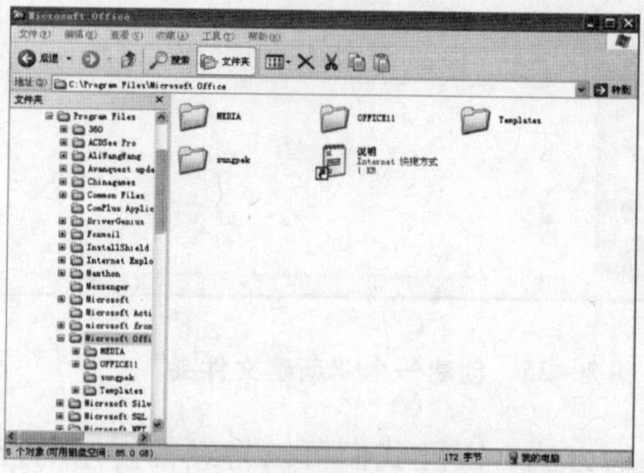

图 2－22 在“资源管理器”中打开文件

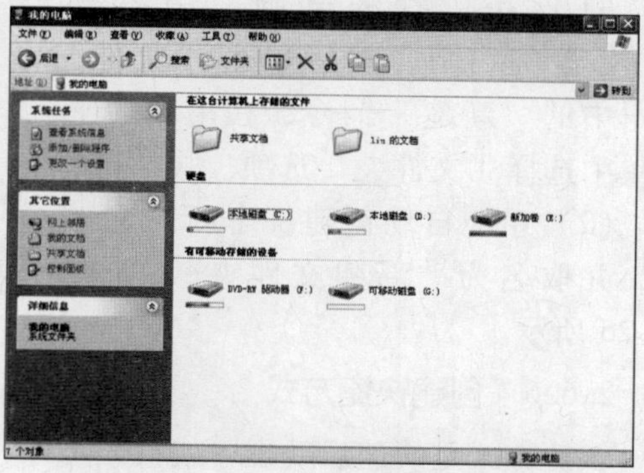

图 2－23 “我的电脑”窗口

2.6.4 改变文件和文件夹显示方式

最初启动“我的电脑”时，窗口中的内容是以“大图标”的方式显示的，我们可以根据自己的需要改变窗口的显示方式，具体操作步骤如下：

（1）单击工具条上的“查看”图标旁的箭头，列出所有的文件显示方式，用鼠标单击“大图标”方式，窗口显示如图2－24 所示。选择“大图标”，窗口中显示文件及文件夹图标，图标下方显示相应的名称，并且图标比较大。

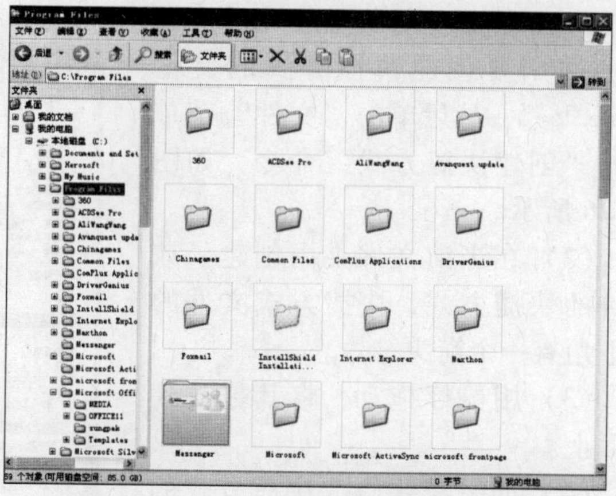

图 2－24 大图标方式显示文件

（2）单击工具条上的“查看”图标旁的箭头，列出所有的文件显示方式，如果选择“小图标”方式，窗口显示的文件及文件夹图标变小，同时相应的名称显示在图标的右方。其中，文件夹显示在窗口的上方，文件显示在窗口的下方。

（3）单击工具条上的“查看”图标旁的箭头，列出所有的文件显示方式，用鼠标单击“列表”，窗口中只显示文件及文件夹的小图标及名称，但以从左至右的顺序排列，文件夹显示在窗口的左侧，文件显示在窗口的右侧。

（4）单击工具条上的“查看”图标旁的箭头，列出所有的文件显示方式，如果选择“详细资料”方式，窗口中不仅显示文件及文件夹的小图标及名称，同时还将显示文件大小、文件类型以及文件的最后修改时间。一个文件信息占用一行。

2.6.5 创建新文件夹

在 Windows XP 中创建文件夹，就像在 DOS 中建立一个目录一样。可以在驱动器或文件夹中创建新的文件夹。

如果要在 E：盘上创建一个文件夹，操作步骤如下：

（1）在“我的电脑”中打开“E:”盘的窗口，然后单击“文件”菜单中的“新建”命令，在出现的子菜单中选择“文件夹”选项。

（2）系统自动创建一个新的文件夹，并取名为“新建文件夹”，如图 2－25 所示。

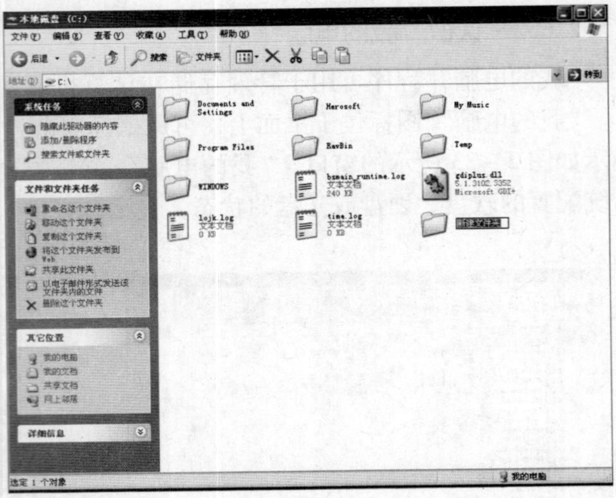

图 2－25　创建一个“新建文件夹”

2.6.6 创建快捷方式

快捷方式是快速启动程序或打开文件、文件夹的方法，因此我们可以将经常使用的程序或文件创建为快捷方式，这样使用起来就特别方便。创建快捷方式的项目不限于程序，也可以是文件、文件夹、打印机或计算机。例如，将 C：根目录下的“time. log”程序创建为快捷方式，操作步骤如下：

（1）在资源管理器的窗口中，单击选定要创建快捷方式的文件“time. log”，然后单击“文件”菜单中的“创建快捷方式”命令，如图 2－26 所示。

（2）在当前文件夹内创建了该文件的快捷方式，快捷方式文件的左下角有一个箭头符号。

（3）用鼠标拖动，将其拖放到桌面上。

（4）如果需要修改快捷方式的设置，按鼠标右键单击该快捷方式，单击“属性”选项。在弹出的“属性”对话框中进行修改后，单击“确定”按钮。

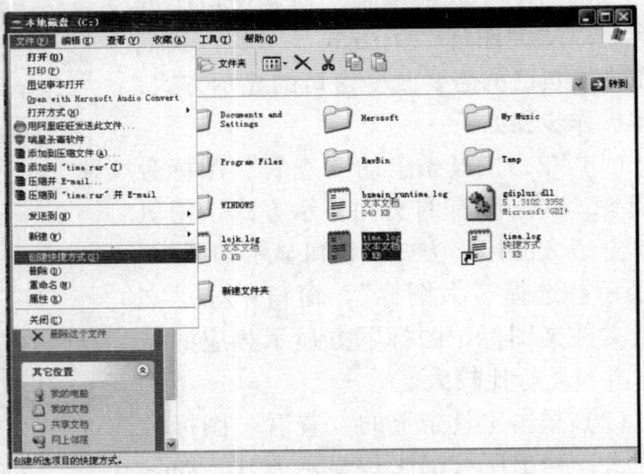

图 2－26　选定创建快捷方式

2.6.7 打开文件或文件夹

我们以打开“画图”程序为例，来说明打开文件夹或文件的操作步骤。

（1）在主桌面双击“我的电脑”图标，进入“我的电脑”窗口。在“我的电脑”窗口中双击“本地磁盘（C:）”。

（2）在弹出的“本地磁盘（C:）”窗口中双击“Windows”文件夹。

（3）双击“Windows”文件夹中的“Pbrush”程序图标，则激活“画图”程序。

2.6.8 选定文件或文件夹

在进行文件操作时，首先就是选定需要复制的文件或文件夹。选定文件及文件夹的方法有很多种，通常都是在资源管理器或“我的电脑”中进行。具体操作步骤如下：

（1）选择单个文件或文件夹，直接用鼠标点击即可。

（2）如果要选择所有文件和文件夹，在“编辑”菜单中选择“全部选定”命令。

（3）选择不相邻的多个文件和文件夹，先按住 Ctrl 键，然后鼠标单击所需的文件和文件夹。

（4）如果选择连续的多个文件和文件夹，首先鼠标单击第一个文件或文件夹，之后按下 Shift 键，再单击最后一个文件或文件夹。

如果出现错误操作，不用担心，只要单击窗口中的任何位置，就能够取消指定文件或文件夹的操作。

2.6.9 复制文件或文件夹

可以将选定的文件或文件夹复制到另一驱动器或者文件夹内。例如，要将“C：\MY MUSIC”目录下的文件复制到“C：\WW”目录内，操作步骤如下：

（1）选定要复制的文件或文件夹，然后在“编辑”菜单中选择“复制”命令，如图 2－27所示。

（2）打开要存放目标的文件夹或磁盘，即打开“C：\WW”文件夹。在“编辑”菜单中选择“粘贴”命令，即把文件复制到指定位置，结果如图 2－28 所示。

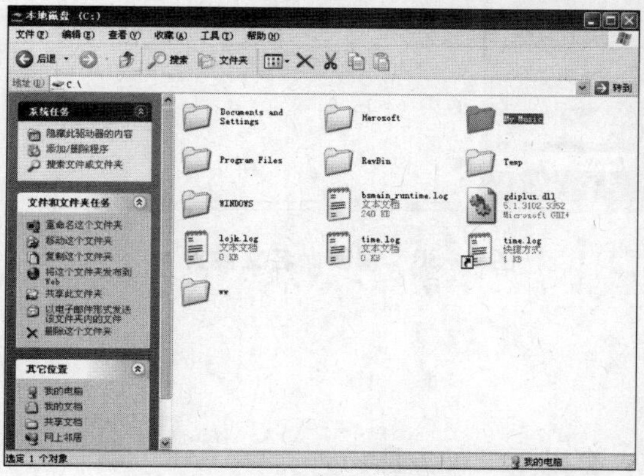

图 2－27 选择“复制”命令

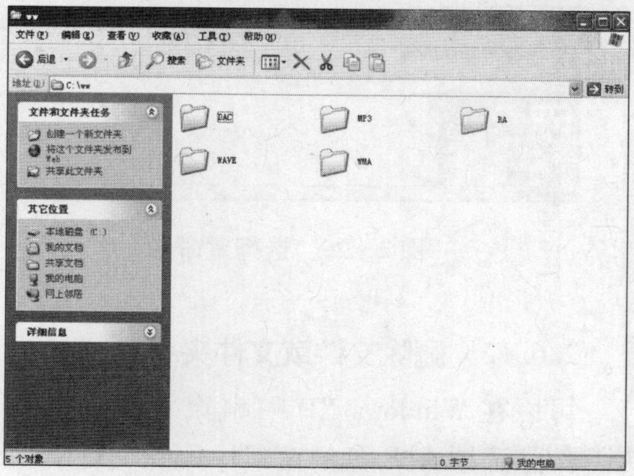

图 2－28 复制文件后结果

2.6.10 移动文件或文件夹

移动是指将指定的文件或文件夹从一个文件夹或驱动器移到另一个文件夹或驱动器。我们以“Winwps32”文件为例，将它从“D：\WPS2000”文件夹移到根目录，操作步骤如下：

（1）在“WPS2000”文件夹窗口中单击选定“Winwps32”文件，然后在工具条上单击“移至”按钮。

（2）这时会打开“浏览文件夹”对话框，在“将选定项目移动到文件夹”栏中，选择 D 驱动器，单击“确定”按钮，完成移动文件操作。

移动文件和文件夹还有一种快捷的方法，就是将选择的文件或文件夹拖到所需的位置，方法是：打开要移动文件或文件夹的窗口，同时打开将文件要移动到的窗口，点中要移动的文件或文件夹，用鼠标将它拖到所需的位置，然后松开鼠标左键即可。

2.6.11　重新命名文件或文件夹

在 Windows XP 中，用户可以更改已有文件或文件夹的名称，但有些文件或文件夹的名称最好不要改变，否则程序就可能无法运行。这是因为运行一个程序通常需要很多的文件，所有的文件都是彼此相关的。如果其中一个文件名称改变了，其他的文件不能将这个文件辨认出来，那么这个程序就有可能无法正确地运行。

用户创建的文件和文件夹是可以重新命名的，并且也不会出现问题。如果要把建立的“新建文件夹”改名为“BQ”，操作步骤如下：

（1）单击要重命名的文件夹，然后单击“文件”菜单中的“重命名”命令，如图 2－29 所示。

（2）在当前名称的四周会显示一个框，并将名称突出显示出来，同时鼠标指针也在这个框中，表示可以插入字符。键入新名称之后，按 Enter 键，如图 2－30 所示。

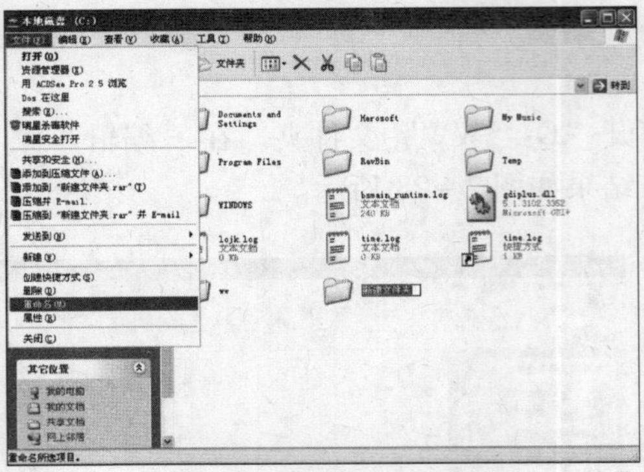

图 2－29　选择重命名

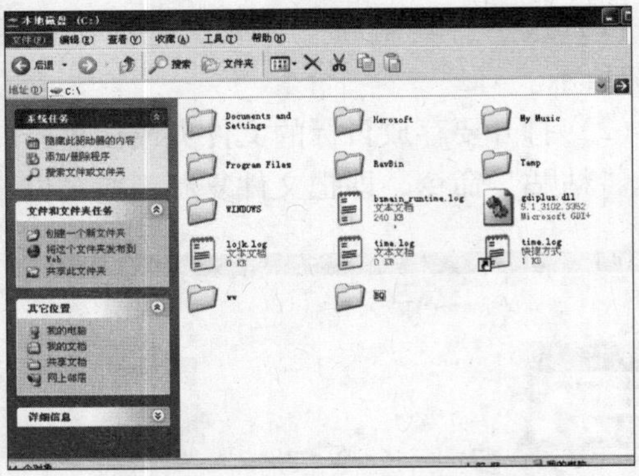

图 2－30　重新命名文件夹

2.6.12　删除文件或文件夹

可以在 Windows XP 中删除文件或文件夹，例如，要在 E 盘的窗口中删除文件夹“BQ”，有以下三种方法：

（1）选中该文件夹，然后单击“文件”菜单中的“删除”命令，即可删除该文件夹。

（2）将文件夹“BQ”的图标直接拖动到“回收站”。如果拖动时按住了 Shift 键，该项目将从计算机中删除而不保存在“回收站”中。

（3）单击选择需要删除的文件夹“BQ”，然后按 Delete 键。

在 Windows XP 中，删除的文件都保存在“回收站”内，只有清空“回收站”才能彻底删去这些文件，否则还可以重新恢复它们。

2.6.13　设置文件或文件夹的属性

设置文件或文件夹属性的具体操作步骤如下：

（1）用鼠标右键单击文件或文件夹，显示快捷菜单，选取“属性”命令，如图 2－31 所示。

（2）弹出如图 2 – 32 所示的对话框，在对话框中可以修改文件或文件夹的属性。这里显示的是一个文件夹“Plugins”的属性。对象的类型不同，所显示的“属性”对话框的内容也不一样。为了保护某些文件不被修改，可以将它们的属性设置为“只读”。

文件的属性包括文件名、类型、位置及大小等。文件的“属性”对话框中的大部分属性都是以只读方式显示的，但有一些属性是可以修改的。这些属性包括以下几项：

●只读：如果文件的属性是“只读”，任何程序或个人都不能修改该文件。一些很重要的系统文件都具有这个属性。

●隐藏：如果文件具有这个属性，此文件就不显示在文件列表中。

●存档：如果文件具有这个属性，表明在做了备份之后，文件就可以修改了。

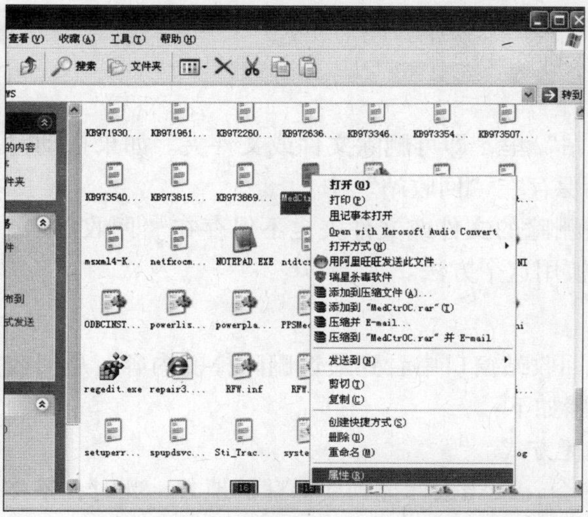

图 2 – 31　选取“属性”

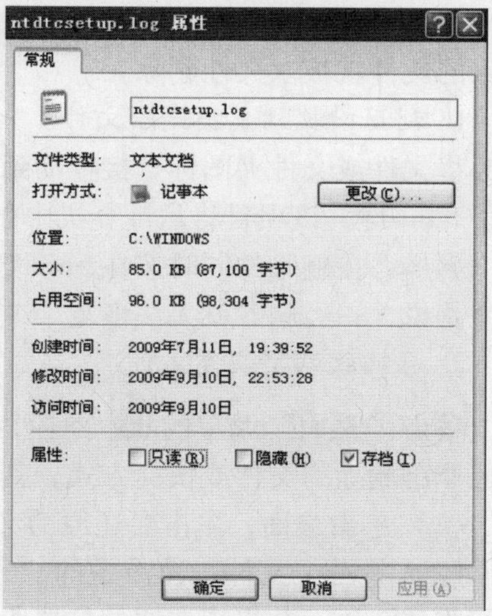

图 2 – 32　查看文件

2.6.14　对文件夹进行全局设置

用户在“文件夹选项”对话框中，对文件夹进行全局设置，使其在所有文件夹中都应用其作用。

1. 显示或者隐藏文件扩展名

在默认的情况下，Windows 并不显示文件的扩展名。为了显示扩展名，可按下列步骤操作：

（1）在任何一个文件夹或者驱动器窗口中，打开“工具”菜单，然后单击“文件夹选项”命令，弹出“文件夹选项”对话框。

（2）在“文件夹选项”对话框中，单击“查看”选项卡。

（3）在“高级设置”文本框中，单击“隐藏已知文件类型的扩展名”复选框，这样系统就会显示或不显示文件的扩展名。

（4）单击“确定”按钮。

2. 显示隐藏文件

Windows 在通常的文件列表中并不显示隐藏文件，为了显示隐藏文件，可按下列方法进行操作：

（1）在任何一个文件夹或者驱动器窗口中，打开“工具”菜单，然后单击“文件夹选项”命令，弹出“文件夹选项”对话框。

（2）在“文件夹选项”对话框中，单击“查看”选项卡。

（3）在“高级设置”文本框中，单击“显示所有文件和文件夹”复选框。

（4）单击“确定”按钮。

当这些隐藏文件在窗口中显示出来时，看上去比其他文件的图标黯淡一些，之所以要这样，是想提醒用户这些文件是很特殊的，不要随便修改这些文件。

2.6.15 认识回收站

回收站专门用来回收删除的文件，这些文件需要时可以恢复；一旦用户把回收站清空，删除的文件就被永久性删除。

1. 利用回收站直接删除文件

将文件或文件夹图标直接拖动到“回收站”里，即可删除文件或文件夹。如果拖动时按住了 Shift 键，该项目将从计算机中删除而不保存在“回收站”中。

同样，在删除的同时按住 Shift 键，其被删除的文件或文件夹也不保存在“回收站”中。也就是说，一经删除就无法恢复了，所以请慎用这个方法。

2. 从回收站里恢复文件

单击“桌面”菜单的  图标，可以在回收站窗口中看到最近删除掉的内容。从回收站中还原已删除的文件或快捷方式，其操作步骤如下：

（1）单击桌面，单击要还原的文件或快捷方式。

（2）单击“文件”菜单中的“还原”命令，或用鼠标拖到要保存的地方，此时，该文件从回收站消失，并出现在原始位置所指的路径。

（3）如果还原位于已删除文件夹中的文件，将重新创建此文件夹，然后还原该文件。

3. 清空回收站

清空“回收站”把其中所有的内容彻底删除，这样以后就不能再还原这些文件了。还可以打开回收站，从“编辑”菜单中选择“全部选定”命令，然后全部删除。

4. 设置“回收站”属性

用户可以设置文件在“回收站”中保存的时间，以及“回收站”占用的空间大小。用户还可为系统中各个硬盘的“回收站”设置不同的时间和大小，具体操作步骤如下：

（1）选中桌面上的“回收站”图标，用鼠标单击右键，然后在快捷菜单中选择“属性”命令，打开“回收站属性”对话框。

（2）如果有多个硬盘分区，并想分别设置每个驱动器，那么选择“独立配置驱动器”单选项，然后在各个驱动器选项卡中分别设置。

（3）如果希望文件在删除操作之后立即就彻底消失，那么就选择“删除时不将文件移入回收站，而是彻底删除”复选框。

（4）如果要调整回收站所占用的硬盘空间大小，可以拖动滑动条。例如，如果选择的是10%，假设某个驱动器有 10 GB 的空间，那么回收站最大占用此驱动器上的 1 GB 空间。如果回收站中的文件超过了这个数值，那么回收站就会开始删除文件，直到其中的文件所占用的空间小于这个数值为止。

（5）如果在删除文件时不想让系统显示确定对话框，可以不选“显示删除确定对话框”复选框。

（6）单击“确认”按钮。

2.7　认识控制面板

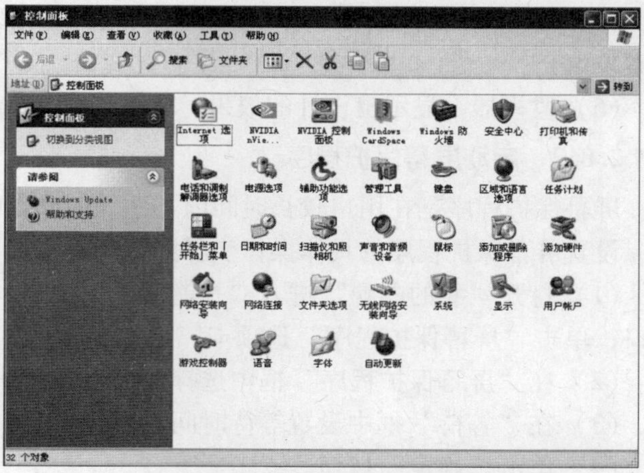

图 2-33　控制面板的窗口

Windows XP 的系统环境和设备均可使用控制面板进行设置。为了便于使用和管理，Windows XP 将所有这些工具统一放在一个叫做“控制面板”的系统文件内。打开“控制面板”窗口的方法有如下几种：

（1）打开桌面上的“我的电脑”窗口，双击“控制面板”图标。

（2）“开始”→“设置”→“控制面板”。

（3）打开“资源管理器”窗口，在其文件夹窗格中双击“控制面板”图标。控制面板的窗口如图 2-33 所示。

2.8　设置显示属性

2.8.1　设置桌面背景

控制面板中的“显示”选项卡可以用来设置屏幕显示的内容和方式，从而使自己计算机屏幕上的显示更具个人风格。

打开“我的电脑”，进入“控制面板”窗口，双击“显示”图标，弹出如图 2-34 所示的“显示属性”对话框。对话框中共有六个选项卡，与显示相关的属性和参数都在这里进行设置。

图 2-34　“显示属性”对话框

“背景”选项是用来设置 Windows XP 桌面背景墙纸的设置。通常情况下，Windows XP 的桌面背景呈绿色，我们可以通过下面的步骤来设计一个自己的桌面背景。

（1）进入“显示属性”，单击“背景”选项卡。

（2）在列表框中选择某个图像后，预览效果就将出现在列表上面的监视器中。

（3）如果图案不能覆盖整个屏幕，可单击下拉箭头，在列表中选择“平铺”或“伸展”选项。

（4）图片四周的空余区域，可以通过单击“图案”按钮，在弹出的对话框中选择喜欢的图案来填充。

（5）监视器上显示出设计的效果，单击“确定”按钮。

2.8.2 启动屏幕保护程序

屏幕保护程序是在用户较长时间内不做任何操作时保护屏幕的实用程序。

设置屏幕保护程序的具体操作步骤如下：

（1）打开“我的电脑”进入“控制面板”窗口，双击“显示”图标，进入“显示属性”窗口，单击“屏幕保护程序”选项卡。

（2）在“屏幕保护程序”框中选择保护程序，预览效果就将出现在上面的监视器中。

（3）在“等待”框中设置等待时间。

（4）单击“确定”按钮。

（5）如果计算机空闲时间超过设置时间，屏幕保护程序便自动启动，只要移动一下鼠标或按一下任意键就可以回到工作窗口。

2.8.3 设置屏幕元素的外观

“外观”选项卡用于设置窗口、菜单、图标、滚动条等屏幕保护元素的外观形状和颜色。

2.8.4 “Web”设置选项卡

“Web”设置选项卡用于设置显示器的分辨率和屏幕区域等属性，可通过“显示”、“屏幕区域”、“颜色”、“高级”等选项对显示器的属性进行设置。

2.8.5 效果

用于更改桌面图标。选择要更改的图标，单击“默认图标”恢复成缺省图标；单击“更改图标”可以更改为其他图标。

2.9 电脑硬件属性设置

当在电脑中加入一个硬件设备时，它的相关信息都会出现在控制面板中的“系统”选项中。因此我们可以通过“系统”选项来查看和管理资源。

打开“我的电脑”，进入“控制面板”窗口，双击“控制面板”中的“系统”图标，弹出如图 2－35 所示的“系统属性”对话框。

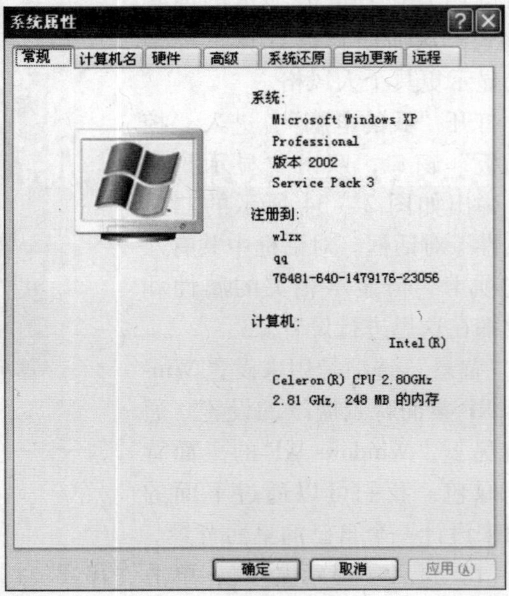

图 2－35　“系统属性”对话框

2.9.1 “常规”选项卡

常规选项卡上显示本系统的基本状态，在这里用户可以得到有关计算机类型、CPU 型号、内存大小以及所装的操作系统的基本信息。

2.9.2 “网络标识”选项卡

给出本计算机在网络中的标识，如隶属于哪个工作组，或隶属于哪个域，并且可以修改本计算机所属的工作组或域，每次修改后必须重新启动计算机。

2.9.3 “硬件”选项卡

“硬件”选项卡内有三项：硬件向导、设备管理器和硬件配置文件。“硬件向导”帮助用户安装、配置硬件。“设置管理器”列出计算机中安装的硬件和它们的驱动程序。

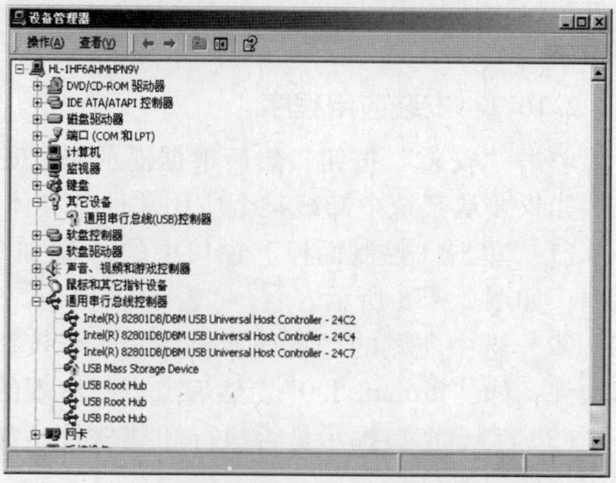

图 2－36　设备管理器列表

在这个子项中，点击“设备管理器”按钮后会出现一个列表，如图 2－36 所示。在列表中由图标和设备名称构成，单击最左边的“+”可以展开显示该类设备的子设备，展开之后标记变为“－”，再单击这个符号可关闭设备的显示。如果图标上有黄色的“！”或者“？”，表示该设备连接有问题，不能使用，需要重新安装和设置。

硬件配置文件：硬件配置文件为用户提供建立和保存不同硬件配置的方法。

2.9.4 “用户配置文件”选项卡

“用户配置文件”包含桌面设置和其他与登录有关的信息。可在使用的每台计算机上创建不同的配置文件。

2.9.5 “高级”选项卡

点击“高级”选项卡，显示三个子项：性能、环境变量、启动和故障恢复，如图 2－37 所示。

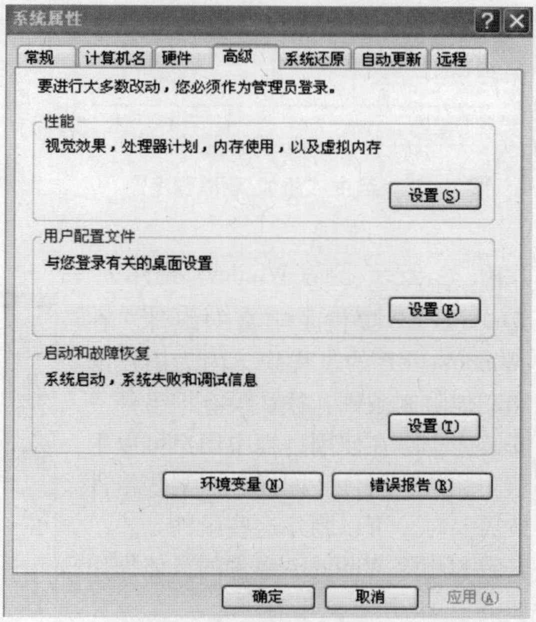

图 2－37　高级设置

性能显示计算机的性能状态和进行高级设置。性能状态包括内存容量和虚拟内存的情况。

环境变量告诉计算机在哪里查找特定类型的信息。

启动和故障恢复告诉当计算机出现问题和故障时，如何启动和如何恢复故障。

2.10　添加/删除程序

Windows XP 中提供了一个添加和删除应用程序的功能，能自动对驱动窗口中的安装程序进行定位，简化用户安装。对于安装后在系统中注册的程序，该工具能彻底快捷地删除这个程序。

2.10.1　安装应用程序

单击“安装”按钮，然后根据提示完成安装程序。

如果要从系统中卸载某个应用软件，具体操作步骤如下：

（1）单击“控制面板”窗口中的“添加/删除程序”图标，弹出“添加/删除程序”对话框，如图 2－38 所示。

（2）选中左侧的“更改或删除程序”按钮，在右侧出现要删除软件的列表，选中要删除的软件，如“foxmail 5.0”，然后点击新出现的“更改/删除”按钮。

（3）弹出窗口提示是否执行卸载软件，如图 2－39 所示。单击“是（Y）”按钮，即可完成软件的卸载。

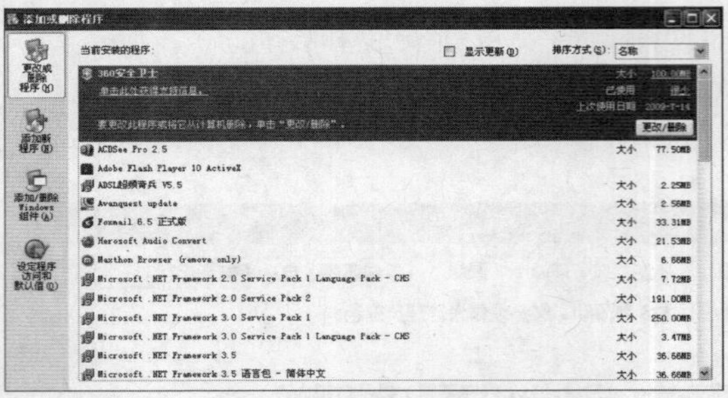

图 2－38　选中“添加/删除程序”

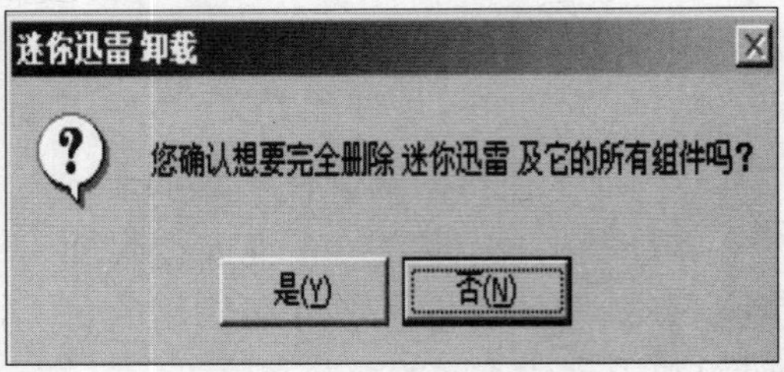

图 2－39　确定删除程序

2.10.2　安装/删除 Windows 组件

Windows XP 提供了丰富的组件。在安装 Windows XP 的过程中，因为用户的需求和其他限制条件，往往没有把组件一次性安装完全。在使用过程中用户可以根据需求安装某些组件。同样，当某些组件不再被需要时，可以删除这些组件。

安装和删除 Windows 组件的具体操作步骤如下：

（1）在“添加/删除程序”对话框中，单击“添加/删除 Windows 组件”按钮，如图 2－40 所示。

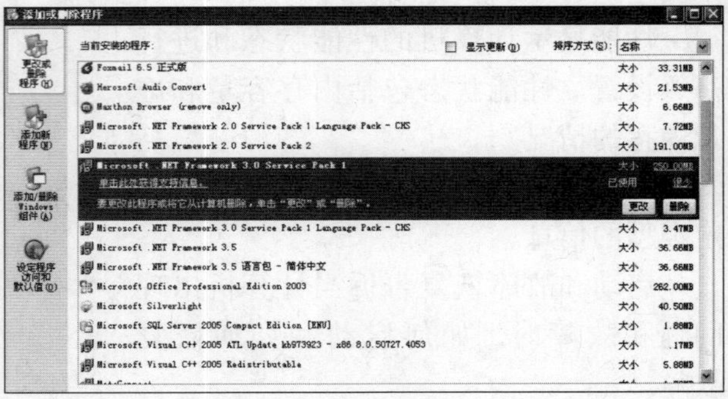

图 2－40　“添加/删除 Windows 组件”按钮

（2）弹出“Windows 组件向导”对话框，如图2－41所示。列表框中列出了可以添加到计算机或者从计算机中删除的组件。最左边框有“√”的表示已经安装的组件，空白表示该组件没有安装到系统中，而灰色的是指其中的部分组件安装了。

（3）单击列表框中所需要操作的组件，单击“下一步”按钮，出现组件的子组件，选中要删除或添加的组件，单击“确定”按钮。

（4）这时会出现一个对话框，询问是否要删除（或添加）这些组件，点击“是”按钮。

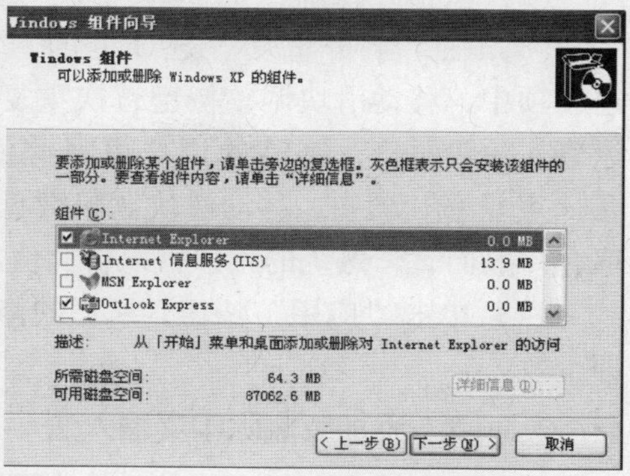

图2－41 “Windows 组件向导”对话框

（5）出现图2－42所示的界面，开始删除（或安装）所选组件。注意，如果是安装组件，需要将系统盘放入光驱。

（6）在完成删除（或安装）组件后，出现图2－43所示的界面，单击“完成”按钮。

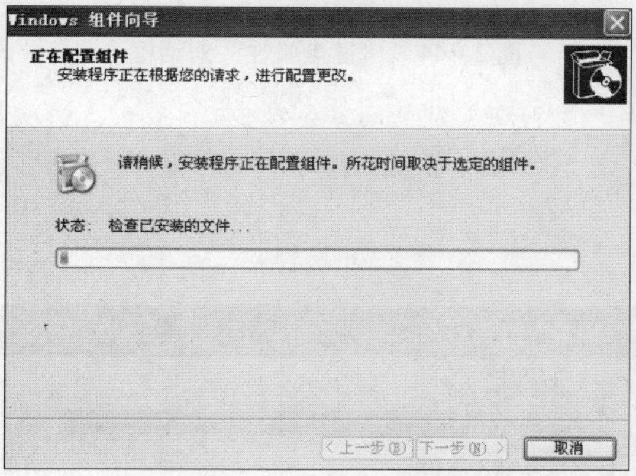

图2－42 删除进度对话框

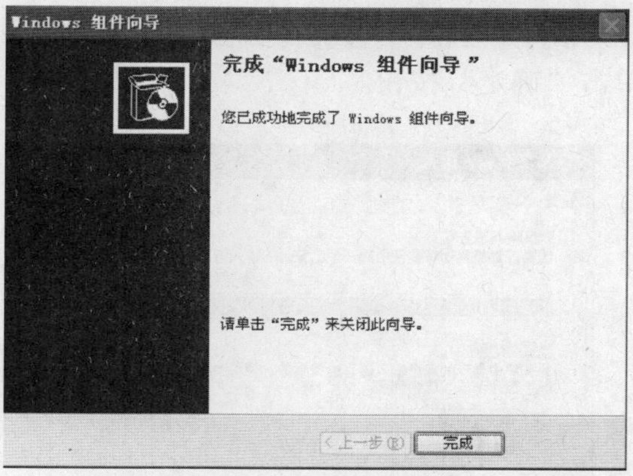

图2－43 完成对话框

2.11 键盘和输入法的设置

2.11.1 设置键盘

键盘有许多种，最常见的键盘有101键、102键、104键、105键，其中104键和105键是专为Windows 95以上的版本设计的。

Windows XP键盘属性的设置包括“重复延迟”、“重复率”、“光标闪烁频率”以及为不同语言用户设置键盘语言和布局等。这些功能使用户可以根据自己的习惯进行设置。

对于熟悉键盘的用户和不熟悉键盘的用户来说，对键盘的响应速度的要求是不尽相同的。为此，用户可以根据自己的实际情况调整键盘的响应速度。

设置键盘的操作步骤如下：

（1）进入“控制面板”窗口。

(2) 双击“键盘”图标，打开“键盘属性”对话框，如图 2－44 所示。

(3) 在“字符重复”选项框的“重复延迟”项中，移动滑块调整按键首次重复前的延迟值，一般而言，熟练的用户可将此值缩短；在“重复率”项中，移动滑块调整键盘的重复率，一般而言，熟练的用户可以将此值加快。

(4) 单击“应用”按钮，所做的修改将立即生效。

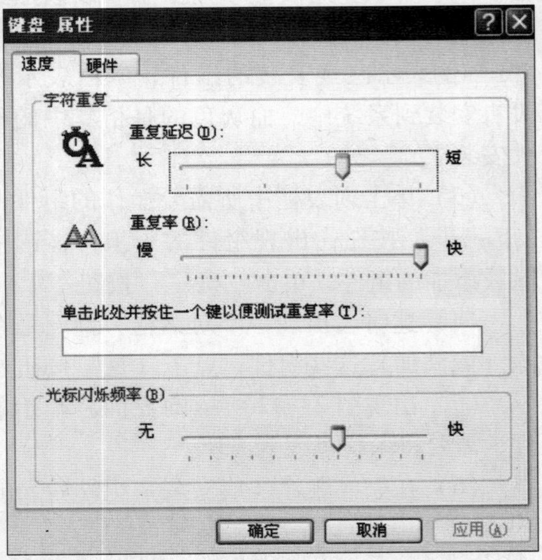

图 2－44 “键盘属性”对话框

2. 11. 2 添加或删除中文输入法

添加或删除中文输入法的具体步骤如下：

(1) 在“键盘属性”对话框中，单击“输入法区域设置”选项卡，如图 2－45 所示。单击“添加”按钮。

(2) 弹出如图 2－46 所示的“添加输入法区域设置”对话框，在“输入法区域设置”下拉列表中，选择一种需要添加的中文输入法。单击“确定”按钮。

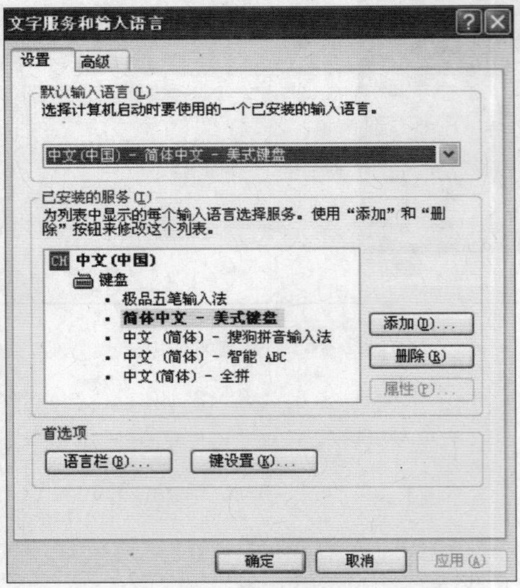

图 2－45 设置输入法

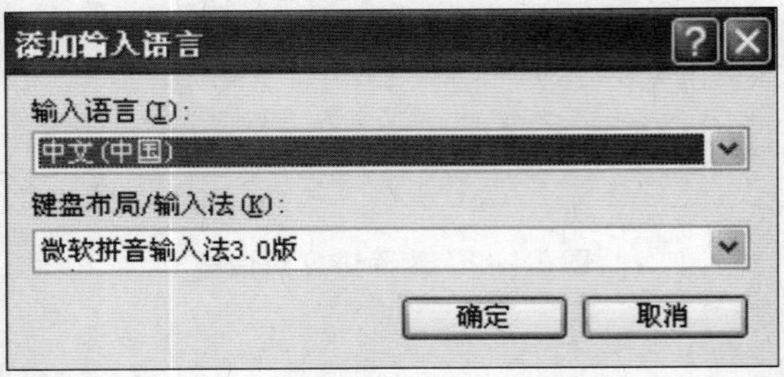

图 2－46 “添加输入法区域设置”对话框

(3) 返回到“输入法区域设置”选项卡，单击“确定”按钮或“应用”按钮，完成添加输入法的操作。

(4) 若要删除已有的输入法，则在“输入法区域设置”选项卡中的“输入语言”列表中，选中要删除的输入法，然后单击“删除”按钮即可。

输入中文时，用户需要先切换到中文输入法状态下。切换方法很简单，可以直接用鼠标操作。先单击任务栏上的输入法指示器图标 CH，屏幕上就会弹出系统当前所具备的输入法菜单，单击需要的输入法选项，就可以切换到该输入法状态下了。此外，也可以使用键盘来操作，在默认设置下，按 Ctrl + Space 键，可切换中英文输入法；按 Ctrl + Shift，则是进行各种输入法之间的切换。

2.11.3 设置打印机

打印机是计算机的一种常用外设，在这里将介绍如何在 Windows XP 中文版中安装打印机。一台打印机并不是接上电源、插上打印机接口就可以使用的，还需要安装打印机的驱动程序。不同厂家、不同型号的打印机有不同的驱动程序。用户在安装打印机前，首先要查清自己打印机的生产厂家和型号，并找到相应的打印机驱动程序。

在 Windows XP 中文版中，安装打印机的具体操作步骤如下：

（1）单击“开始”→“设置”→“打印机”，进入“打印机”窗口，如图 2-47 所示。

（2）双击“添加打印机”图标，打开“添加打印机向导”对话框，如图 2-48 所示。默认的设置为本地打印机，如果用户要安装的打印机在网络上，则可选择“网络打印机”单选按钮。单击“下一步”按钮。

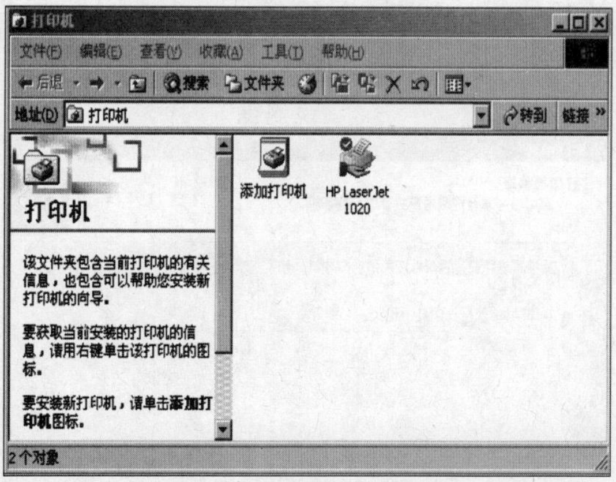

图 2-47 “打印机”窗口

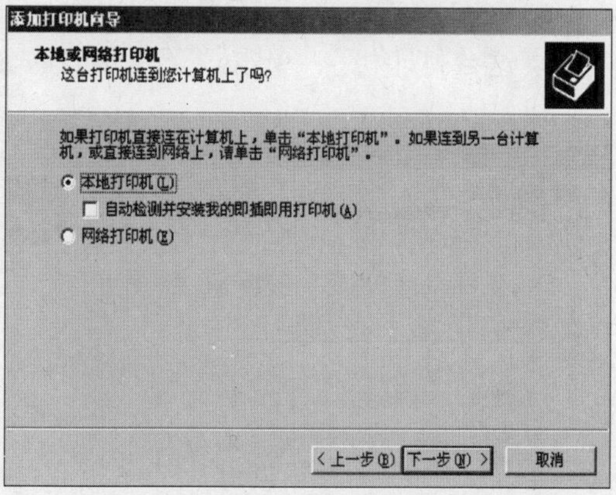

图 2-48 “添加打印机向导”对话框

（3）打开图 2-49 所示的对话框。“添加打印机向导”将要求用户选择打印机所安装的端口，选择“LPT1：打印机端口”命令，然后单击“下一步”按钮。

（4）此时打开如图 2-50 所示的对话框。在该对话框中，用户可选择打印机的生产厂商和型号；否则，用户必须单击“从磁盘安装”按钮，并插入打印机厂商提供的打印机驱动程序盘，单击“下一步”按钮。

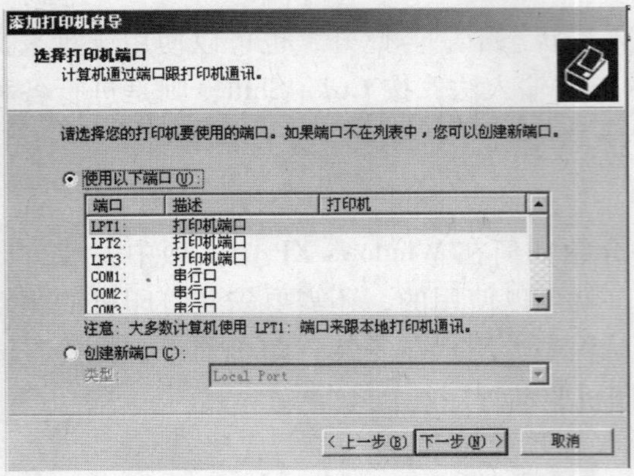

图 2－49　选择打印机的连接窗口

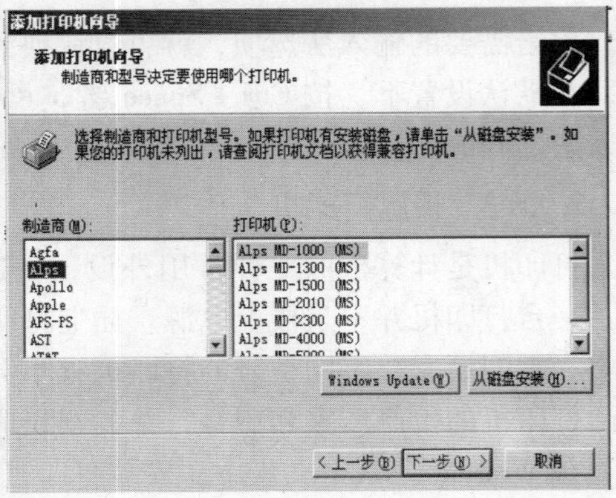

图 2－50　选择打印机的厂家和型号

（5）在打开的对话框中，“打印机名称”文本框将要求用户输入要安装的打印机的名称，如图 2－51 所示。单击“下一步”按钮。

（6）此时打印机向导还将询问用户是否共享该打印机，如图 2－52 所示。其默认设置为“不共享这台打印机”，单击“下一步”按钮。

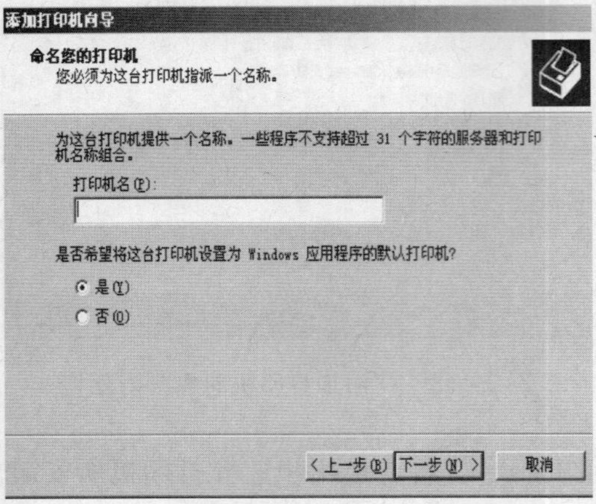

图 2－51　输入打印机的名称

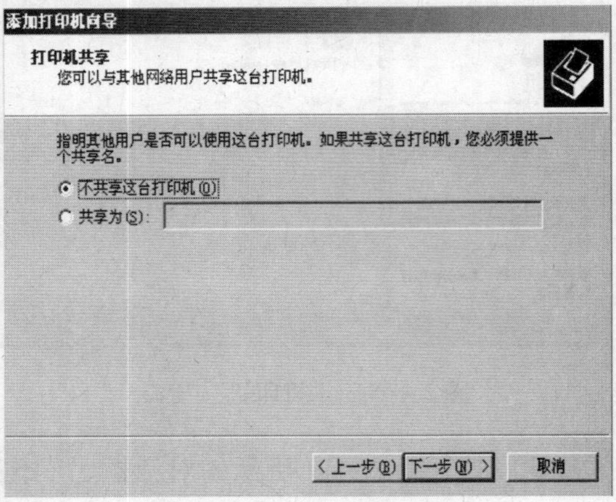

图 2－52　设置打印机共享

（7）在打开的对话框中，系统询问用户是否打印测试页，以确定打印机的安装是否正确，单击“下一步”按钮。

（8）单击“完成”按钮。

2.12　Windows 应用程序

2.12.1　记事本

“记事本”是一个简单的文本编辑器，使用起来非常方便。它可以创建留言、便条等小文本文档，并能打印出来。“记事本”只使用纯文本格式（ASCII 码）打开和保存文档，适用于创建不需要复杂格式的文档。Windows XP 的“记事本”新增了一项功能，可以选择不同的字体和大小来显示内容。

“记事本”非常适用于编辑计算机的系统文件，例如，大多数基于 Windows NT 应用程序所使用的 INI 文件、系统使用的 CONFIG. SYS 和 AUTOEXEC. BAT 等文件。这些文件都使用纯文本格式，并且一般都比较小。

运行“记事本”程序的方法很简单，单击“开始”→“程序”→“附件”→“记事本”命令。

所有标准的文本输入控制键，如 Backspace 键、方向键、Enter 键、Del 键、PgDn 和 PgUp 键等，都可以在“记事本”窗口以常规的方式操纵输入文本。在使用这些光标移动键时，若按下 Shift 键，则执行选定操作。除了这些常用键以外，下面的按键也可以控制输入文本的位置。

●Ctrl + ←：在文档中将光标移动到前一个字的开始处。

●Ctrl + →：在文档中将光标移动到后一个字的开始处。

●Home：将光标移动到当前行的开始之处。

●End：将光标移动到当前的结尾之处。

●Ctrl + Home：将光标移动到文档的首行开始之下。

●Ctrl + End：将光标移动到文档最后一行的结尾。

用户可以将“记事本”作为源程序的快速编辑器。关闭“编辑”菜单中的“自动换行”功能，使得“记事本”不会在窗口的边沿自动换行。“记事本”总是以标准文本格式打开和保存文本文档，与大部分的计算机语言编译器的要求完全相同。

2.12.2 写字板

“写字板”是一个文字处理应用程序，可用来创建信函、备忘录或其他任何复杂的文档。

1. “写字板”与“记事本”

“写字板”适用于创建格式整齐漂亮的文档。它允许格式化文本和段落，指定不同的字体，使用不同的字体样式，如粗体和斜体。当文档需要进行不太复杂的格式化时，“写字板”是一个很好的文档编辑程序。

“记事本”则是一个基本的文本编辑器。因为在“记事本”中只能使用纯文本格式，所以需要查看和编辑计算机的系统文件时，使用“记事本”十分方便。这些文件一般使用纯文本格式，如使用其他格式保存的话，会引发错误。

另外，“写字板”是支持以文档为中心概念的应用程序。也就是说，在“写字板”文档中可以链接和嵌入其他应用程序的文档，如在 Microsoft Excel 中生成的数据图表。而“记事本”就不具备这一功能。

2. 写字板的使用

运行“写字板”程序十分简单，单击“开始”→“程序”→“附件”→“写字板”命令。

“写字板”提供许多大型文字处理程序中才具有的功能，同时又很容易被学习和掌握，可以方便地完成日常所需要的文档工作。

●单击“格式栏”中的“字体”下拉列表，可以选择计算机上所安装的各种字体。

●单击“格式栏”中的“颜色”按钮可为选定的文本指定颜色。

●单击“格式栏”中的“项目”按钮可以创建项目列表。

●单击“格式栏”中的“左对齐”、“居中”、“右对齐”按钮，可以对齐段落。

●单击“工具栏”中的“日期/时间”按钮，可在文档中插入当前的日期和时间。

●单击“工具栏”中的“查找”按钮，可在文档中查找所需信息。

如果需要使用更高级的文字处理功能，可以用 Word 打开“写字板”创建的文档。实际上，“写字板”的默认文档格式和 Word 的文档格式是相同的。

3. 创建组合文档

有时在实际工作中需要的文档较为复杂，例如，在提交的财务报告中，不但要求有严谨的文字说明，还需要有精确的销售数字和库存信息以及形象的数据图表，而所有这些工作一般不是一种应用程序能完成的。这时就需要组合多种应用程序，并将它们所创建的文档组合到一起，这个由各种应用程序组合到一起的文档称为组合文档。

2.12.3 画图

使用“附件”中的“画图”程序可以创建、打印和处理位图图像。使用“画图”程序既可制作简单的示意图，也可以加工复杂的图像；既可以在一张空白的画面上绘制一幅新图，也可以修改已经存在的图像。原则上，任何可以被复制到剪贴板上的图形图像信息都可以粘贴到“画图”中并进行修改。这些图形图像信息包括剪贴图辑，使用其他基于 Windows 应用程序（例如 Microsoft Excel）创建的图表，以及使用数码产品、扫描仪生成的图像等。

1. 运行“画图”程序

运行“画图”程序的方式十分灵活，可以将其作为一个单独的应用程序来进行，单击“开始”→“程序”→“附件”→“画图”命令。

另外，也可以在其他应用程序中使用“画图”程序绘制图形对象，操作步骤如下：

（1）在另一个基于 Windows XP 的应用程序（例如“写字板”）中，单击“插入”菜单的“对象”命令，打开“插入对象”对话框。

（2）在“对象类型”列表框中，选择“位图图像”对象。

（3）此时文档将打开“画图”程序，所创建的图像将成为文档的一部分。

尽管不同的应用程序结构不同，但是使用过程和操作步骤相差不大，因此在大多数应用程序中，可以使用上述类似的步骤打开“画图”程序。

2. 使用“画图”

在“画图”工作窗口的工具箱中提供了许多大型绘图程序才有的工具，学习使用这些工具最好的方法就是多练习。

“画图”工具箱中有许多工具，要使用某个工具，先选中它，然后将鼠标指针移入工作区，此时鼠标指针就变为与工具相关的形状。

位于“画图”窗口下部的“颜料盒”可以用来选择 28 种颜色。使用该颜料盒，可以设置绘图时所要使用的前景颜色和背景颜色。

下面介绍一些使用工具箱中工具的常用技巧。

●在使用多数绘图工具时，鼠标左键的功能与鼠标右键的功能恰好相反。例如，使用“直线”工具时，鼠标左键使用前景色绘制，而鼠标右键则使用背景色绘制。如果鼠标左键为当前绘制按键，则鼠标右键就为取消按键。

●多数工具（包括“裁剪”工具和“选定”工具）都可以使用鼠标右键来取消当前操作。要取消当前正在绘制的图形，在释放鼠标左键之前单击鼠标右键。

●要撤消更改，可以执行“编辑”菜单中的“撤消”命令，或者直接按 Ctrl + Z 键，最多可以撤消三次。

●多数工具在与 Shift 键同时使用时往往具有特殊的功能。例如无论是使用“刷子”工具还是“铅笔”工具，在拖动鼠标同时按住 Shift 键，就可以画出一条水平线、垂直线或是斜线（45°角）。

绘图时，画图程序使用前景颜色来画线和图形边框，用背景颜色填充图形。线和边框的宽度取决于所选择的线宽。

掌握了绘图工具的使用方法之后，就可以轻松完成下列工作：

●构造各种几何图形；

●制造填充或者喷涂效果；

●剪切图形中的一部分并且移动到其他地方；

●改变整个图像或者部分图像的大小；

●使用系统中提供的各种字体为图片创建标题；

●放大图片的某个部分，进行细微修改。

使用时，如果不了解工具箱中某种工具的用途，只要将鼠标停留在该工具上，两秒钟后就会出现工具的名称提示。如果需要更多的帮助，可以从“帮助”菜单中选择“帮助主题”命令，然后寻找所需要的帮助信息。

“画图”程序不仅提供诸如画线和几何图形的工具，同时还提供了许多用于处理图像的工具。请注意菜单栏上的各种命令，这些命令可以完成下列工作：

●旋转、扭曲或者拉伸一幅图像的选定部分。例如，可以创建一个倾斜的商标；

●编辑调色板或将一个已经创建的调色板指定给一幅图像；

●去掉“工具箱”、“颜料盒”和“状态栏”，以便查看整个位图；

●对选定的图像进行“反色”处理。

3. “画图”程序的高级应用

“画图”可以充分发挥创造性，除了可以创建图片、编辑图像、练习使用鼠标以及用它学习画画外，还可以进行下列工作：

●创建自己的桌面背景图案（即墙纸），通过“文件”菜单中的“设置为墙纸”命令就可以将“画图”当前窗口中的图像设置为 Windows XP 桌面墙纸；

●查看或编辑 Windows XP 中的图文件或其他来源（例如 Internet）的位图文件；

●将图像作为电子邮件或传真发送给其他人；

●提高使用鼠标的技巧。

【本章小结】

本章讲解了中文 Windows XP 操作系统，包括窗口的组成与操作，菜单操作，“开始”菜单，对话框的组成与操作，控制面板及设置显示属性，电脑硬件的属性设置及添加/删除程序的应用，键盘和输入法的设置，Windows 的应用程序等。通过对本章的学习，应掌握计算机 Windows XP 操作系统的相关知识，同时能熟练修改计算机软、硬件的相关配置等。

例题

要求：所有的操作都在硬盘中完成，WINDOWS 的安装程序位于 C 盘。

1. 将素材文件夹中名为 QBCX. 123 的文件改名为“显示帮助 . X”，并把文件移到 D：\test文件夹中。

（1）把素材文件夹中名为 QBCX. 123 的文件复制到 D：\test 文件夹中；

（2）在 test 文件夹中选中该文件→单击鼠标右键，在弹出菜单中选择“重命名”选项→输入文件名为“显示帮助 . X”。

2. 将素材文件夹中所有以 M 开头、主文件名长度为 4 个字符的所有文件复制到 D：\test 文件夹中。

（1）单击素材文件夹→快捷菜单→搜索，在要搜索的文件或文件夹名文本框中输入“M??? . *”开始查找；

（2）把查找结果中显示的所有文件复制到 test 文件夹下。

3. 在 D 盘 test 文件夹中建立一个 COMPUTER 文件夹，并把文件夹属性设置为共享。

（1）打开 D 盘的 test 文件夹→单击鼠标右键→新建→文件夹→输入文件名“COMPUTER”→选中该文件夹→单击鼠标右键→属性，打开属性对话框；

（2）“共享”选项卡→选择“共享该文件夹”。

4. 给计算机添加一台“AT&T 473/478”打印机。

在控制面板中双击“ 打印机”→双击“添加打印机”，“下一步”→选择“本地打印机”，“下一步”→选择端口：LPT1，“下一步”，生产商：AT&T，型号：AT&T 473/478，“下一步”→“不共享该打印机”，“下一步”→“不打印测试页”，“下一步”；“完成”；“确定”。

5. 在“开始”菜单“程序”中建立一个名为“办公软件”的文件夹。

（1）在空白位置右击“任务栏”→属性，在“开始菜单”对话框中，选择“经典开始菜单”选项卡，单击“自定义”按钮；

（2）在“开始菜单”窗口中，打开“添加”按钮，选择新加文件夹位置，输入文件名“办公软件”。

6. 用智能拼音输入法输入“tyyd”能输出“体育运动”一词。

（1）切换到智能拼音输入法，右击→定义新词，弹出“定义新词”窗口；

（2）在“新词”文本框中用智能拼音输入法输入“体育运动”；在“外码”文本框中输入“tyyd”；单击“添加”按钮；再单击“关闭”按钮。

7. 添加一个 3Tom 型号为 3ComImpact IQ 的调制解调器。

在控制面板中双击“电话和调制解调器”→“调制解调器”，“添加”→选择“不检测调制解调器，直接从列表中选取”，“下一步”；制作商：3Tom，型号：3ComImpact IQ，“下一步”；端口：通讯端口（COM1）或通讯端口（COM2），“下一步”；“完成”；“确定”。

8. 在键盘属性窗口中，添加冰岛语。

（1）打开“控制面板”，双击打开“键盘”图标，在“键盘属性”对话框中，选择“输入法区域设置”选项卡，单击“更改”按钮；

（2）在“文字服务”对话框中，“默认输入语言”列表框中选择“冰岛语”，单击“添加”按钮。

9. 创建一个名为KS5的用户组，在描述中输入“Windows用户组”，并在用户组KS5中添加一个用户（考生自己选择用户）。

（1）在桌面右击“我的电脑”→管理，弹出“计算机管理”窗口，打开“本地用户和组”文件夹，选中“组”，操作→新建组，弹出的“新建组”窗口；

（2）“组名”文本框中输入“KS5”，在“描述”中输入“Windows用户组”，单击“添加”按钮；在“选择用户或组”窗口中的名称列表中选择一个用户（考生自己选择用户）。

10. 在“画图”窗口里打开素材文件夹中的tu5.bmp文件，将图片设置为“反色”，将其设置为墙纸（居中），并以文件tu52.BMP保存在test文件夹中。

开始→程序→附件→画图→“文件”菜单→打开“tu5.bmp”文件→“图像”菜单中选择“反色”→“文件”菜单中选择“设置为墙纸（居中）”，保存到test文件夹中，关闭画图窗口。

练习

一、选择题

1. Windows XP是一个（　　）。

A. 多用户、多任务操作系统　　B. 单用户、单任务操作系统

C. 单用户、多任务操作系统　　D. 多用户分时操作系统

2. 按组合键（　　）可以打开“开始”菜单。

A.【Ctrl】+【O】　　B.【Ctrl】+【Esc】

C.【Ctrl】+空格键　　D.【Ctrl】+【Tab】

3. 在“资源管理器”中的文件夹内容窗口中，如果需要选定多个非连续排列的文件，应按组合键（　　）。

A.【Ctrl】+单击要选定的文件对象　　B.【Shift】+单击要选定的文件对象

C.【Alt】+单击要选定的文件对象　　D.【Ctrl】+双击要选定的文件对象

4. 在Windows XP中，（　　）是中英文输入切换键。

A.【Ctrl】+【Alt】　　B.【Shift】+空格键

C.【Ctrl】+空格键　　D.【Ctrl】+【Shift】

5. 在Windows中将信息传送到剪贴板不正确的方法是（　　）。

A. 用“复制”命令把选定的对象送到剪贴板

B. 用“剪切”命令把选定的对象送到剪贴板

C. 用“Ctrl+V”命令把选定的对象送到剪贴板

D. Alt+PrintScreen把当前窗口送到剪贴板

6. 在Windows XP中要改变屏幕保护程序的设置，应首先双击控制面板窗口中的（　　）。

A.“多媒体”图标　　B.“显示”图标

C.“键盘”图标　　D.“系统”图标

7. Windows XP中，对文件和文件夹的管理是通过（　　）来实现的。

A. 对话框　　B. 剪贴板

C. 资源管理器或我的电脑　　D. 控制面板

8. 在Windows中，不能从（　　）启动应用程序。

A. “开始”菜单　　B. 资源管理器

C. 任务栏　　D. 我的电脑

9. 下列命令菜单选项中，（　　）表示该命令对应的功能正在起作用。

A. 右侧带省略号的命令　　B. 右侧带下划线字母 X 的命令

C. 灰色的命令　　D. 左侧带符号√的命令

10. 用鼠标单击窗口中的（　　）按钮，可以将该窗口缩小成任务按钮小标题栏。

A. 最大化　　B. 最小化

C. 还原　　D. 控制

11. 若屏幕上同时显示多个窗口，可以根据窗口中（　　）的特殊颜色来判断它是否为当前窗口。

A. 菜单栏　　B. 状态栏

C. 标题栏　　D. 工具栏

12. 进行 Windows 操作时（　　）。

A. 必须用鼠标　　B. 必须用键盘

C. 可以用鼠标也可以用键盘　　D 有时必须用鼠标，有时必须用键盘

13. 要移动 Windows 的某个窗口，可以通过拖曳它的（　　）来实现。

A. 标题栏　　B. 滚动条

C. 控制按钮　　D. 边框

14. 不能利用 Windows 的剪贴板来（　　）。

A. 保存 Windows 文档中的部分信息　　B. 保存屏幕画面信息

C. 删除文件　　D. 复制文件

二、上机操作

要求：所有的操作都在硬盘中完成。

1. 将素材文件夹中“Autoexec. bat”文件的属性设置为“隐藏”，并把文件移到 D：\test 文件夹中。

2. 在 test 文件夹中新建名为“MyFile”文件夹。

3. 设置任务栏为无时钟显示、自动隐藏。

4. 在素材文件夹中查找以字母“y”开头的文件，并把显示查找结果的窗口界面屏幕拷贝、粘贴到 Word 文档中，以“file1”为文件名，保存到 test 文件夹中。

5. 添加双拼输入法，并将添加后显示有双拼输入法的“输入法属性”窗口界面屏幕拷贝、粘贴到 Word 文档中，以“file2”为文件名，保存到 test 文件夹中。

6. 给计算机添加一台“Apple Laser Writer 12/640 PS”打印机，并把添加后的“打印机”窗口界面屏幕拷贝、粘贴到 Word 文档中，以“file3”为文件名保存到 test 文件夹中。

7. 添加一个 3Com 型号为 3ComImpact IQ 的调制解调器，并把添加后的“调制解调器”窗口界面屏幕拷贝、粘贴到 Word 文档中，以“file4”为文件名保存到 test 文件夹中。

8. 用全拼输入法输入“shzy”能输出“社会主义”一词。

9. 在键盘属性窗口中，把光标闪烁速度调到最快。

10. 在画图窗口中画一个红色的椭圆，完成后将其设置为墙纸（平铺），并以文件名 HLU. BMP 保存在 test 文件夹中。

第 3 章　中文录入技术

3.1　汉字输入方法简述

汉字输入有拼音方案、拼形方案、音形结合方案和记忆代码方案。

1. 拼音方案（音码）：全拼、双拼

以汉语拼音作为汉字的输入编码。

优点：易学，不需要专门的训练就可以掌握。

缺点：重码率高，影响输入速度。

2. 拼形方案（形码）：五笔字型、表形码

将汉字的笔画、偏旁、部首或字根与键盘上的字母相对应，按字形拆字编码输入汉字的方法。

优点：重码率低、速度高。

缺点：难学，要经过训练和记忆编码的规则。

3. 音形结合方案（音形码）：自然码

将拼音和字形相结合的一类汉字编码方案。

优点：重码率低、速度高 。

缺点：难掌握（难学）。

4. 记忆代码方案：区位码、电报码

用键盘上的数字键给汉字编码，码长一般为 4，即每 4 个数字对应一个汉字。

优点：重码率为零。

缺点：记忆困难、难于掌握。

3.2　衡量汉字输入方案

1. 判别其编码规则是否简单（容易掌握）。

2. 判别其重码率是否较低（容易使用）。

3.3　五笔字型输入法

1. 王永民将汉字分成 3 个层次

（1）5 种笔画。

（2）130 种字根。

（3）字根组成 6 763 个汉字。

2. 五笔字型输入法

汉字的三个层次：笔画、字根、整字。

（1）笔画：从起笔到收笔，不间断地一次连续写成的一个线条为笔画。表 3－1 列出了汉字的 5 种笔画。

表 3－1　汉字的 5 种笔画

代号	笔画名称	笔画方向	笔画及变形
1	横	左→右	一
2	竖	上→下	丨
3	撇	右上→左下	丿
4	捺	左上→右下	丶
5	折	有转折	乙 ㇇ ㇆ ㇄ 了 ㇗

（2）字根：由一个或多个笔画组成相对不变的结构。五笔字型字根总表如图 3－1 所示，表 3－2 是字根助记词。

①基本字根：那些组字能力很强而且在日常汉字中出现次数较多的字根。共 130 个，分布在 A—Y 键上。

②键名：每个键左上角的第一个字根叫键名。

③成字根：本身是一个汉字又是一个字根。

例：大、由。

④单笔画字根。

例：一、丨、丿、丶、乙。

⑤不成字字根。

例：忄、犭、亻、廴。

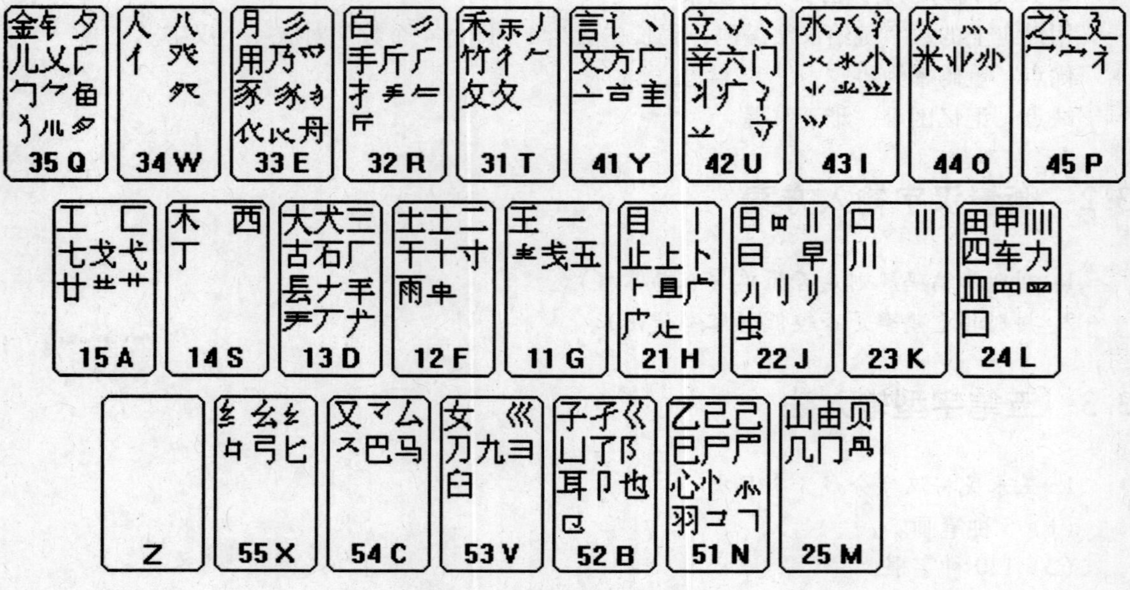

图 3－1　五笔字型字根总表

表 3-2　字根助记词

11	王旁青头戋（兼）五一，
12	土士二干十寸雨，
13	大犬三羊古石厂，
14	木丁西，
15	工戈草头右框七。
21	目具上止卜虎皮，
22	日早两竖与虫依，
23	口与川，字根稀，
24	田甲方框四车力，
25	山由贝，下框几，
31	禾竹一撇双人立，反文条头共三一。
32	白手看头三二斤，
33	月彡（衫）乃用家衣底。
34	人和八，三四里，
35	金勺缺点无尾鱼，犬旁留㐅儿一点夕，氏无七（妻）。
41	言文方广在四一，高头一捺谁人去。
42	立辛两点六门疒，
43	水旁兴头小倒立。
44	火业头，四点米，
45	之字军盖建道底，摘礻（示）衤（衣）。
51	已半巳满不出己，左框折尸心和羽。
52	子耳了也框向上。
53	女刀九臼山朝西。
54	又巴马，丢矢矣，
55	慈母无心弓和匕，幼无力。

字根的分区：按字根的起始笔画，分成五个区：横起区、竖起区、撇起区、捺起区和折起区，区号依次为1、2、3、4、5。每个区再分五个位，位号依次为1、2、3、4、5。区号与位号的关系是先区号后位号。如图3-2所示。

3. 键位表的特点

1区：横区共27个字根，其首笔为横笔，分在“王”、“土”、“大”、“木”、“工”五个键上。

2区：竖区共23个字根，其首笔为竖笔，分在“目”、“日”、“口”、“田”、“山”五个键上。

3区：撇区共29个字根，其首笔为撇笔，分在“禾”、“白”、“月”、“人”、“金”五个键上。

4区：捺区共23个字根，其首笔为捺笔，分在“言”、“立”、“水”、“火”、“之”五个键上。

5区：折区共28个字根，其首笔为折笔，分在“已”、“子”、“女”、“又”、“纟”五个键上。

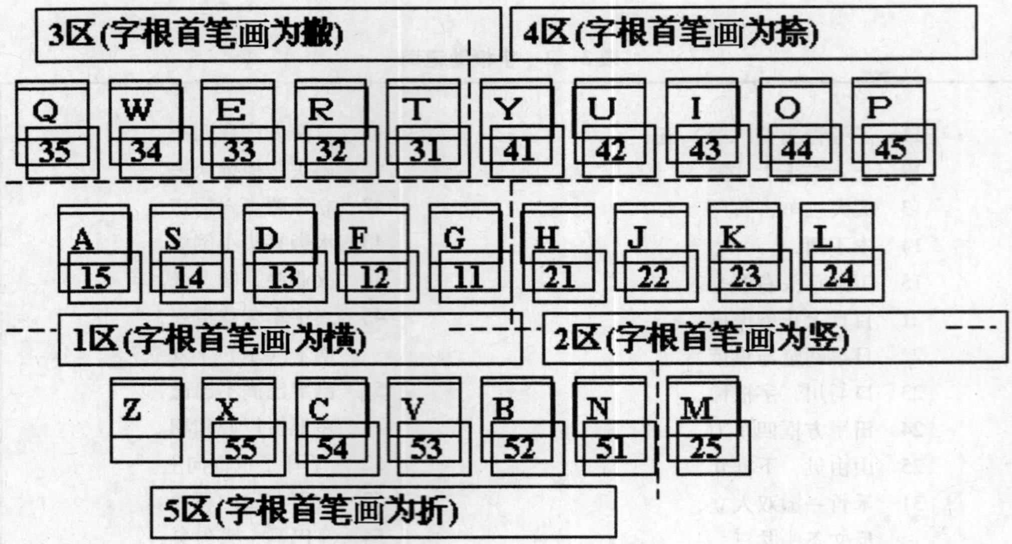

图 3－2　字根首笔分区表

4. 汉字的结构

（1）单根结构：指字根本身就单独成为一个汉字。

例：王、心、门

（2）离散结构：指汉字由多个字根组成，而字根之间有两种情况：

①离：各字根保持一定的距离，不相连也不相交。

例：吕、识、照

②散：多笔画字根与字根相连。

例：足、左、页

（3）连笔结构：是指一个单笔画字根和一个字根相连。

例：天、自、主

（4）交叉结构：是指汉字由两个字根或两个以上的字根套叠而成。

例：农、必、果

5. 汉字的字型

汉字可分成三种字型：左右型、上下型、杂合型。如图 3－3 所示。

（1）左右型：字根之间的位置关系主要是左、右关系。

（2）上下型：字根之间的位置关系主要是上、下关系。

（3）杂合型：不属于左右、上下的其他字型都称为杂合型。

字型代码	字型	图示	字例
1	左右	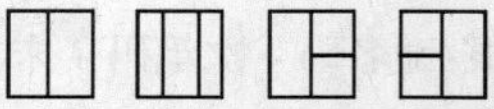	汉湘结到
2	上下	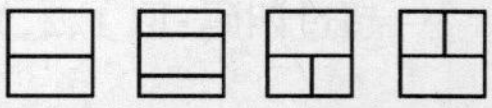	字室花型
3	杂合	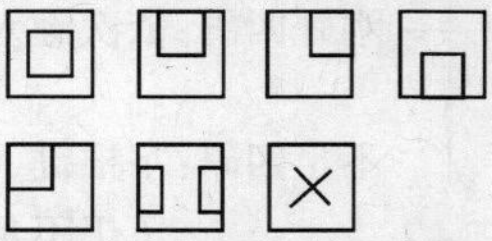	困凶这匡司 乘本重天且

图 3－3　汉字的三种字型

6. 五笔字型的编码输入

（1）键名字：连击四次字所在键。

例：金（QQQQ）、王（GGGG）

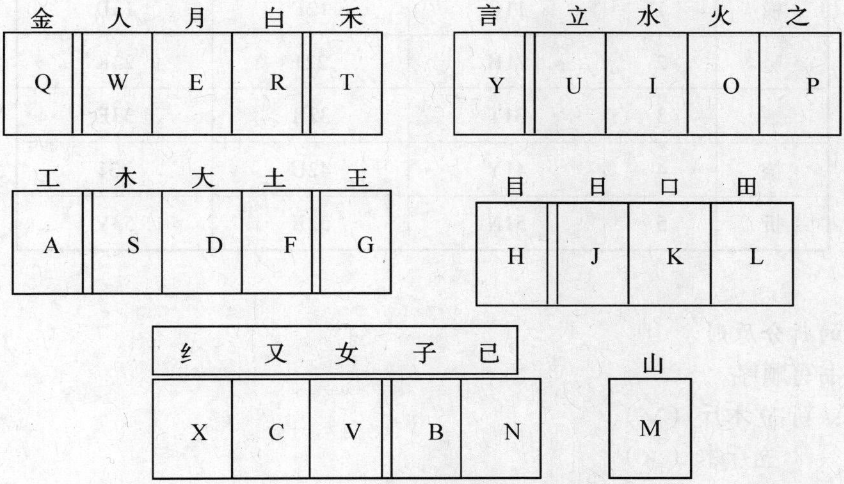

图 3－4　键名字表

（2）单根字：字所在键＋字根首笔＋字根次笔＋字根末笔。

例：儿（QTN）、厂（DGT）、雨（FGHY）、石（DGTG）

（3）多根字：第一字根＋第二字根＋第三字根＋末字根。

例：建（VFHP）、横（SAMW）、懂（NATF）、瀛（IYNY）

只（KWU）、叭（KWY）

洒（ISG）、沐（ISY）、汀（ISH）

支（FCU）、云（FCU）、去（FCU）

（4）单笔画：笔画所在键＋笔画所在键＋L＋L。

例：乙（NNLL）、丿（TTLL）

- 汉字
  - 键面字
    - 键名：把所在键连打四下
    - 成字字根：键名码＋次笔码＋末笔码（不足四码，补空格键）
  - 键外字（依照汉字拆分原则）
    - 超过四码：取1、2、3、末字根编码
    - 刚好四码：依次键入即可
    - 不足四码：字根键入完后，补打“末笔字型识别码”（仍不足四码，补空格）

表3－3　末笔字型识别码表

字型 / 末笔画		左右型	上下型	杂合型
		1	2	3
横	1	11G	12F	13D
竖	2	21H	22J	23K
撇	3	31T	32R	33E
捺	4	41Y	42U	43I
折	5	51N	52B	53V

7. 汉字的拆分原则

（1）按书写顺序。

例：新 立木斤（√）

立斤木（×）

（2）能散不连。

（3）能连不交。

（4）兼顾直观。

（5）取大优先。

8. 简码输入

目的：减少码长，提高输入速度。分为一级简码、二级简码、三级简码。

（1）一级简码（高频字）。

有25个，每个简码对应一个字母键。

输入方法：按一下简码字所在的键，再按一下空格键。

一	地	在	要	工		上	是	中	国	同
G	F	D	S	A		H	J	K	L	M
和	的	有	人	我		主	产	不	为	这
T	R	E	W	Q		Y	U	I	O	P
民	了	发	以	经						
N	B	V	C	X						

图3－5　一级简码

（2）二级简码。

二级简码取单字全码的前两个字根代码，共625个 。

输入方法：按这个字的第一、第二笔代码所在键，再按空格键。

例：长（TA）、攻（AT）、笔（TT）、式（AA）

（3）三级简码。

三级简码取单字全码的前三个字根代码，有4 000多个。

输入方法：按这个字的第一、第二、第三笔代码所在键，再按空格键。

例：话（YTD）、想（SHN）、新（USR）、品（KKK）、晶（JJJ）、森（SSS）、图（LTU）、格（STK）

9. 词组输入

对于词组，不论它有多少个字，一律用四位编码输入。

（1）两字词：其编码取每个字编码的前两个码。

（2）三字词：其编码取前两个字的第一个编码，最后一个字取前两个编码。

（3）四字词：其编码取各字的第一码。

（4）多字词：其编码取第一、二、三及最后一个汉字的第一码。

词组举例：

（1）二字词：

计算：讠十竹目（YFTH）　　汉字：氵又宀子（ICPB）

网络：冂×纟夂（MQXT）　　控制：扌宀　冂（RPRM）

（2）三字词：

宣传队：宀亻阝人（PWBW）　　电视机：日礻木几（JPSM）

条形码：夂一石马（TGDC）　　利润率：禾氵亠幺（TIYX）

（3）四字词：

精神财富：米礻贝宀（OPMP）　　随时随地：阝日阝土（BJBF）

顾名思义：厂夕田丶（DQLY）　　科学分析：禾⺍八木（TIWS）

（4）多字词：

中华人民共和国：口亻人囗（KWWL）

全国人民代表大会：人囗人人（WLWW）

10. 万能键“Z”的使用

用五笔字型输入法输入汉字时，对一时记不清或分解不准的任何字根，都可以用“Z”键来代替。

可以用在以下两个场合：

（1）当不清楚某个字的末笔字型识别码时，可以用“Z”键代替。

（2）当某个汉字在拆分时不清楚某个字的字根时，可以用“Z”键代替。

【本章小结】

本章讲解了字根与五笔键盘，汉字拆分原则，简码输入及词组输入，五笔字型学习技巧等内容。通过对本章的学习，应能掌握五笔字型输入法，快速准确地输入中文字体。

练习及上机操作

1. 将下面的汉字进行拆分，并输入相应的编码。

木	日	广	小	已	丁	弓	贝	古	九
入	手	羽	也	甲	刀	耳	儿	五	寸
上	二	乃	夕	川	十	由	人	马	石
辛	力	尔	手	几	斤	雨	用	十	虫
心	方	文	匕	门	车	戈	已	雨	早
早	用	址	车	雨	咱	贝	用	卜	斤
瞿	唇	掌	船	游	踩	猛	猖	跤	凭
智	默	爹	堰	挽	救	俞	格	凭	皱
捱	埔	督	溯	窃	察	循	煎	熬	烈
冠	辉	柔	磨	婆	辅	觉	祖	淤	糕

2. 输入下列二字词组。

计算	程序	技术	经济	汉字	北京	天津
上海	南京	沈阳	西安	重庆	昆明	吉林
武汉	电脑	物理	化学	数学	工程	生物
激光	操作	方向	记录	力量	科学	教授
施工	建设	提高	高兴	相同	基础	代表
体现	改革	改造	基本	世界	文字	游泳
后代	体系	广泛	努力	初中	桥梁	方案
解放	学生	社会	进步	专利	困难	统一
勤劳	政治	军事	文学	艺术	人类	微机
身体	团结	价值	深刻	机器	修改	提纲

3. 输入下列三字词组。

操作员	解放军	共产党	共青团	青少年
年轻人	少先队	半边天	世界观	人生观
现代化	工作者	工农兵	炊事员	服务员
自动化	计算机	生产力	生产率	工程师
北京市	上海市	天津市	西安市	沈阳市
辽宁省	江西省	青海省	广东省	山东省
四川省	云南省	江苏省	河南省	河北省

委员会	新技术	组织部	书记处	办公室
二进制	记忆力	洗衣机	电冰箱	电风扇
摩托车	收录机	半导体	发电机	发动机

4. 输入下列四字词组。

五笔字型	人民政府	十六进制	程序设计	知识分子
按需分配	按劳分配	共产党员	党政机关	高等院校
数据处理	社会科学	少先队员	汉字编码	科学技术
社会主义	资本主义	共产主义	蒸蒸日上	国计民生
广西壮族	少数民族	光明正大	奋发图强	和平共处
操作系统	实事求是	中共中央	同心同德	呼和浩特
固步自封	参考消息	参考资料	万事如意	奋不顾身
自动控制	引人注目	扬长避短	以权谋私	以身作则
名副其实	气势汹汹	清规戒律	埋头苦干	能文能武
平分秋色	迄今为止	千方百计	前因后果	美中不足

5. 输入下列多字词组。

军事委员会	中国共产党	电子工业部	毛泽东思想
喜马拉雅山	中央政治局	常务委员会	发展中国家
民主集中制	新华通讯社	人民大会堂	全民所有制
为人民服务	西藏自治区	人大常委会	中国科学院
四个现代化	内蒙古自治区	人民代表大会	政治协商会议

6. 用简码和词组输入方式输入下面的短文。

要求：使用 WINDOWS 系统下的记事本应用程序，将下面的文章进行纯文本录入，文件名为 T1，保存到考试目录（D：\test\）中。（不要求排版）

云南由于地形关系，大河交织，山地较多，许多地区没有铁路，虽然新建了一些铁路，但是在山区行驶的火车往往要绕很大的圈子，不像汽车那样可以顺山蜿蜒而行，而且许多铁路新修不久，处于只运货或试运行阶段，运行时速较低，所以往往没有汽车快，急心的群众故有此说。

傣族的烧烤是个很好的选择。大街小巷边上时常有穿着傣装站在一个简易烧烤炉前开工的傣族妇女。花上七八块钱买二三十串烤猪肉牛肉之类的，如果肚子饿的话再买一筒香竹饭，剩下的一元钱买一瓶矿泉水，然后在马路边上有路灯的地方找个石凳坐下，一边吃一边看街上过往的帅哥美女，不失为一种享受。要是女孩子不喜欢吃烧烤的话，随便找家冷饮店蹿进去。不过要记住找那些老板娘的皮肤黑得发亮的那种冷饮店，只有那种才是纯正的缅甸泰国风味。坐下来要杯帕露达或者其他的名字稀奇古怪的饮料，在终年高温的西双版纳，10 元钱喝上两杯沁人心脾的冷饮也不失为一个降温的好办法。

第4章 中文 Word 2003 的操作

4.1 Word 2003 操作基础

中文 Word 2003 是 Microsoft 公司开发出的新一代文字处理和排版软件，该软件具有全新的 Windows 操作环境和友好的用户界面，并具有图文并茂的文档处理方法和方便易学的文字处理功能，使用户能更加轻松地处理文字、图形和数据，从而编排出更加赏心悦目的文档。

4.1.1 启动 Word 2003

启动 Word 2003 的常用方法有三种。

（1）在 Windows 的主桌面上，双击 Word 2003 的图标，即可启动 Word 2003。

（2）点击“开始”按钮，在其菜单中，选择“程序”，然后在其子菜单中，点击“Microsoft Word”，启动 Word 2003。

（3）单击“开始”按钮，在其菜单中，选择“新建 Office 文档”，即可启动 Word 2003。

当屏幕上出现中文 Word 2003 的操作窗口时，表示 Word 启动成功。同时在 Word 编辑窗口上方的标题栏上可以看到 Word 已自动创建一名为“文档 1”的新文档。

4.1.2 Word 2003 窗口的组成

Word 2003 的窗口由 11 个部分组成：标题栏、菜单栏、窗口控制按钮、常用工具栏、格式工具栏、标尺、编辑区、垂直滚动条、水平滚动条、视图按钮、状态栏。如图 4－1 所示。

1. 标题栏

标题栏位于主窗口的最上方，用来指示当前所用的软件名称及所编辑的文档名。

2. 窗口控制按钮

窗口控制按钮位于 Word 窗口的右上角，它由 3 个按钮构成，用来控制窗口的大小和关闭窗口。

3. 菜单栏

菜单栏位于窗口的第二行，Word 的所有功能都可以通过这些菜单来完成。它包括 9 个菜单，分别是：“文件”、“编辑”、“视图”、“插入”、“格式”、“工具”、“表格”、“窗口”和“帮助”。每个菜单项都有一组自己的命令。

4. 工具栏

它由许多工具按钮组成，每个工具按钮代表一个常用命令。使用它时，只要用鼠标单击就行了。

5. 标尺

标尺分为水平标尺和垂直标尺，确定文档在屏幕及纸张上的位置，同时也可以用此标尺进行段落缩进和边界调整。

6. 编辑区

也称为文档窗口，在编辑区内用户可以输入文本，对文档进行编辑、修改和排版。

7. 滚动条

分为水平滚动条和垂直滚动条两种，拖动滚动条可使窗口内的文档上下、左右移动，以便显示文档的其余部分。

8. 状态栏

用来显示被编辑的文档状态信息，如文档的页码、节号、当前页数和总页数、输入点的行列坐标、按键状态等。

9. 视图按钮

文档在窗口中有不同的显示方式，称为“视图”。在 Word 2003 工作窗口的左下角有 5 个视图按钮：普通视图、Web 版式、页面视图和大纲视图和阅读版式。单击某一按钮，就切换到该视图显示方式。

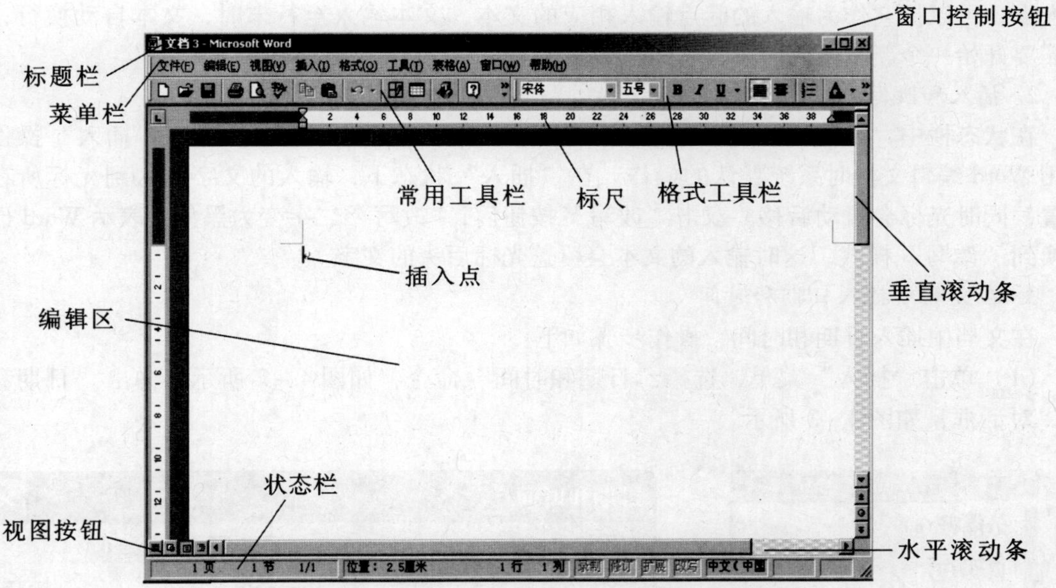

图 4－1　Word 2003 窗口

4.1.3　退出 Word 2003

退出 Word 2003 常用方法有两种。

（1）在 Word 2003 窗口中，单击“文件”菜单，选择“退出”命令。

（2）单击 Word 2003 窗口右上角的“关闭”按钮。

4.2 Word 2003 文档编辑

4.2.1 新建文档

用户可通过以下 3 种方法新建一个文档：

(1) 用户每次启动 Word 2003 后，系统会自动创建名为“文档 1”的空白文档，用户可以马上在此文档输入文本。

(2) 在“文件”菜单栏中选择“新建”，弹出一个“新建”对话框，用户可以单击所要的标签新建一个文档。

(3) 单击“常用工具栏”上的“新建空白文档”按钮直接创建新文档。

4.2.2 输入文本

1. 输入文字

建立新文档后，将光标定位到文本插入点；在空白文本区，闪烁的竖线形光标就是文本插入点，可以把它作为输入的起点输入相应的文本，文本输入至行末时，文本自动换行，只有需要开始一个新段落的时候，才需按回车键。

2. 插入和改写

在状态栏中，如果“改写”按钮中二字为灰色，表明当前为插入状态。“插入”操作是使用 Word 编辑文档时系统默认的操作。在“插入”状态下，输入的文字插入到光标所在的位置，同时光标会自动后移。双击“改写”按钮后，“改写”二字变为黑色，表示 Word 已经切换到“改写”模式，这时输入的文本会覆盖光标后头的文字。

3. 在文档中插入日期和时间

在文档中插入日期和时间，操作步骤如下：

(1) 单击“插入”菜单，选择“日期和时间”命令，如图 4－2 所示。弹出“日期和时间”对话框，如图 4－3 所示。

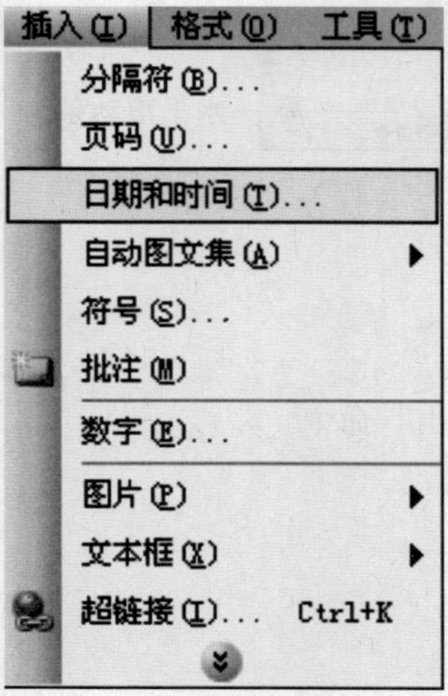

图 4－2 选择“日期和时间”命令

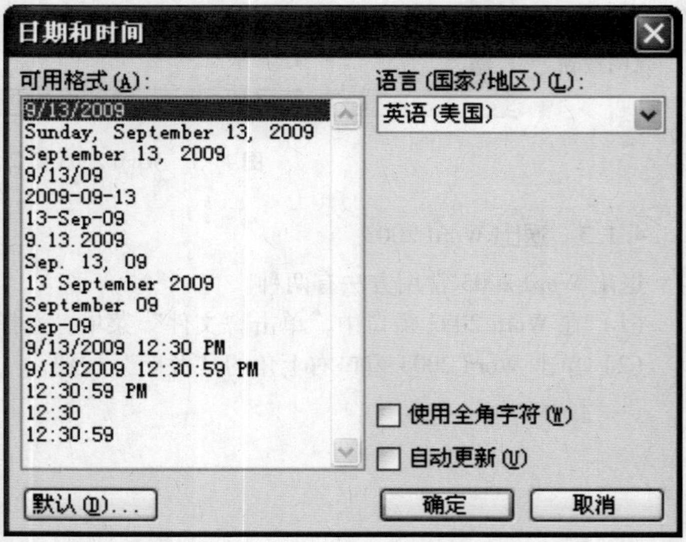

图 4－3 “日期和时间”对话框

（2）在“有效格式”框内选择一种格式，在“语言”框内选择一种语言，单击“确定”按钮。

4. 插入符号和特殊字符

要在文档中输入符号和特殊字符，操作步骤如下：

（1）单击“插入”菜单中的“符号”命令，弹出“符号”对话框，如图 4－4 所示。

（2）在“符号”对话框中，选择“符号”选项卡，然后在“字体”列表框内选择插入符号的字体。

（3）选择所需要的符号，单击“插入”按钮。

（4）如果要插入一些特殊字符，可以单击图 4－4 中的“特殊字符”选项卡。选择需要的符号，单击“插入”按钮即可将此符号插入到文档中。

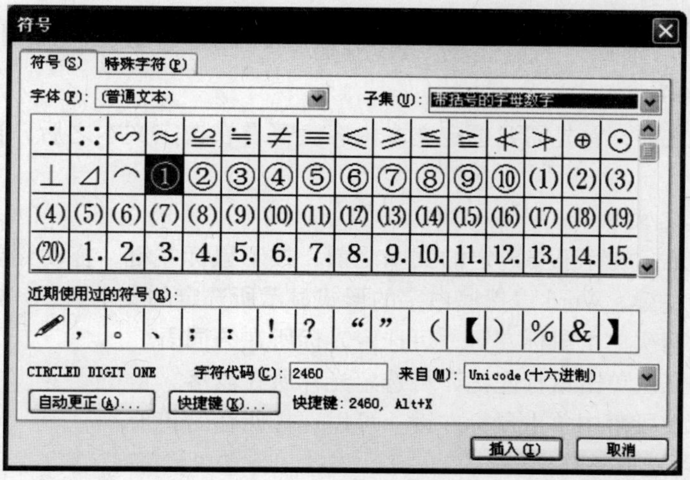

图 4－4　“符号”对话框

4.2.3　输入时自动拼写和语法检查

当输入文本时，很难保证输入文本的拼写、语法都完全正确。Word 2003 中的拼写和语法检查功能在用户输入文本出现错误时，提醒用户，并提出修改意见。Word 2003 能够对英文和中文都进行检查，这样大大降低了输入的错误率，使工作更有效率。

设置自动拼写和语法检查的操作步骤如下：

（1）单击“工具”菜单，选择“选项”命令，如图 4－5 所示；

（2）在弹出的“选项”对话框中（如图 4－6 所示），单击“拼写和语法”选项卡，选中“键入时检查拼写和语法”选项卡，选中“键入时检查拼写”和“键入时检查语法”复选框，单击“确定”按钮。

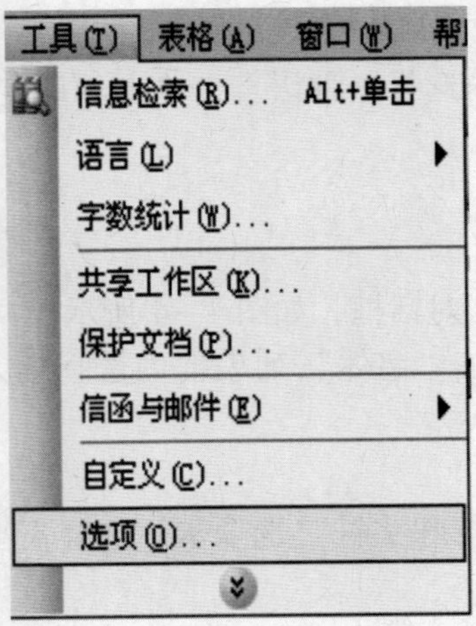

图 4-5 选择“选项”命令

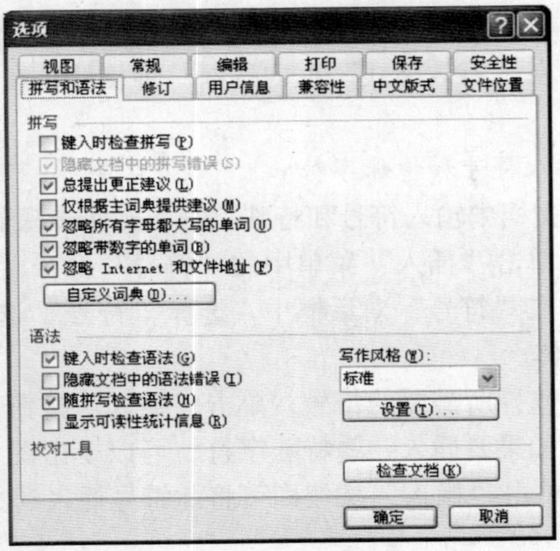

图 4-6 “选项”对话框

4.2.4 选定文本

在编辑和排版之前，首先需要选定文本内容。只有在选定文本之后，再执行各种操作才能有效地完成。

1. 利用鼠标选定文本

把鼠标的 I 型光标放置于要选定的文本之前，按下鼠标左键，拖动到要选定的文本的末端，然后松开鼠标左键。Word 以黑底白字的形式显示所选定的文本。

在段落中连续两次单击鼠标左键，可选定光标所在的词语。

在段落中连续三次单击鼠标左键，可选定光标所在段落。

按住 Ctrl 键，在段落中单击鼠标左键，可以选择所在的句子。

按 Ctrl + A 键可选取整篇文档。

2. 利用选定栏选定文本

选定栏是文档窗口左边界到正文左边之间的不可见栏，在此栏内光标变成右斜的光标，可以利用选定栏快速地选择文本。将光标移到文本左侧的选定栏中，变成向右斜的箭头形状时，单击鼠标左键可选定当前行。

将光标移到段落左侧选定栏内，双击鼠标左键可选定光标所在段落。

在选定栏内连续三次单击鼠标左键或者在按下 Ctrl 键的同时单击鼠标，可以选定整篇文档。

选定多行：将鼠标指针移动到行的选择条上，向上或向下拖动鼠标，就可以以行为单位来选定文本。

选定多个段落：将鼠标移动到段落左侧的选择条上，双击鼠标并向上或向下拖动鼠标，就能以段落为单位来选取文本。

3. 利用键盘选定文本

通过键盘的组合键也可以选定文本，其相应的组合键和功能如下：

按 Shift + →键：扩展选定范围到右边一个字符。

按 Shift + ←键：扩展选定范围到左边一个字符。

按 Ctrl + Shift + →键：扩展选定范围到单词结尾。

按 Ctrl + Shift + ←键：扩展选定范围到单词开头。

按 Shift + ↓键：扩展选定范围到下一行。

按 Shift + ↑键：扩展选定范围到上一行。

4.2.5 保存文档

保存文档是非常重要的操作，新建了一个文档、修改了文档或需要将 Word 文档另存为其他格式的文档时，都有必要进行文档的保存工作。

1. 保存文件

在使用 Word 时，用户所做的工作存放在计算机的内存中。如果不把文档存盘，那么文档只是留在计算机内存里，一旦停电或关闭计算机，用户文档就会丢失。因此，用户应经常存盘。保存文档的操作步骤如下：

（1）单击“文件”菜单，选择“保存”命令。

（2）弹出“另存为”对话框，如图 4－7 所示。单击“保存位置”下拉列表，从中选择驱动器及所属文件夹。

或单击“另存为”菜单，输入新文件名，然后点击保存。

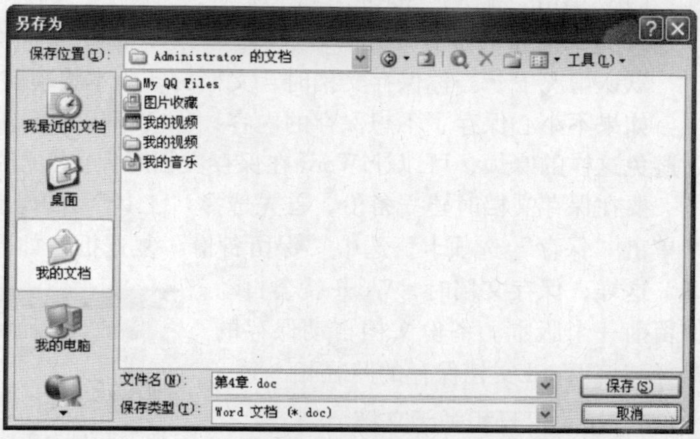

图 4－7 “另存为”对话框

2. 自动保存

Word 提供的自动保存功能可每隔一段时间就自动保存所操作的文件，如果要使 Word 能自动保存所操作的文件，需要进行手动设置。

设置了自动保存后，如果是没有保存过的新文件，Word 每隔一定的时间，将用户正在编辑的文件保存在一个临时文件中。如果系统正常退出，Word 将自动删除该临时文件；当遇到停电等原因导致系统异常终止，下次启动时，系统会自动打开保存的临时文件；如果是曾经保存过的文件，Word 将自动保存用户对文件所做的修改。

具体操作步骤如下：保存在原来的文件夹中。

（1）单击“工具”菜单，选择“选项”命令。

（2）弹出“选项”对话框，如图4－8 所示。单击“保存”选项卡。选择“自动保存时间间隔”复选框，在“分

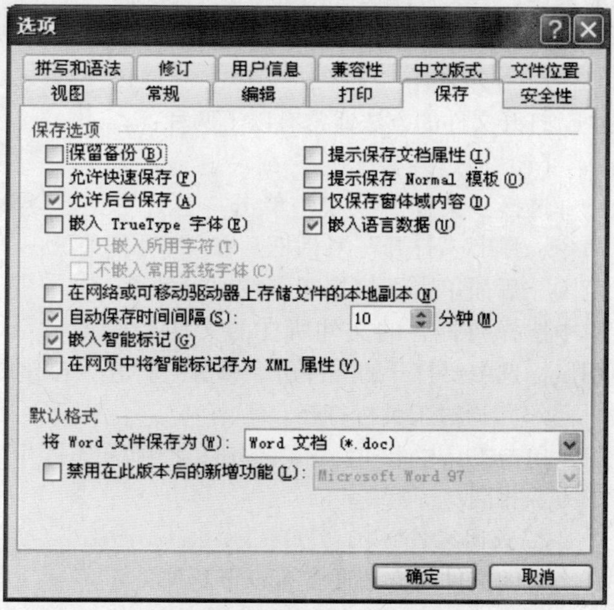

图 4－8 “选项”对话框

钟”框中选择或键入自动保存的时间间隔，默认是10分钟，最多可以是120分钟。

（3）单击“确定”按钮。

3. 快速保存

所谓快速保存，就是只保存文档中改动的部分。这样，保存文档的速度就比非快速保存高得多，尤其是当文档中包含大量图片、表格、链接的对象时效果更明显。

设置Word快速保存文档，操作步骤如下：

（1）单击“工具”菜单，选择“选项”命令。

（2）弹出“选择”对话框，单击“保存”选项卡。

（3）选择“允许快速保存”复选框。

（4）单击“确定”按钮。

4. 建立文档的备份

默认情况下，当你保存文档时，文档的新版本将覆盖文档的老版本。

如果不小心保存了不想保存的内容，你就不得不重新修改文档，然后再次保存文档。为了避免这样的麻烦，可以让Word在保存文档时保留文档的前一个版本，这就是建立备份。

要在保存文档时建立备份，首先选择“工具”菜单上的“选项”命令，在弹出的对话框中单击“保存”选项卡，选中“保留备份”复选框，如图4-9所示。

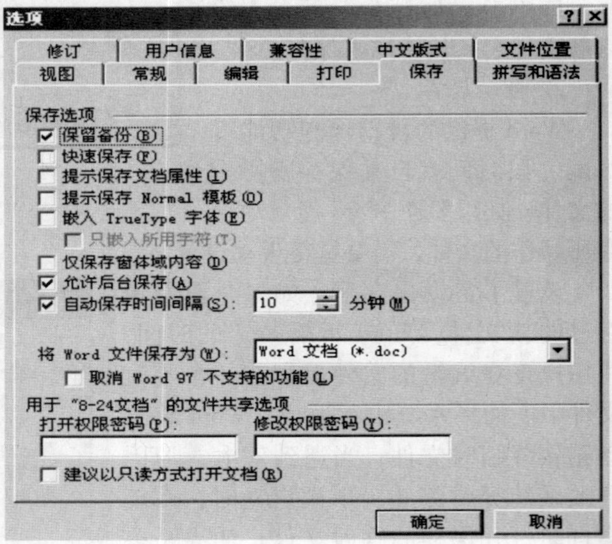

图4-9　建立文档的备份

这样，保存文档时，Word就会自动保留前一个版本。备份文档自动保存的路径与该Word文档保存的路径相一致。

4.2.6　打开和关闭文档

如果要对一个已保存的文件进行编辑，需要先打开该文件，然后进行相应的操作，当文件编辑完后需要进行保存再将其关闭。

1. 打开文件

打开文件的方法通常有以下两种：

（1）通过菜单打开。

选择“文件”菜单，单击“打开”命令，弹出“打开”对话框。在“查找范围”后面单击下拉按钮，在弹出的菜单中选择要打开的文件所在的文件夹。用鼠标选中要打开的文件后，单击“打开”按钮即可。

（2）通过工具栏打开。

单击工具栏上“打开”按钮，即弹出“打开”对话框，其余的操作与通过菜单打开文件的方法相同。

2. 关闭文件

关闭文件的方法通常有以下两种：

（1）在“文件”菜单中单击“退出”命令。

（2）单击文件窗口右上角的关闭按钮。

如果文件是尚未保存过的新文件或是在上一次存盘后作了修改，Word 将弹出询问窗口，在该询问窗口中单击“是”按钮即可，如图 4－10 所示。

4.2.7　复制和移动文本

1. 复制文本

复制就是把原来已有的内容或格式按原样拷贝。复制文本的具体操作步骤如下：

图 4－10　保存询问窗口

（1）用鼠标选定要复制的文本，然后单击“常用”工具栏上的“复制”按钮 ，如图 4－11 所示。

（2）把光标移到要复制的位置，当然该光标也可放在需要复制到的另一个文档中。

（3）单击“常用”工具栏上的“粘贴”按钮  把文本粘贴到当前光标所在的位置，如图4－12所示。用户可以重复操作，使同样的文本复制到多个地方。

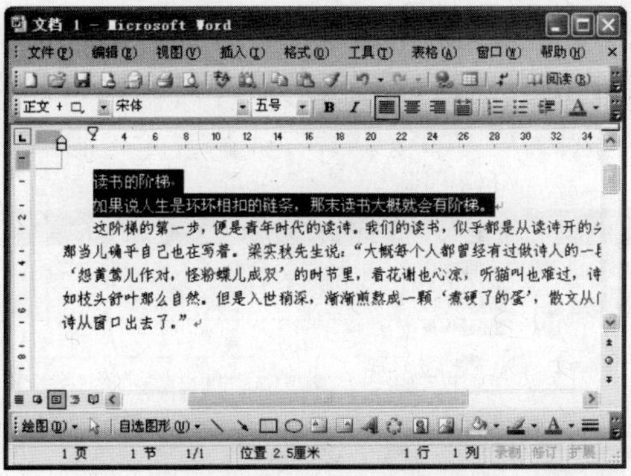

图 4－11　复制操作

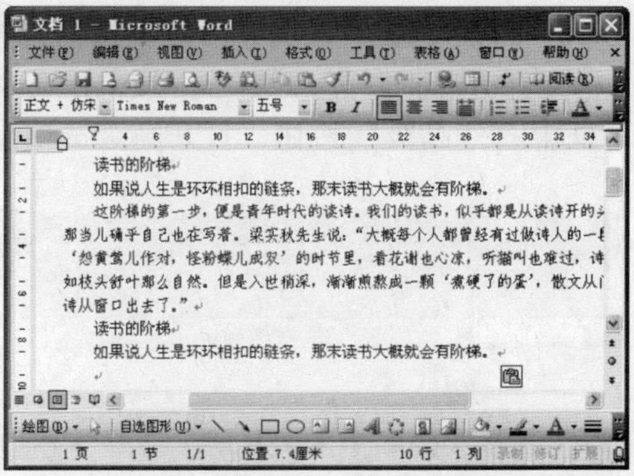

图 4－12　粘贴效果

2. 移动文本

可以将文本移动到文档中其他的位置，或者移动到其他文档中。操作步骤如下：

（1）用鼠标选定要移动的文本，然后单击“常用”工具栏上的“剪切”按钮 。

（2）把光标移到要移动到的位置，当然该光标也可放在需要移动到的另一个文档中。

（3）单击“常用”工具栏上的“粘贴”按钮，把文本粘贴到当前光标所在的位置。用户可以重复操作，使同样的文本移动到多个地方。

4.2.8　删除文本

删除文本的操作步骤如下：

（1）用鼠标选定要删除的文本。

（2）单击“常用”工具栏上的“剪切”按钮，或者按 Backspace 键或 Del 键，或者选择“编辑”菜单中的“清除”或“剪切”命令，都可删除选定的文本。

以上操作均可用右击鼠标弹出快捷菜单再单击相应命令实现。

4.2.9 查找和替换

查找和替换是任何一个文字处理程序中都非常有用的功能。Word 中的查找和替换功能，不但可以查找和替换一些普通的文字和符号，还可以查找和替换带格式（如字体、段落、样式等格式）的文本以及特殊符号（如空格符、制表符和段落标志等）。

1. 查找文本

查找文本的具体操作步骤如下：

(1) 单击“编辑”菜单，选择“查找”命令。

(2) 弹出“查找和替换”对话框，如图 4－13 所示。在“查找内容”框中输入要查找的文字。

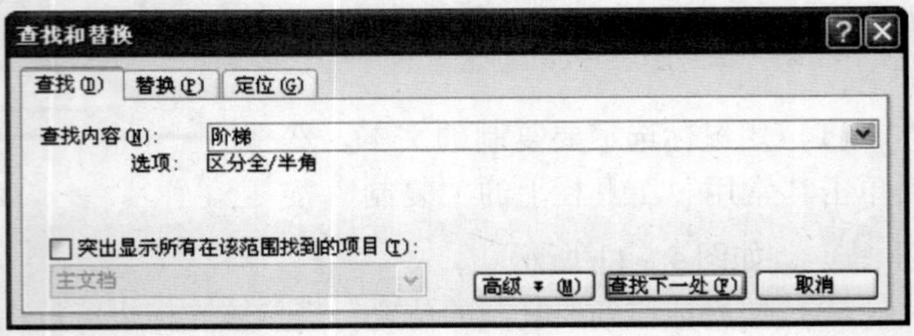

图 4－13 “查找和替换”对话框

(3) 单击“查找下一处”按钮开始查找，当在文档中找到要查找的内容时，Word 将以反白高亮显示被查找到的文字，如图 4－14 所示。

(4) 再次单击“查找下一处”按钮，Word 会逐一高亮文档中出现的被查找的文字。

(5) 在查找时，为了缩小查找范围可以设定查找的一些高级选项，单击“查找和替换”对话框中的“高级”按钮，打开高级选项设置，如图 4－15 所示。

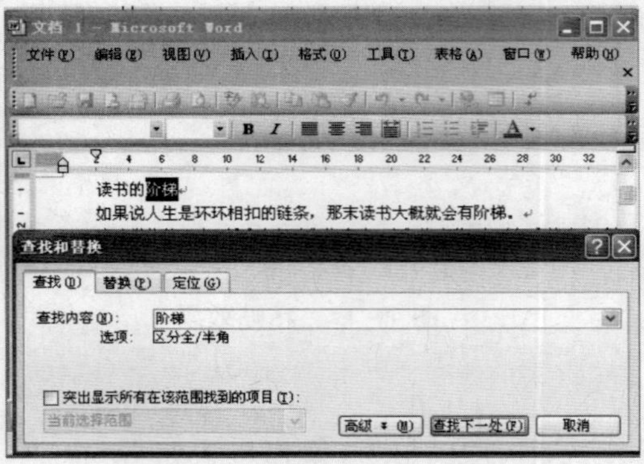

图 4－14 查找结果

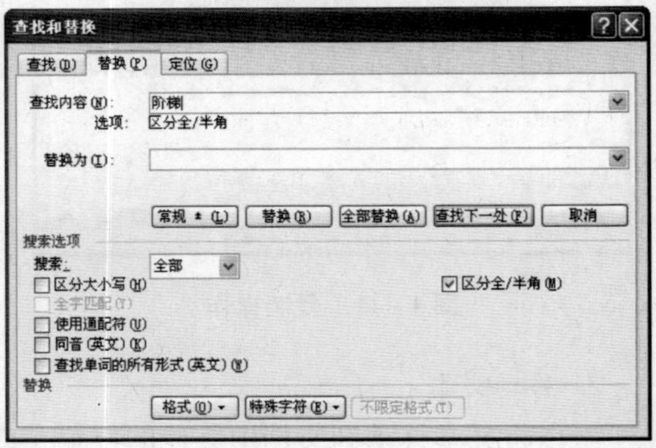

图 4－15 高级查找选项

(6) 在“搜索”下拉列表框中，可以设定向上、向下查找整篇文档。

(7) 选择“使用通配符”复选框，则搜索添加至“查找内容”框中的通配符或特殊字符，若清除此复选框，则 Word 会将通配符和特殊字符视为普通文字。

2. 替换文本

替换文本的操作步骤如下：

(1) 单击“编辑”菜单，选择“替换”命令，弹出“查找和替换”对话框，如图 4－16 所示。

(2) 在“查找内容”框中输入“阶梯”，在“替换为”框中输入“阶段”。

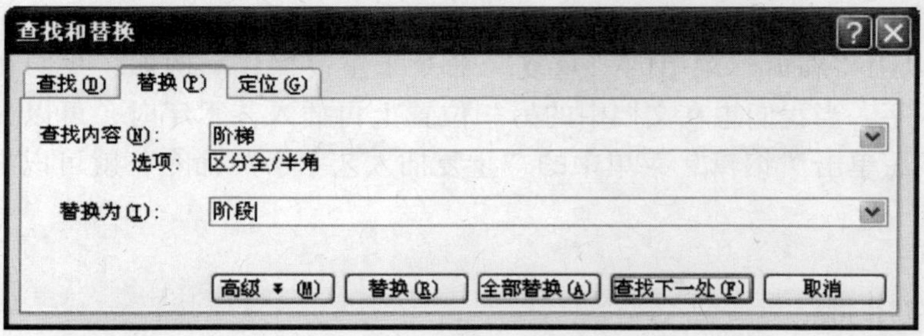

图 4-16 “查找和替换”对话框

(3) 单击“替换”按钮。

(4) 如果有多处需要替换，则单击“全部替换”按钮，Word 会搜索整个文档中需要替换的地方，并将它们全部替换。替换完成后，Word 会显示出消息框，告知你总共替换了多少处，如图 4-17 所示。

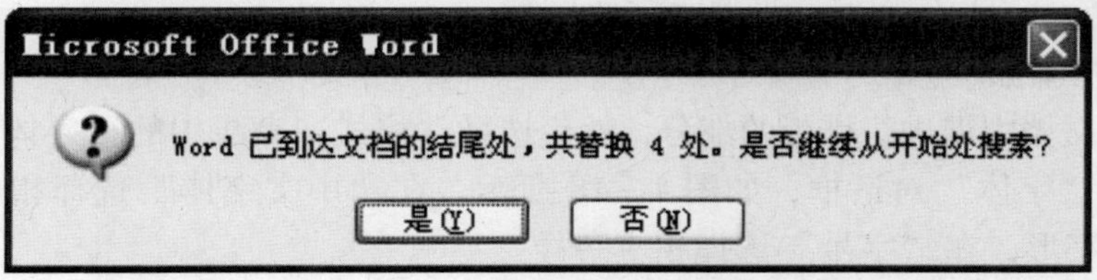

图 4-17 提示窗口

4.2.10 恢复、撤消和重复操作

Word 2003 提供了恢复和撤消操作的功能，此功能可以较好地避免一些不必要的错误，从而在一定程度上提高了工作效率。

1. 撤消和恢复操作

“编辑”菜单中的“撤消”命令是 Word 中最重要的命令之一，因为当出现错误或想撤消上次操作时，给你恢复原文的机会。

如果要取消最近几次的操作，只要选择“编辑”菜单中的“撤消”命令，或者单击“常用工具栏”上的“撤消”按钮。

“撤消”命令与当前完成的操作密切相关，它不断地变换，反映上一次的操作。如果插入了新的文本或覆盖了选定的文本，打开“编辑”菜单就会在菜单上部看到“撤消键入”命令。

如果想撤消刚才的“撤消”操作，即恢复“撤消”操作之前的内容，可以单击“编辑”菜单的“恢复”命令，或者单击“常用工具栏”的“恢复”按钮。

只有在刚进行了“撤消”操作后，“恢复”的命令才生效，否则，在“编辑”菜单中无此命令，在“常用工具栏”上，此命令以暗色显示表示无效。

在“撤消”按钮的右边有一个三角箭头，单击此箭头，可以弹出一个列表，其中列出了以前完成的若干次操作。

如果要撤消前面的很多次操作，只需用鼠标在列表中下拉，直到选取了所需要撤消的若干次操作为止，然后在该操作名称上单击鼠标，就可以将前面选取的操作全部撤消。

2. 重复操作

Word 还可以用“编辑”菜单的“重复”命令来重复操作。例如，我们在文档中的某一位置插入了艺术字，当我们想在文档中的另一位置上再插入艺术字时，可以先将光标移到所需的位置上，然后单击“编辑”菜单中的“重复插入艺术字”命令，就可以在相应的位置上插入艺术字。

4.3 文档的排版

为了使文档美观并且便于阅读，有必要对文档进行格式的设置，本节介绍排版与修饰文档的基本知识及其应用。

4.3.1 设置字符格式

1. 设置字体、字形、字号和颜色

为了更好地表达文档的内容，我们可以对文档中的文字设置不同的字体、字形和字号，不同的文字颜色，添加下划线，设置文字效果等。

具体操作步骤如下：

（1）选定文档中需进行排版的部分，然后选择“格式”菜单中的“字体”命令。

（2）弹出“字体”对话框，如图 4－18 所示。在“中文字体”选择相应字体，在“字形”选择相应字形，在“字号”选择相应字号。

（3）在“字体颜色”选择相应颜色，在“效果”选择相应效果。

（4）在“预览”栏中查看结果。

（5）单击“确定”按钮，设置效果如图 4－19 所示。

图 4－18 “字体”对话框

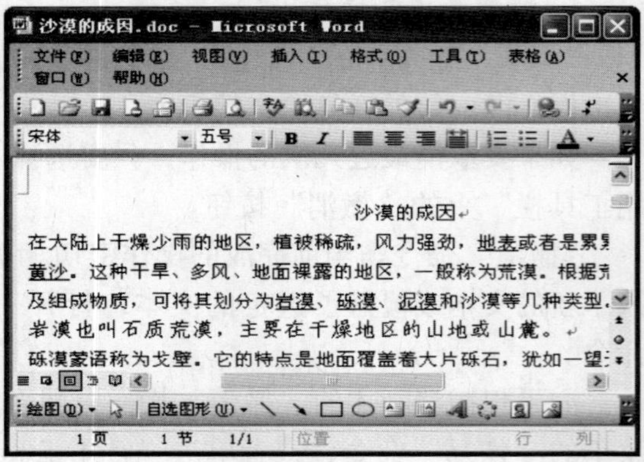

图 4－19 设置字体效果

2. 设置字符缩放、间距和位置

我们可以通过改变字符在水平方向上的缩放比例，改变字符间距，以及在不改变字符大小的前提下改变字符在垂直方向上的位置来达到不同的显示效果。具体操作步骤如下：

（1）选定文档中需进行排版的部分，然后选择“格式”菜单中的“字体”命令，弹出

“字体”对话框，单击“字符间距”选项卡。如图 4－20 所示。

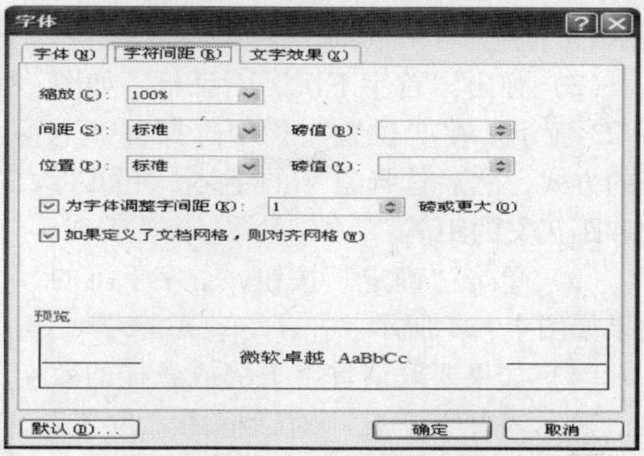

图 4－20 “字体”对话框

（2）在“间距”框内选择“加宽”或“紧缩”，在“磅值”框内输入在“标准”的基础上要扩大或缩小的磅值。

3. 设置动态效果

如果给文本加上了动态效果，字符在屏幕上不是静止的，而是不停地移动或闪烁。

要实现动态效果，操作步骤如下：

（1）选定文档中需进行排版的部分，然后选择“格式”菜单中的“字体”命令，弹出“字体”对话框，单击“文字效果”选项卡。

（2）在“动态效果”选择相应效果，在“预览”栏中查看结果。

（3）单击“确定”按钮，设置后效果如图 4－21 所示。

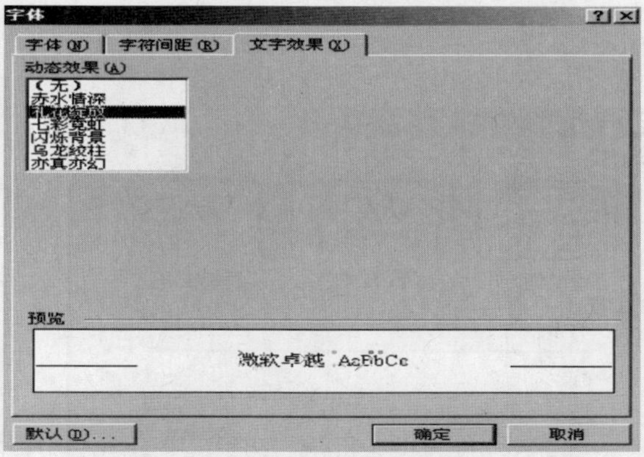

图 4－21 “文字效果”对话框

要取消动态效果，首先要选定文本，然后在“动态效果”框内选择“无”即可。注意：动态效果只在显示时有效，在打印时无效。

4. 设置加粗、倾斜和下划线效果

在 Word 中，设置加粗的方法如下：

（1）选定要加粗的文本字符。

（2）单击“格式”工具条中的加粗按钮  或按快捷键（Ctrl＋I）即可。

在 Word 中，设置下划线效果的方法如下：

（1）选定需要设置下划线的文本字符。

（2）单击格式工具条中的下划线按钮  或按快捷键（Ctrl＋U）即可。

5. 设置其他效果

在 Word 中还可以为选定文字设置删除线、上标、下标、阴影、空心、阳文和阴文等效果。这些效果以及字符格式属性都可以在“字体”对话框中设置。设置方法如下：

（1）选定要设置的文本。

（2）选择“格式/文本”菜单命令，弹出“字体”对话框。

（3）在该对话框的“字体”选项卡中的“效果”区域中选中某个复选框即可为选定字符添加相应的效果，清除某个复选框即可为选定字符去除相应的效果。

4.3.2 设置首字下沉

在新闻之类的文档中，你经常会看到“首字下沉”的例子，即一个段落的头一个字放大并占据 2 行或 3 行，其他字符围绕在它的右下方。要实现首字下沉效果，具体操作步骤如下：

（1）选择要下沉的文本，然后选择“格式”菜单中的“首字下沉”命令，如图 4－22

所示。

（2）弹出“首字下沉”对话框，如图4－23所示。在“位置”栏中选择首字下沉的方式，然后选择首字的字体，下沉行数和距正文的距离。

（3）单击“确定”按钮，首字下沉的效果如图4－24所示。

（4）如果要取消首字下沉或悬挂的效果，则在“首字下沉”对话框的“位置”栏中选择首字下沉的方式为“无”。

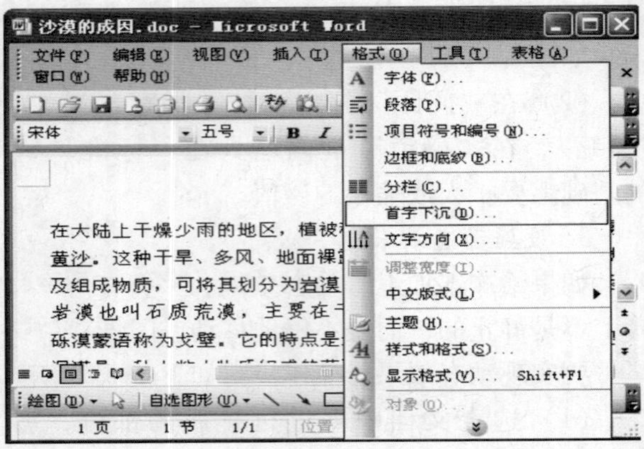

图4－22 “格式”菜单中的“首字下沉”命令

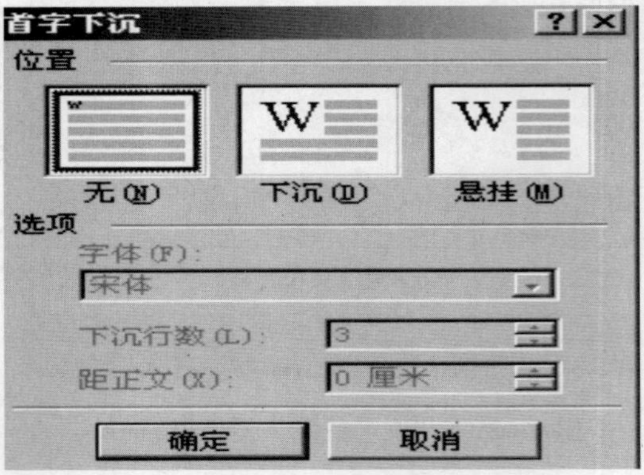

图4－23 “首字下沉”对话框

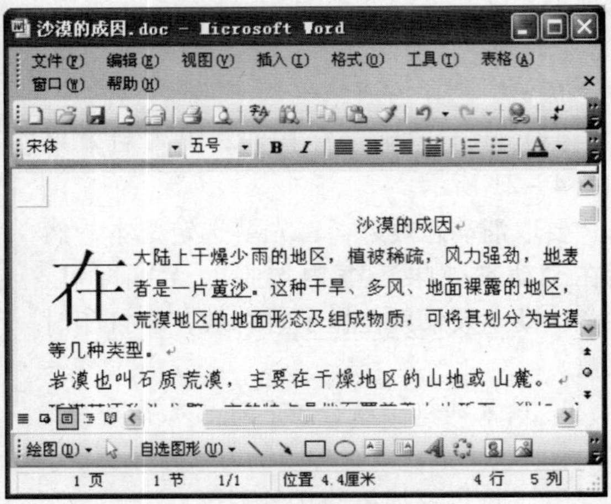

图4－24 “首字下沉”的效果

4.3.3 设置段落格式

1. 设置段落对齐

与字符的格式一样，段落的格式对文档的美观易读也是非常重要的。段落的格式包括对齐方式、缩进、行距、制表位等。段落对齐方式是指段落在水平方向以何种方式对齐。在Word中，文本对齐的方式有以下五种：

●两端对齐：将所选段落的两端（末行除外）同时对齐或缩进。

●居中对齐：使所选的文本居中排列。

●右对齐：使所选的文本右边对齐，左边不对齐。

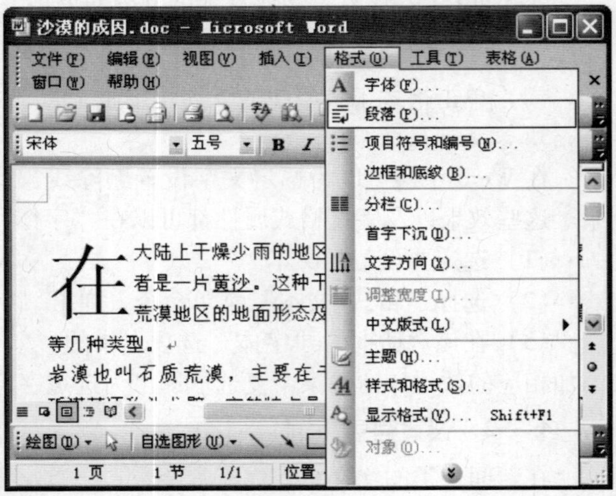

图4－25 选择“段落”命令

●分散对齐：通过调整空格，使所选段落的各行等宽。

●左对齐：使所选的文本左边对齐，右边不对齐。

设置对齐方式的操作步骤如下：

（1）选定需要对齐的段落，然后选择“格式”菜单中的“段落”命令，如图 4－25 所示。

（2）弹出“段落”对话框，如图 4－26 所示。选择“缩进和间距”选项卡，在“对齐方式”框中选择对齐的方式。

（3）单击“确定”按钮，段落对齐效果如图 4－27 所示。

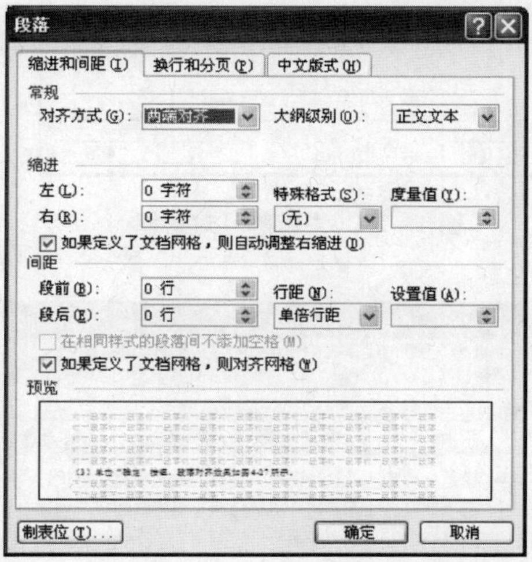

图 4－26　“段落”对话框

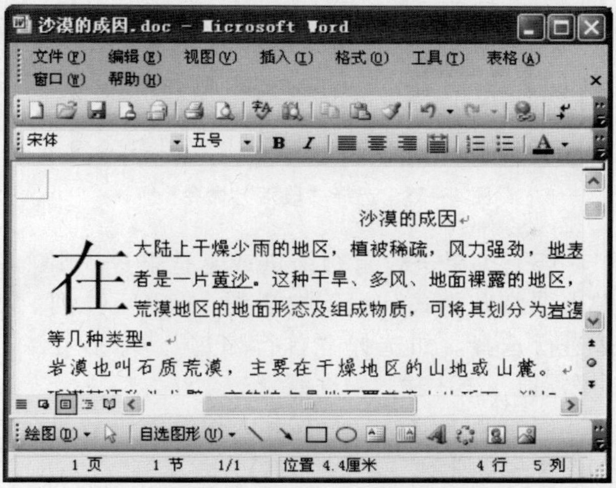

图 4－27　设置段落对齐效果

2. 设置段落缩进

文本缩进的目的是使文档的段落显示得更加条理清晰，更便于读者阅读。段落缩进是指在水平方向的段落排版技术，包括如下四种缩进方式：

●首行缩进：是将段落的第一行从左向右缩进一定的距离，而首行以外的各行都保持不变。

●悬挂缩进：是指段落的首行文本不加改变，而除首行以外的文本缩进了一定的距离。

●左缩进：是对整个段落的左侧缩进一定的距离。

●右缩进：是对整个段落的右端向左缩进一定的距离。

进行段落缩进的具体操作步骤如下：

（1）选定需要缩进的段落。然后选择“格式”菜单中的“段落”命令，如图 4－28 所示。

（2）弹出“段落”对话框，如图 4－29 所示。如果是左缩进或右缩进，则选择“缩进”选项组中的“左”或“右”选项，在其右边的框中输入缩进的数量。

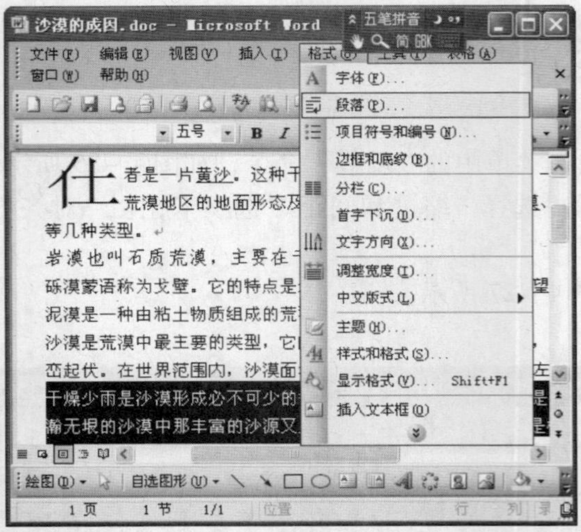

图 4-28 选择“段落”命令

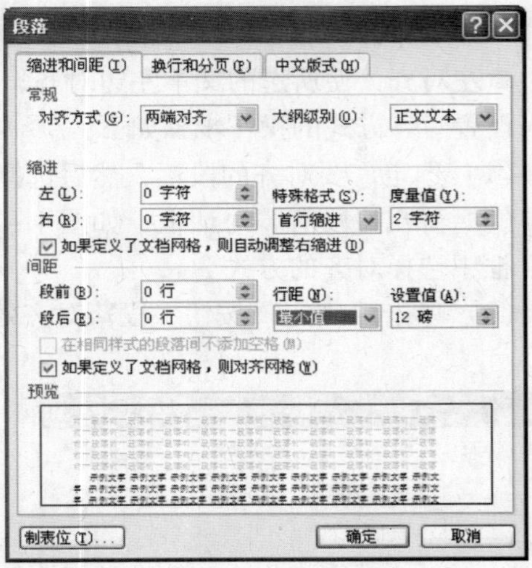

图 4-29 “段落”对话框

(3) 如果进行首行缩进或悬挂缩进，则单击“特殊格式”框下拉箭头，打开下拉列表进行选择。如选择“首行缩进”，然后在“度量值”框中输入缩进数量。

(4) 单击“确定”按钮，段落缩进效果如图 4-30 所示。

3. 调整行间距和段间距

行间距是指一个段落内行与行之间的距离；段间距是指段落与段落之间的距离。

调整行间距和段间距的具体操作步骤如下：

(1) 选择需要调整行间距的段落，然后选择“格式”菜单中的“段落”命令，如图 4-31所示。

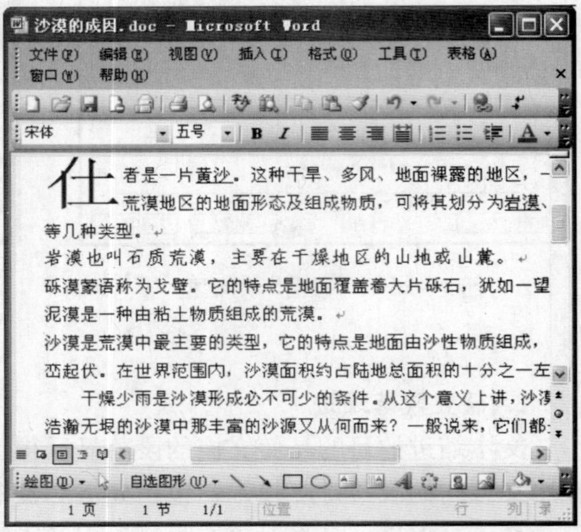

图 4-30 设置段落缩进效果

(2) 弹出“段落”对话框，如图 4-32 所示。在“行距”框的下拉列表中选择所需要的选项，在“设置值”框选择所需要的值。

图 4 – 31　选择“段落”命令

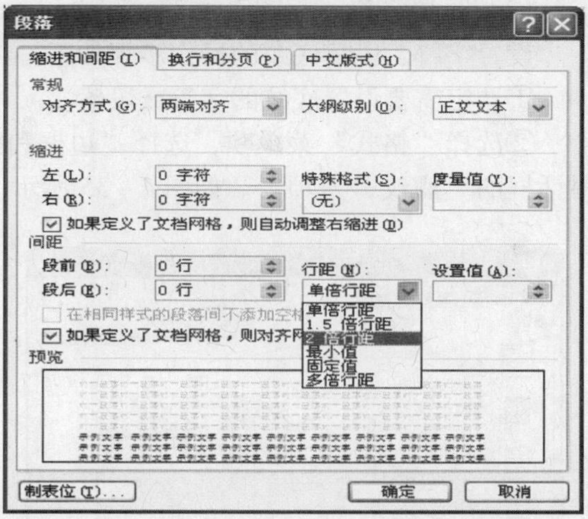

图 4 – 32　“段落”对话框

（3）在“段前”框中选择数值，调整段前的间距。在“段后”框中选择数值，调整段后的间距。

（4）单击“确定”按钮，设置段落行间距的效果如图 4 – 33 所示。

4. 制表位

在 Word 中有默认和自定义两种制表位。默认制表位由系统自左端起每隔一定的距离均匀地设置；自定义制表位则由用户自己设置，可以在任意位置不均匀地设置。

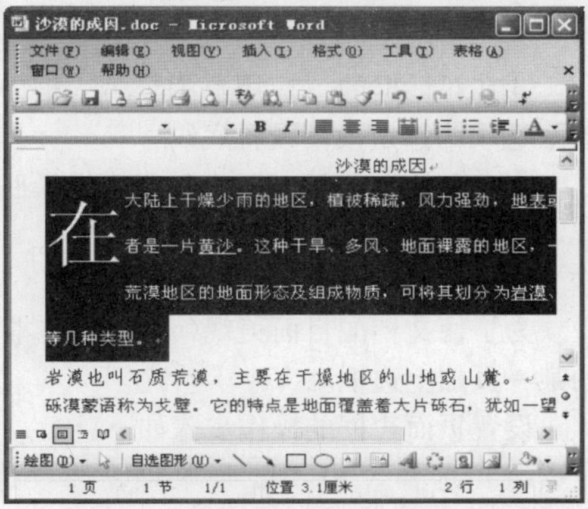

图 4 – 33　设置行间距效果

4.3.4　设置边框与底纹

1. 文字边框与底纹

为了修饰 Word 文档内容，在 Word 中可以为字符、段落添加边框和底纹，还可为整个页面添加页面边框。

（1）设置字符、段落边框。

设置字符、段落边框的操作步骤如下：

①选定需要设置的字符或段落。

②选择“格式”菜单项，选择“边框和底纹”选项，弹出“边框和底纹”对话框，打开“边框”选项卡，如图 4 – 34 所示。

③在“应用范围”列表框中选择“文字”选项为选定字符设置边框，选中“段落”选项为选定段落设置边框。

④在对话框的“设置”选项组中选择边框的类型；在“线型”列表框中选择框线的线型；在“颜色”列表框中选择框线的颜色；在“宽度”数值框中选择框线的宽度。

⑤单击预览图中的某边或预览图旁边的框线按钮，将上述设置应用到边框的某条框线上。

⑥重复以上步骤进行其他边框设置后，单击“确定”按钮即可。

（2）设置字符、段落底纹。

设置字符、段落底纹的操作步骤如下：

①选定需要设置底纹的字符或段落。

②选择“格式”菜单项，选择“边框和底纹”选项，弹出“边框和底纹”对话框，打开对话框的“底纹”选项卡。如图 4－35 所示。

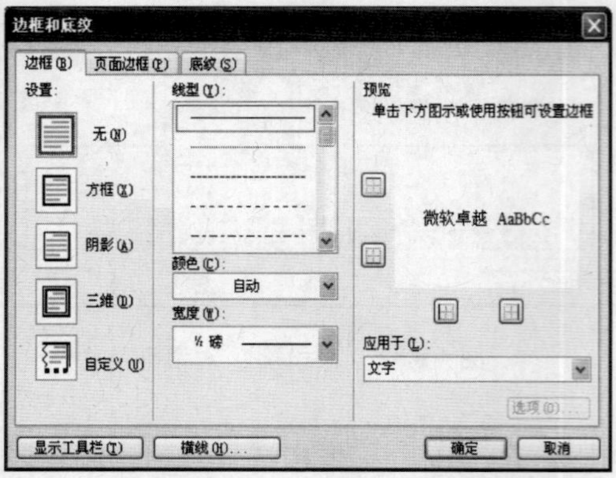

图 4－34　设置边框

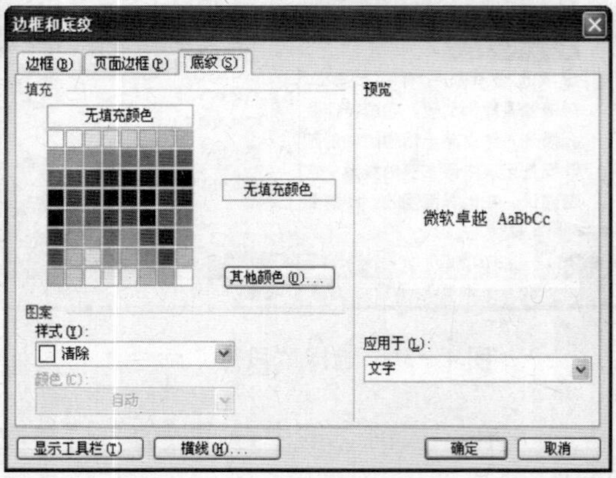

图 4－35　设置底纹

③在对话框的“应用范围”列表框中选择“文字”选项为选定字符设置底纹，选中“段落”选项为选定段落设置底纹。

④在对话框“填充”选项组中选择底纹的颜色，在“式样”列表框中选择底纹的图案样式，然后单击“确定”按钮即可。

2. 页面边框

为了使文档醒目而美观，可以给文本和段落的四周或某一侧加上边框，甚至可以给文档的某一页加上边框。

设置页面边框的操作步骤如下：

（1）选择“格式”菜单项，选“边框和底纹”选项，打开“边框和底纹”对话框，打开“页面边框”选项卡，如图 4－36 所示：

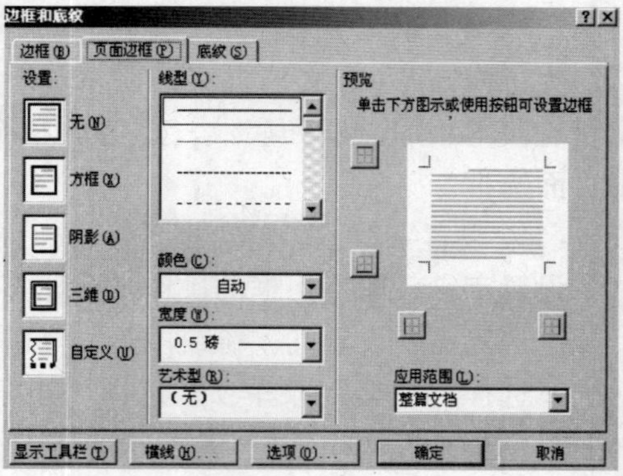

图 4－36　设置页面边框

（2）在“应用范围”列表框中选择将设置应用到哪些页面。

整篇文档：指将当前设置应用到当前文档中的所有页面。

本节：指将当前设置应用到当前光标所在节中的所有页面。

本节—只有首页：指将当前设置应用到当前光标所在节中的第一页。

本节—除首页外所有页：指将当前设置应用到当前光标所在节中除第一页以外的所有页面。

（3）在对话框的“设置”选项组中选择边框的类型。

（4）在“线型”列表框中选择框线的线型或选择“艺术型”框线；在“颜色”列表框中选择框线颜色；在“宽度”数值框中选择框线的宽度。

（5）单击预览图中的某边或预览图旁边的框线按钮，将上述设置应用到边框的某条框线上。

（6）重复以上步骤设置其他框线后，单击“确定”按钮即可。

3. 取消边框

首先选定要取消边框的文字、段落或页面，然后选择“格式”菜单上的“边框和底纹”命令，在弹出的对话框中打开“边框”选项卡的“设置”选项卡选择“无”，则边框将被取消。

4.3.5 设置项目符号与编号

在文档中，为了使相关内容醒目并且有序，经常要用到项目符号和编号。例如在编写一份操作说明书时，可以把操作步骤按先后顺序依次编号。

1. 设置项目符号

要给若干段落加上项目符号，具体操作步骤如下：

（1）选定需要添加项目符号的段落，然后选择“格式”菜单中的“项目符号和编号”命令，如图 4 – 37 所示。

（2）弹出“项目符号和编号”对话框，单击“项目符号”选项卡，选择所要的一种项目符号，如图 4 – 38 所示。

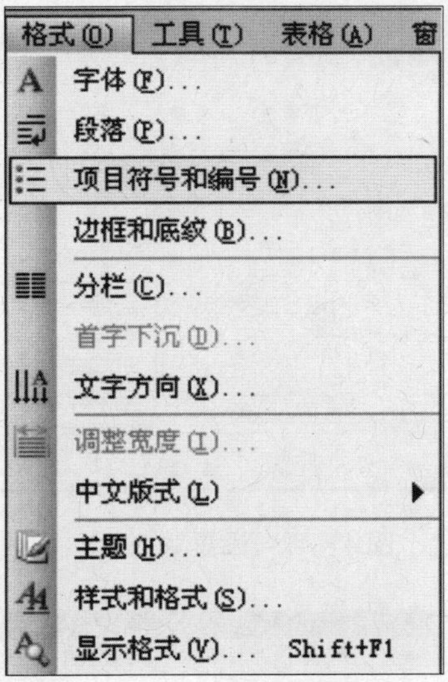

图 4 – 37 “项目符号和编号”

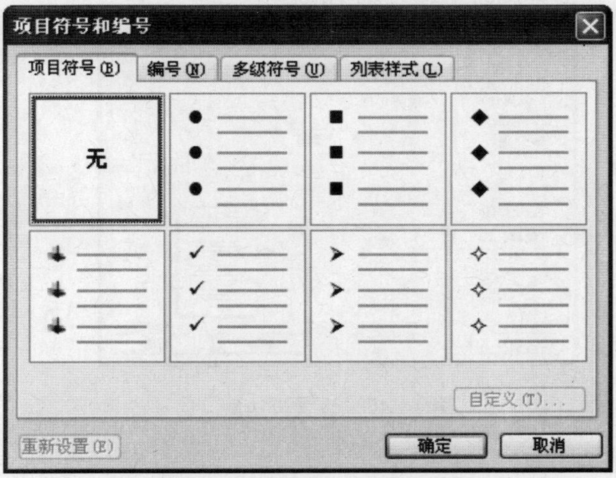

图 4 – 38 设置项目符号

（3）单击“确定”按钮。

2. 设置编号

要给若干段落加上编号，具体操作步骤如下：

（1）选定需要添加编号的段落，然后选择“格式”菜单中的“项目符号和编号”选项。

（2）弹出“项目符号和编号”对话框，单击“编号”选项卡，选择所要的一种编号，如图 4 – 39 所示。

（3）单击“确定”按钮。

4.4 文档的页面格式

4.4.1 页面设置

设置文档的页面包括设置页边距，确定纸张大小，设定页眉和页脚的位置，确定文档每页的行数，以及每行包括的字符等。

具体操作步骤如下：

（1）选择“文件”菜单中的“页面设置”命令，弹出“页面设置”对话框，如图4－40所示。单击“页边距”选项卡。

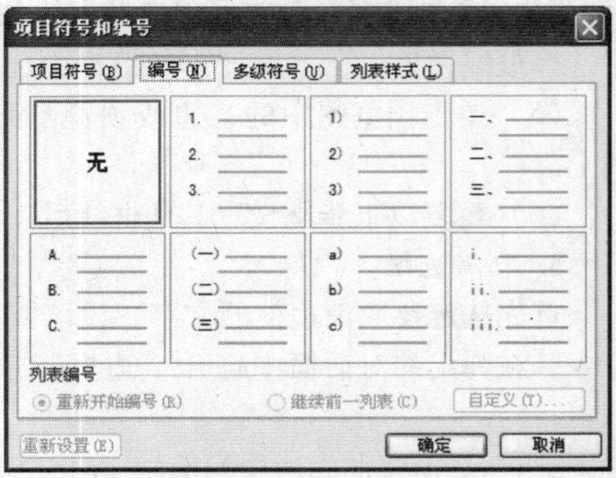

图4－39　设置编号

（2）设置正文的上、下、左、右四边与页边界之间的距离。

（3）单击“版式”选项卡，屏幕显示如图4－41所示页眉、页脚与边界的距离。

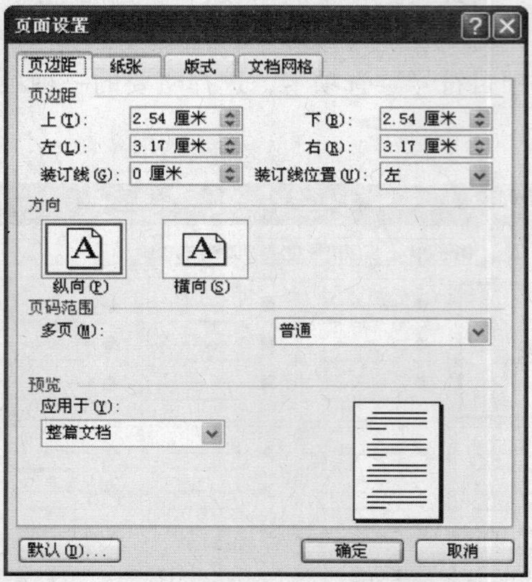

图4－40　设置页边距

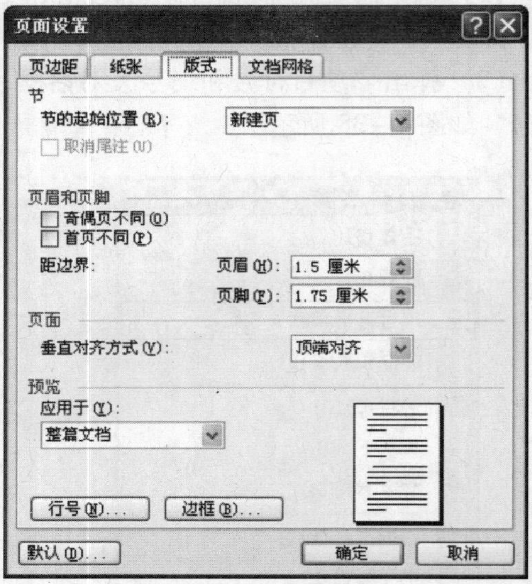

图4－41　设置版式

（4）选择“节的起始位置”为“新建页”，设置页眉和页脚，在“应用于”框中选择“整篇文档”选项。

（5）单击“文档网格”选项卡，屏幕显示如图4－42所示。

（6）在“文字排列”中选择方向为“横排”，“栏数”为1。在“字符”中选择“每行”有多少字符，在“行”中选择“每页”有多少行，在“网格”中选择“指定行网格和字符网格”。

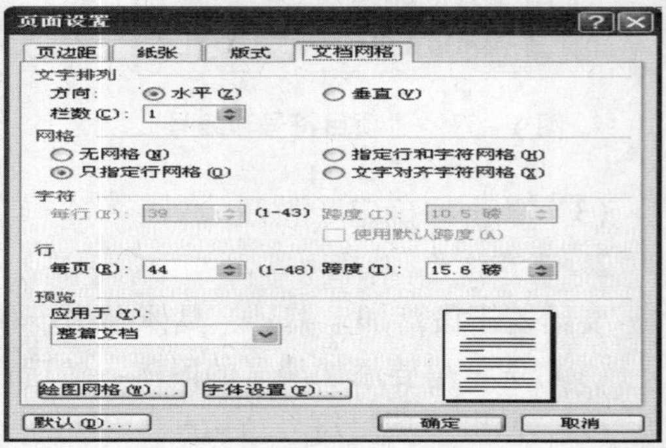

图4－42　设置文档网络

（7）单击“确定”按钮，完成页面的设置。

4.4.2 在文档中插入页码

给文档加上页码，既便于阅读，在装订时也不容易出错。页码一般加在页眉或页脚中间，当然，也可以加在页面的其他地方。要在文档中插入页码，具体操作步骤如下：

（1）选择“插入”菜单中的“页码”命令，如图4－43所示。

（2）弹出“页码”对话框，如图4－44所示。在“页码”对话框中的“位置”框内指定页码出现的位置，在“对齐方式”框内选择页码的对齐方式。

（3）选中“首页显示页码”复选框，表示从第一页开始就出现页码。

（4）单击“格式”按钮，弹出“页码格式”对话框，如图4－45所示。在“数字格式”框内选择一种数字格式。

（5）在“页码编排”框内，如果选择“续前节”，页码将延续前一节的页码；如果选择“起始页码”，用户可以指定一个起始页码。

（6）单击“确定”按钮。

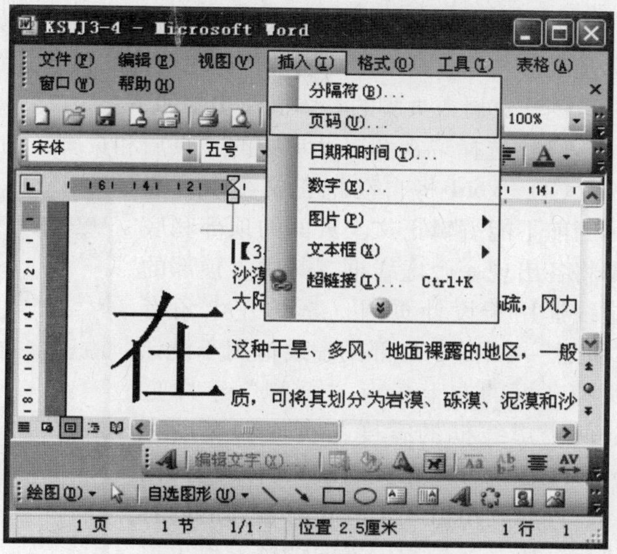

图4－43 选择“页码”命令

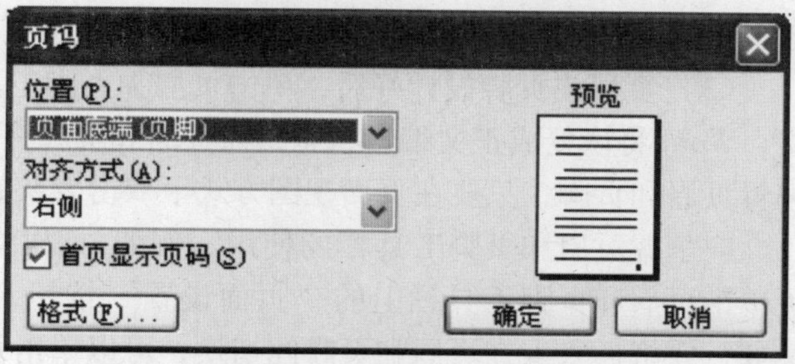

图4－44 “页码”对话框

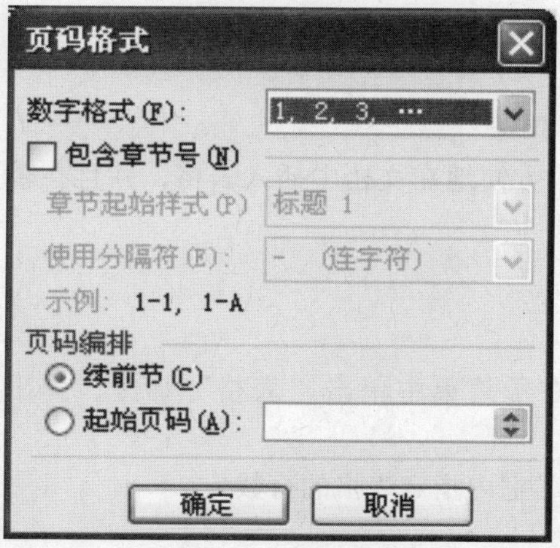

图4－45 “页码格式”对话框

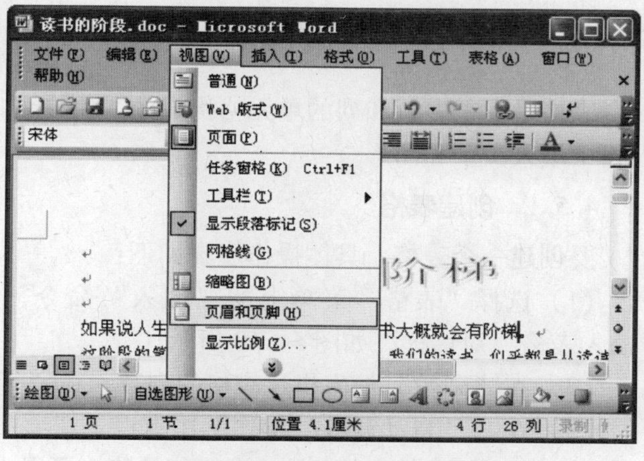

图4－46 选择“页眉和页脚”命令

4.4.3 在文档中插入页眉和页脚

页眉和页脚通常用于显示文档的附加信息，例如页码、日期、作者名称、单位名称、徽标及章节名等。其中，页眉被打印在页面的顶部，而页脚被打印在页面的底部。

创建页眉或页脚的具体操作步骤如下：

（1）选择“视图”菜单中的“页眉和页脚”命令，如图4－46所示。

（2）Word将自动把正文变灰，表示当前不能编辑正文。页面的顶部和底部将各出现一个虚线框，其中，顶部的虚线框用于设计页眉（框的左上角有“页眉”字样），底部的虚线框用于设计页脚（框的左上角有“页脚”字样），这两个虚线框的宽度与页面的宽度相同。现在就可以在页眉或页脚中输入内容，同时利用格式工具栏对输入的内容进行字体、字号和位置的调整，也可以使用页眉和页脚工具栏上的按钮来插入页码、日期、自动图文集等。如图4－47所示。

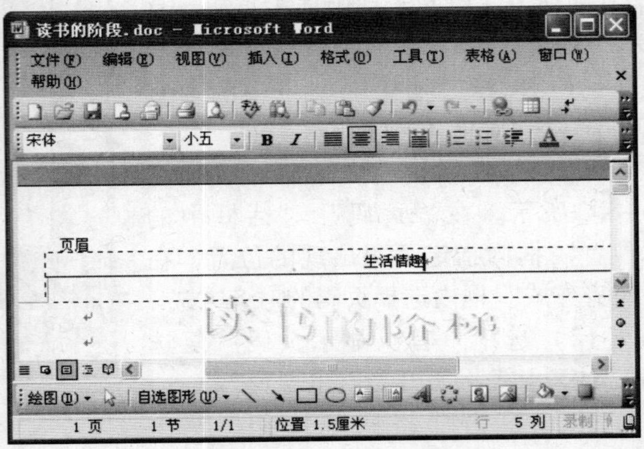

图4－47 输入页眉内容

（3）页眉或页脚设计好后，单击页眉和页脚工具栏上的“关闭”按钮或者双击变灰的正文，Word将恢复成正文编辑状态，而页眉和页脚将变灰，页眉和页脚工具栏将隐去。以后要编辑页眉和页脚，只要在页面视图方式下双击变灰的页眉或页脚即可。

应掌握页眉和页脚工具栏的使用。例如，要在偶数页和奇数页建立不同的页眉和页脚，可单击页眉和页脚工具栏上的“页面设置”按钮，在弹出的对话框中选中“奇偶页不同”。又如，要把插入点在页眉和页脚间切换，可以单击页眉和页脚工具栏上的“在页眉和页脚间切换”按钮。

4.5 表格的制作

表格是由很多行和列的单元格构成的，用户可以很方便地在文档中插入表格，并且在单元格中填入文字和图形。

4.5.1 创建表格

要创建一个表格，具体操作步骤如下：

（1）选择“表格”菜单上的“插入”命令，再在子菜单中单击“表格”命令，弹出“插入表格”对话框，如图4－48所示。

（2）在“列数”框内指定表格的列数，在“行数”框内指定表格的行数。

（3）在“‘自动调整’操作”中有以下几项：

“固定列宽”表示列宽是一个确切的值，可以由用户指定。

“根据窗口调整表格”表示表格的宽度总是与页面的宽度相同，列宽等于页面宽度除以列数。

“根据内容调整表格”表示列宽自动适应内容的宽度。

（4）单击“自动套用格式”按钮，弹出“表格自动套用格式”对话框，如图4－49所示。选择一种预置的样式化表格，在“预览”栏中查看样式。

（5）单击“确定”按钮，返回图4－48所示的界面。

（6）单击“确定”按钮，创建表格的结果如图4－50所示。

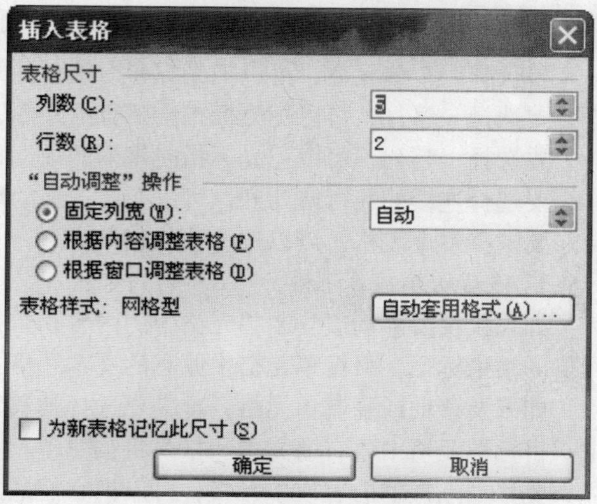

图4－48　“插入表格”对话框

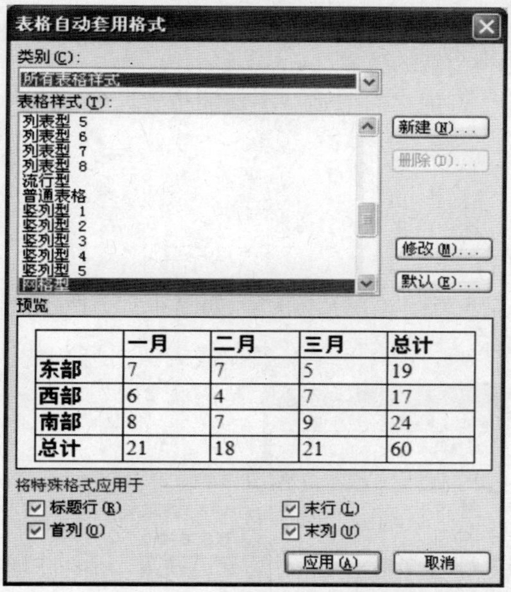

图4－49　“表格自动套用格式”对话框

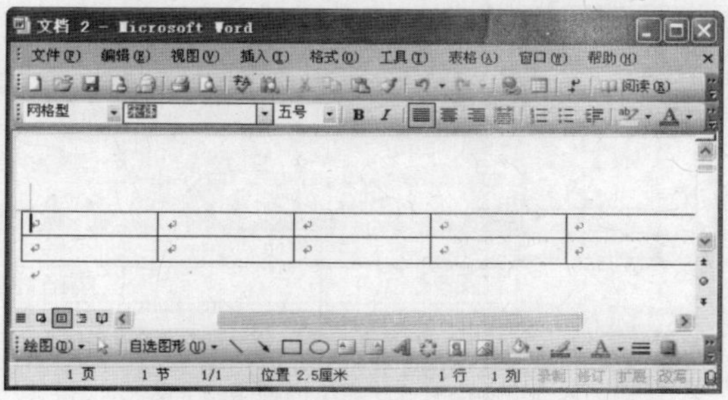

图4－50　创建表格

4.5.2　编辑表格

1. 在表格中移动插入点

要把插入点移到下一个单元，可以按Tab键。如果已经是最后一个单元，按Tab键将使表格增加一行。

要把插入点移到前一个单元，可以按Shift＋Tab键。

要把插入点移到同行的最左边一个单元，可以按Alt＋Home键。

要把插入点移到同行的最右边一个单元，可以按Alt＋End键。

要把插入点移到同列的最上边一个单元，可以按Alt＋PageUp键。

要把插入点移到同列的最下边一个单元，可以按Alt＋PageDown键。

要在表格的末尾增加一行，可以在最后一个单元中按Tab键。

要在表格的前面空出一行，可以在表格的第一个单元按Enter键。

2. 在表格中选择单元格

要选择一个单元格，可以把光标指向该单元格的左侧，待光标改变形状后单击。

要选择一整行，可以把光标指向该行的左侧，待光标改变形状后单击。

要选择一整列，可以把光标指向该列的顶端，待光标改变形状后单击。

要选择连续的几行或几列，可以在要选择的单元格、行或列上拖动鼠标。

要选择整个表格，可以选择“表格”菜单上的“选定”命令，再选择“表格”。

3. 移动或复制单元格

如果仅仅要移动或复制单元格中的内容，首先要选择这个单元格中的内容，不要包括单元格的结束标记，目标单元格中原有的文本和格式不会改变。

如果要移动或复制单元格，首先要选择被移动或复制的单元格，应当包括单元格结束标记，目标单元格中原有的文本和格式将被覆盖。

要移动选择的内容或单元格，可以把它们拖到一个新的位置。

要复制选择的内容或单元格，可以按住 Ctrl 键，再把它们拖到一个新的位置。

4. 插入行、列或单元格

(1) 插入行：

如果要插入行，具体操作步骤如下：

①选择表格的若干行，要插入几行，就选择几行。

②选择“表格”菜单上的“插入”命令，再选择“行（在上方）”，如图 4－51 所示。

③屏幕上显示出插入行的效果，如图 4－52 所示。

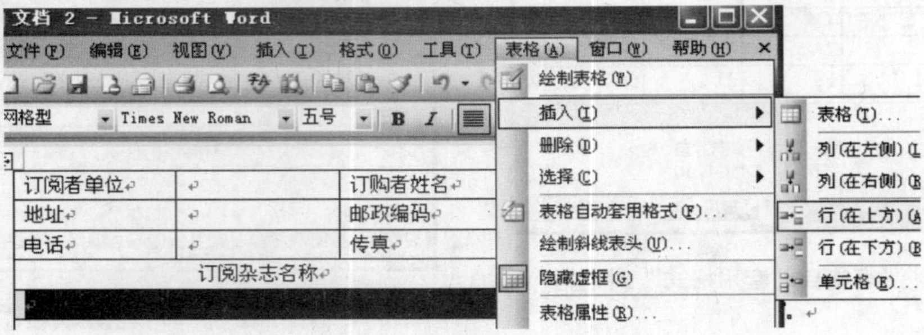

图 4－51　选定行

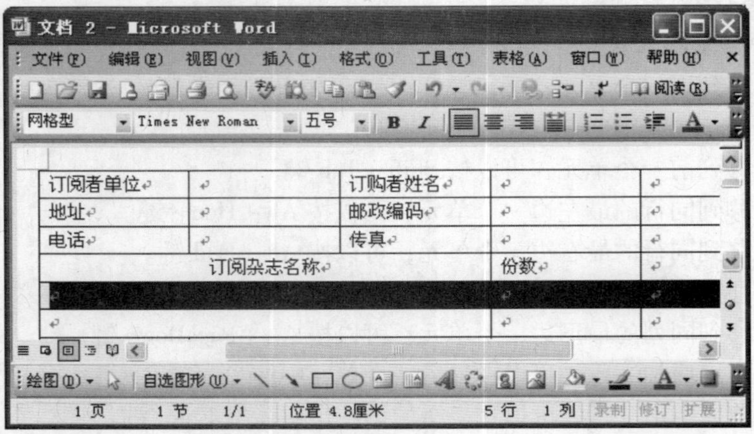

图 4－52　插入行

（2）插入列：

如果要插入列，具体操作步骤如下：

①选择表格的若干列，要插入几列，就选择几列。

②选择“表格”菜单上的“插入”命令，再选择“列（在左侧）”或“列（在右侧）”。

（3）插入单元格：

如果要插入单元格，具体操作步骤如下：

①将光标定位在要插入单元格的位置，选择“表格”菜单上的“插入”命令，再选择“单元格”命令，如图 4－53 所示。

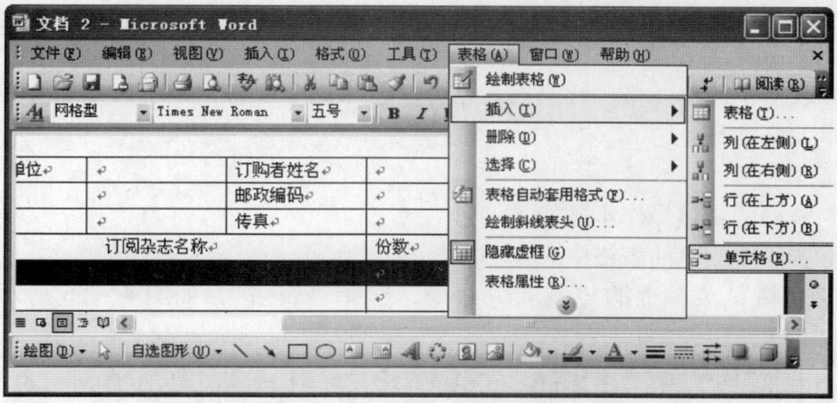

图 4－53 选择“单元格”命令

②弹出“插入单元格”对话框，如图 4－54 所示，选择一种插入方式。

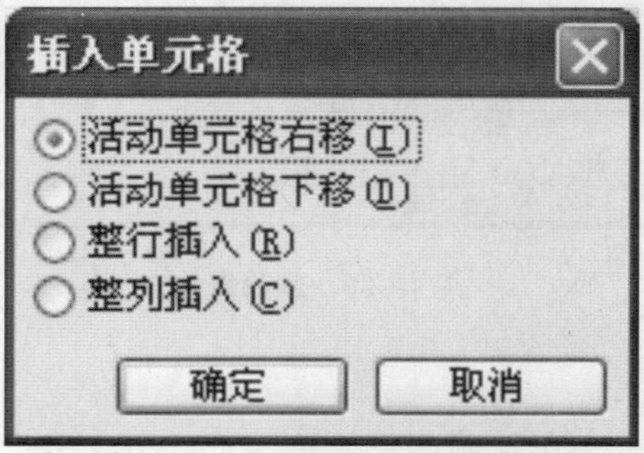

图 4－54 “插入单元格”对话框

③单击“确定”按钮，在表格中插入单元格的效果如图 4－55 所示。

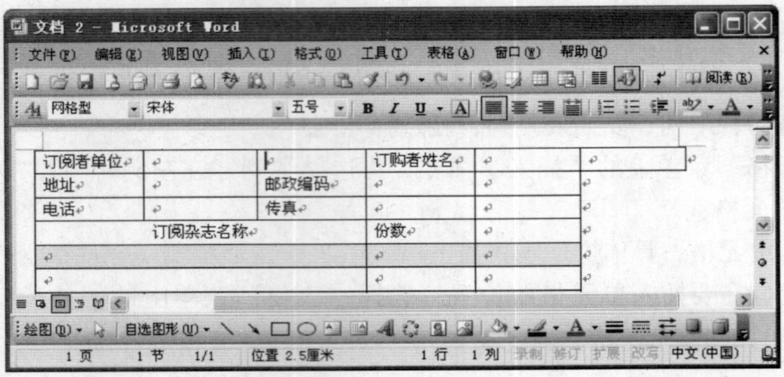

图 4－55　表格中插入单元格的效果

5. 删除行、列或单元格

可以删除表格中的单元格、行或列，也可以删除整个表格，还可以只删除单元格中的内容而不删除单元格本身。

(1) 删除表格：

删除整个表格的具体操作步骤如下：

①将光标置于要删除的表格中。

②选择“表格”菜单上的“删除”命令，选择“表格”，如图 4－56 所示，即可删除表格。

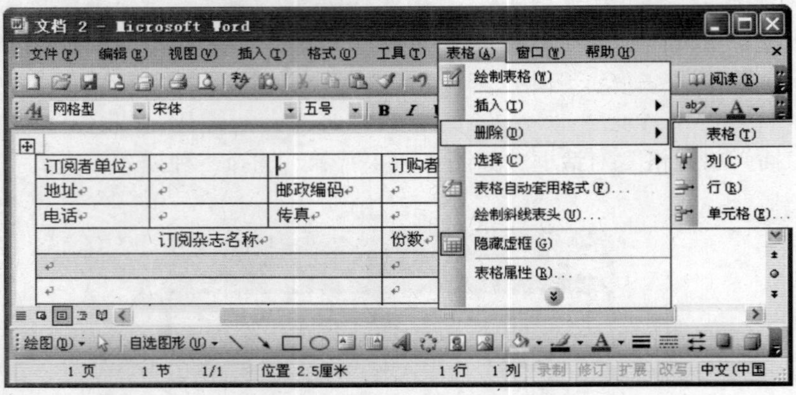

图 4－56　删除表格

(2) 删除表格的行或列：

删除表格的行或列的具体操作步骤如下：

①选定要删除的行或列。

②选择“表格”菜单上的“删除”命令，再选择“行”或“列”。

(3) 删除单元格：

删除单元格的具体操作步骤如下：

①选定要删除的单元格。

②选择“表格”菜单上的“删除”命令，再选择“单元格”。

③Word 将打开“删除单元格”对话框，选择一种删除方式。

④单击“确定”按钮。

6. 改变列宽和行高

要改变列宽和行高，可以把光标指向要调整的列的左右边框或行的上下边框，待光标改变形状后拖动边框线，即可改变列宽和行高。拖动时如果按住 Alt 键，Word 在标尺上将显示列宽和行高的数值。

当改变列宽时，表格的总宽度是不变的。也就是说，如果增加了某列的宽度，其相邻列的宽度将缩小，反之亦然。如果要使其他列的宽度保持不变而使表格的总宽度变化，在拖动前要按住 Shift 键。

同理，当改变行高时，按住 Shift 键，相邻行的高度不变，而表格的总高度将随之改变。

4.5.3 调整表格结构

在结构复杂的表格中，单元格的排列并不是完全规则的，每一行中的单元格数目可能并不相等，因此需要将某些单元格进行合并或拆分。

1. 合并单元格

合并单元格的操作步骤如下：

(1) 选定需要合并的单元格。

(2) 单击“表格”菜单中“合并单元格”按钮，或者单击工具栏中“表格或边框”工具条上的“合并单元格”按钮即可。

注意：合并单元格后，Word 将把合并的单元格中的所有文本集中到新的单元格中。

2. 拆分单元格

拆分单元格的操作步骤如下：

(1) 将光标定位于需要拆分的单元格。

(2) 选择“表格”菜单下的“拆分单元格”按钮，或使用工具栏上“表格和边框”中的“拆分单元格”按钮即可。

(3) 输入拆分的行数和列数后，单击“确定”按钮即可。

注意：单元格被拆分后，原单元格中的内容自动被放置在拆分后的第一个单元格中。

4.5.4 绘制斜线表头

斜线表头是指用斜线将一个单元格分隔成多个区域，然后在每个区域中输入不同的内容。绘制斜线表头的操作步骤如下：

(1) 选定要绘制斜线表头的表格。

(2) 选择“表格”菜单中“绘制斜线表头”菜单命令，弹出“插入斜线表头”对话框，如图 4－57所示。

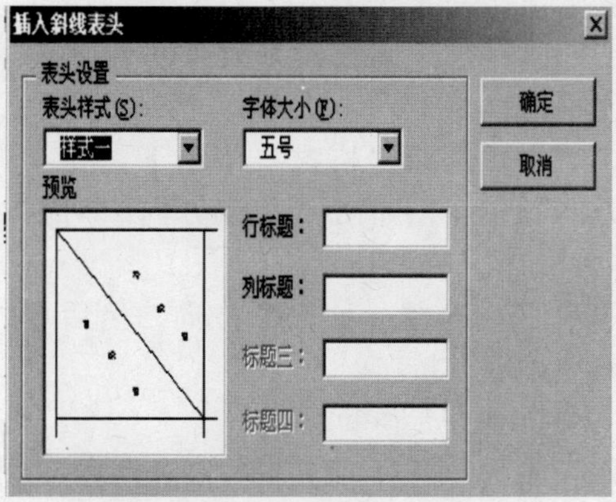

图 4－57 “插入斜线表头”对话框

(3) 在“表头样式”列表框中选择需要的斜线表头样式。

(4) 在“字体大小”列表框中选择表头中的文字的字体大小。

(5) 在其他文本框中输入斜线表头的各个区域的内容后，单击“确定”按钮即可。

4.5.5 格式化表格

创建了表格并在其中录入数据之后，需要对表格进行各种修饰。设置表格格式的操作通常有设置字符格式、设置文字方向、设置单元格对齐方式、调整行高和列宽等。

1. 设置字符格式

使用“格式”工具条上的工具或在“字体”对话框中可以设置表格文本的字体、字号等字符格式。其设置方法与文本字符的格式设置方法相同。如图4－58所示。

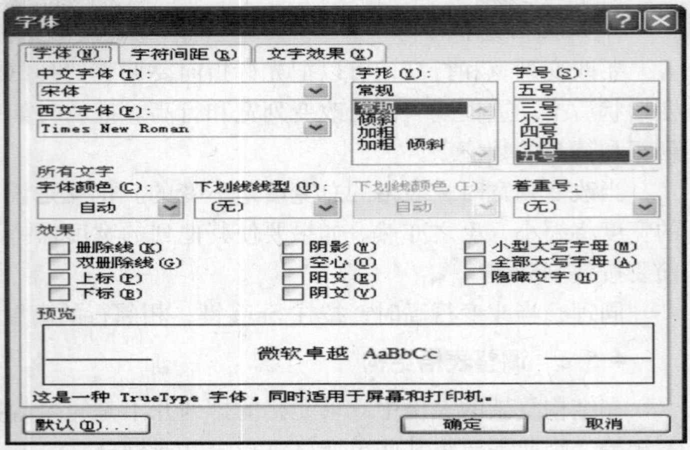

图4－58 “字体”对话框

2. 设置单元格对齐方式

Word中单元格对齐方式有“靠上两端对齐”、“靠上居中”、“靠上右对齐”、“中部两端对齐”、“中部居中”、“中部右对齐”、“靠下两端对齐”、“靠下居中”和“靠下右对齐”九种，其设置方法如下：

（1）选定需要设置对齐格式的单元格。

（2）单击“表格和边框”工具条上的“靠上两端对齐”按钮旁边的下拉箭头。

（3）在弹出的对齐方式列表中选择需要的对齐方式即可。

3. 设置文字方向

在Word中设置文字方向的操作步骤是：

（1）选定需要改变文字方向的单元格。

（2）选择“格式”菜单下“文字方向”命令，弹出“文字方向”对话框。如图4－59所示。

（3）选择一种文字方向，然后单击“确定”按钮。

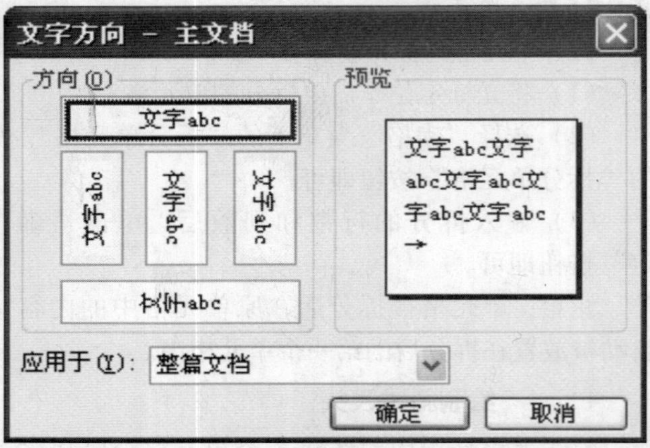

图4－59 “文字方向”对话框

4. 调整行高和列宽

在Word中，表格的行高和列宽可以通过以下几种方法进行调整。

移动行、列线：移动行、列线是指使用鼠标拖动行、列线调整行高和列宽。

指定行高、列宽：如果要准确地指定行高、列宽，则可以在“表格属性”对话框中设置，其操作步骤如下：

（1）选择“表格”菜单中“表格属性”命令，弹出“表格属性”对话框。

（2）打开对话框的“行”选项卡。

（3）单击“上一行”或“下一行”按钮选择需设置高度的行，在“指定高度”数值框中输入具体的高度数值。

（4）打开对话框的“列”选项卡。

（5）单击“前一列”或“后一列”按钮选择需设置高度的列，在“指定宽度”数值框中输入具体的宽度数值。

（6）单击“确定”按钮即可。

5. 设置边框和底纹

如果要设置表格的边框或底纹，可以通过工具栏进行设置，其设置有：“设置表格边框”和“设置表格底纹”；或者通过选择“菜单栏”中“表格”选项的“表格属性”命令，在弹出的“表格属性”对话框中单击“边框和底纹”按钮也可以进行边框和底纹的设置。

4.5.6 表格的排序和计算

1. 排序

选定要排序的单元格，单击“表格”菜单的“排序”命令，如图 4－60 所示。

在出现的对话框中选择排序的类型，如数字、日期等，然后单击其中的选项卡，单击“确定”按钮。

2. 数值计算

Word 提供了多种计算公式，用于对表格中的数值进行计算，其方法是把插入点置于运算结果中，单击“表格”菜单中的“公式”命令，打开“公式”对话框。如图 4－61 所示：

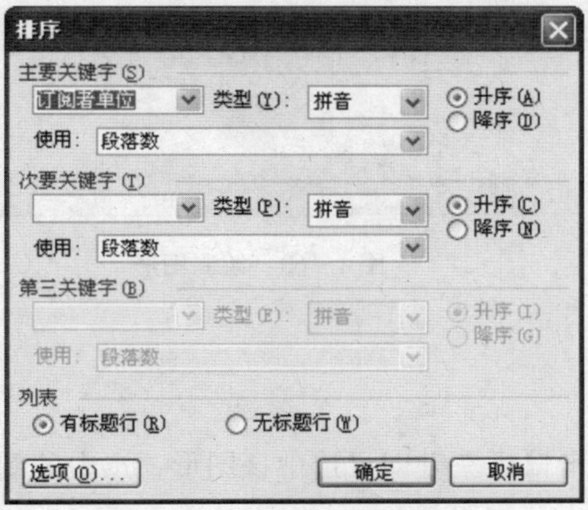

图 4－60 “排序”对话框

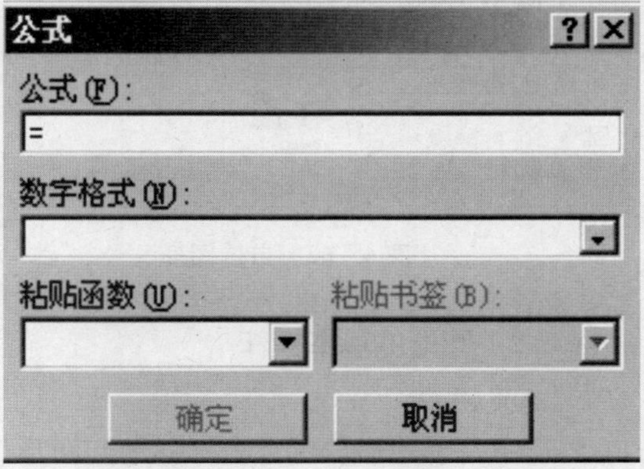

图 4－61 “公式”对话框

在“公式”框中输入公式，如计算一行数据之和时输入“＝SUM（LEFT）”，计算一列数据之和输入“＝SUM（ABOVE）”，然后在“数字格式”框中选择数字的表示方式，最后单击“确定”按钮。

在“公式”对话框中，还有一个“粘贴函数”选择框，用于查看 Word 2003 中提供的其他公式。

4.6 在文档中绘制图形

4.6.1 用绘图工具绘制图形

可以用“绘图”工具栏直接在 Word 文档中画出各种形状的图形，并且添加上许多特殊的效果。

具体操作步骤如下：

（1）单击“常用工具栏”上的“绘图”按钮  ，将打开“绘图”工具栏。

（2）绘制图形可以使用 Word 2003 提供的“自选图形”。单击“绘图”工具栏的“自选图形”按钮，在弹出的菜单中选择一种类型。

（3）在弹出的子菜单中选择要绘制的图形，如图 4－62 所示。

（4）单击要绘制的图形按钮，把鼠标移到编辑区。

（5）使用鼠标左键在编辑区拖动，即可绘制出不同形状的自选图形，如图 4－63 所示。

对于直线（包括有箭头的直线）来说，画图时按住 Shift 键可以分别画出水平 15°、30°、45°、60°、75°、垂直的直线。如果不按住 Shift 键，则可以画任意角度的直线。如果想绘制正方形、圆形、等边三角形或立方体时，可以在拖动鼠标的同时按住 Shift 键进行绘制。

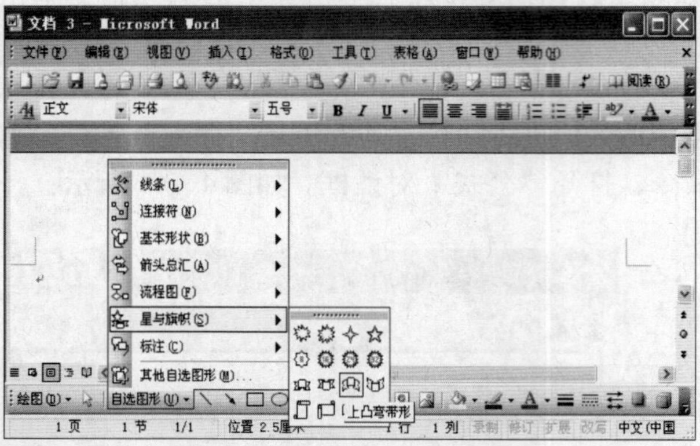

图 4－62　自选图形

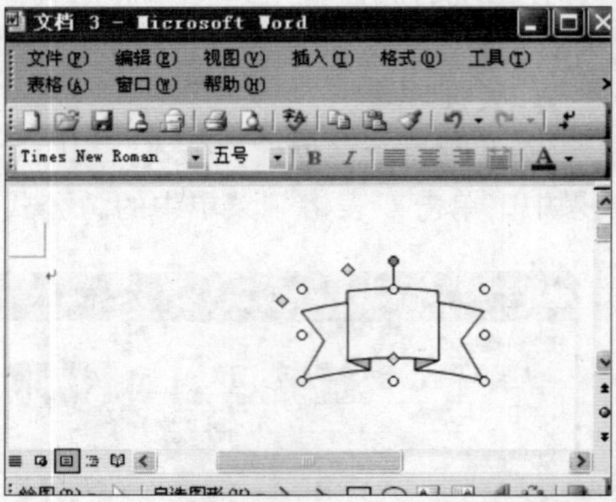

图 4－63　绘制图形

4.6.2　图形的基本操作

1. 选定图形

要选中一个图形，可将光标移动到图形上，单击鼠标左键即可选中该图形，选中的图形四周出现八个控制点（若直线则只有两个控制点）。

2. 改变图形的尺寸

要改变一个图形的尺寸，首先要选择这个图形，然后把光标移动到图形的控制点上，当指针改变形状时，按下鼠标拖动即可改变图形的尺寸。拖动控制点时，按住 Shift 键可使图形等比例缩放。

3. 调整图形的位置

要调整一个或多个图形的位置，首先要选择某个或多个图形，然后用鼠标将图形拖到新的位置。移动时如果按住 Shift 键，能够使图形只沿着水平方向或垂直方向移动。

4. 旋转或翻转

可把图形以任意角度自由旋转，或把图形翻转到水平或垂直对称的位置。

要把一个或几个图形以任意角度旋转，具体操作步骤如下：

（1）选择要旋转的图形，单击绘图工具栏上的旋转按钮  ，所选定的图形周围会出

现四个绿色的小圆圈，将光标移到小圆圈上，会出现一个黑色的弧形箭头，如图 4－64 所示。

（2）按住鼠标左键拖动这个黑色的弧形箭头构成的圆弧，转动这个圆弧可以随意使图形旋转。

（3）要对图形进行翻转操作，可以单击“绘图”按钮，在弹出的菜单中选择“翻转或旋转”命令，再选择“水平翻转”或“垂直翻转”，如图 4－65 所示。

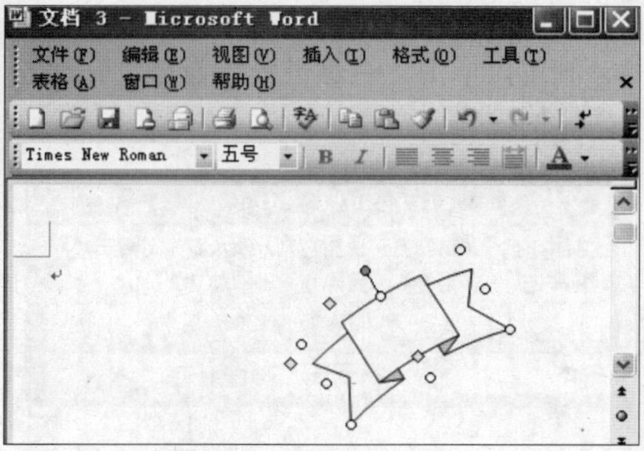

图 4－64　旋转图形

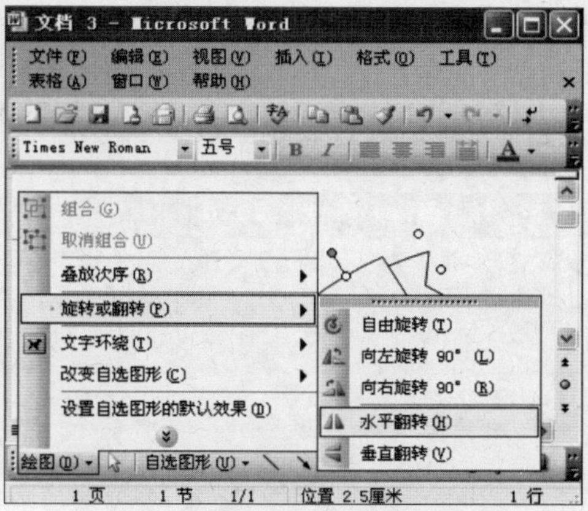

图 4－65　翻转图形

4.6.3　修饰图形

修饰图形的具体操作步骤如下：

（1）要改变图形边框线的线型，可以单击“绘图”工具栏上的“线型”按钮 ，在弹出的线型列表中选择一种线型。

（2）要改变图形线条的颜色，可以单击“绘图”工具栏上的“线条颜色”按钮 ，在弹出的线条颜色列表中选择一种颜色。

（3）要对图形内部进行填充，可以单击“绘图”工具栏上的“填充颜色”按钮 ，在弹出的颜色列表中选择一种颜色。

（4）如果要为图形填充具有过渡效果的颜色，则可以单击“填充颜色”按钮打开菜单，在其中单击“填充效果”命令，打开“填充效果”对话框。

（5）在“颜色”选项组中选择一种过渡的填充颜色，在“底纹式样”选项组中选择一种底纹式样，在“变形”选项组中选择一种变形样式。填充图形效果如图 4－66 所示。

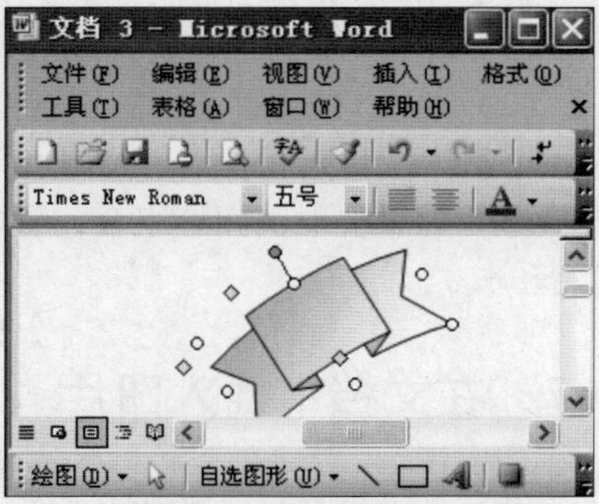

图 4－66　填充图形效果

（6）要给图形加上阴影，可以单击“绘图”工具栏上的“阴影”按钮 ，然后在弹出的阴影样式中选择一种。

（7）可以改变阴影的颜色和阴影的幅度。单击“绘图”工具栏上的“阴影”按钮，在弹出的菜单中选择“阴影设置”命令，Word 将打开“阴影设置”工具栏，可使阴影上移、下移、左移或右移。

（8）要改变阴影的颜色，可以单击“颜色样式”按钮，在弹出的颜色列表中选择一种阴影颜色。设置图形的阴影效果如图 4－67 所示。

（9）要给图形加上三维效果，可以单击“绘图”工具栏上的“三维效果”按钮 ，在弹出的三维样式中选择一种样式。经过三维效果处理后，原来的平面图形就成了具有三维立体感的图形。

（10）如果要对图形作进一步的三维效果处理，则可以单击“三维设置”命令打开“三维设置”工具栏进行设置。设置图形的三维效果，如图 4－68。

图 4－67 设置图形的阴影效果

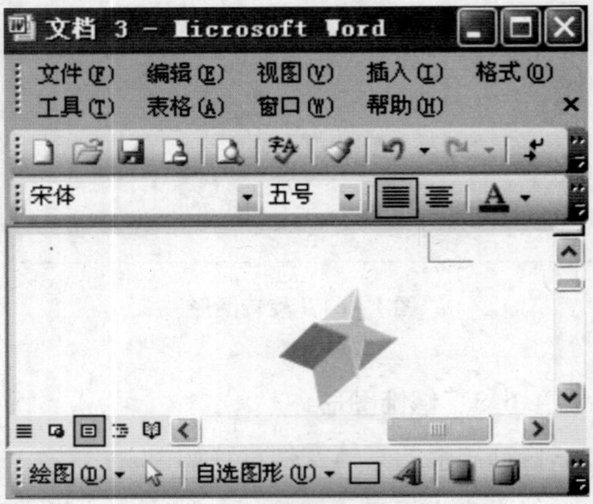

图 4－68 设置图形的三维效果

4.6.4 组合图形

可以把多个图形组合在一起，并看作成一个复合的图形，对它进行统一操作。例如，可以把组合在一起的所有图形的尺寸缩小 50%，或者都加上阴影。

要把几个图形组合在一起，具体操作步骤如下：

（1）按住 Shift 键，选择要组合的图形。

（2）单击“绘图”按钮，在弹出的菜单中选择“组合”命令。组合图形后，多个图形成为一个整体，其四周有八个控制点，可进行各种操作。

（3）如果要取消图形组合，可以单击“绘图”按钮，在弹出的菜单中选择“取消组合”命令。

4.7 在文档中插入图片

下面介绍如何在文档中插入图片。图形与图片是有区别的，图形是用户用绘图工具绘制而成的，是原来不存在的图，而图片则不一样，它可以来自一个文件，也可以是一个剪贴画，或是一个用拷屏工具拷贝下来的图像文件。

4.7.1 插入剪贴画

Word 附带了一个非常丰富的剪贴画库。这些剪贴画都是经过专业设计的，其内容几乎涵盖了制作文档所需要的各个方面，从地图到人物，从建筑到风景名胜，应有尽有。

要把剪贴画插入到文档中，具体操作步骤如下：

（1）用鼠标点击插入剪贴画的位置，选择“插入”菜单上的“图片”子菜单中的“剪贴画”命令，如图4－69所示。

（2）屏幕右侧出现“剪贴画”面板，如图4－70所示。在“剪贴画”面板中选择“管理剪辑”，在剪辑管理器中单击“office”收藏集，选择相应图片单击“复制”，在文档中“粘贴”，则此剪贴画就被插入到文档之中。

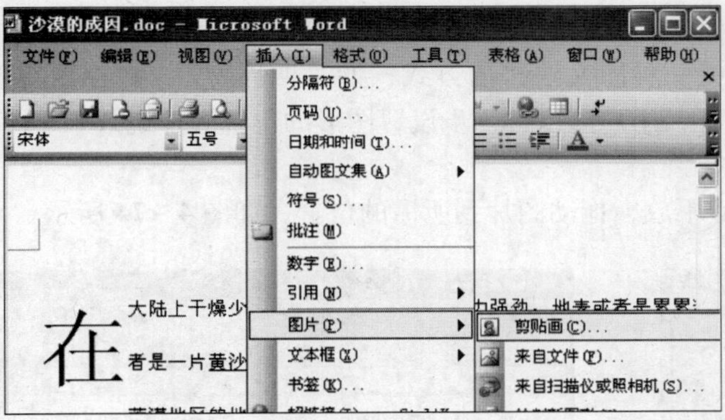

图4－69 选择“剪贴画”命令

图4－70 “插入剪贴画”对话框

4.7.2 插入图片

可以从一个文件中获取图片并插入到文档中。图片文件可以在本地磁盘上，也可以在网络驱动器上，甚至可以在Internet上，要从文件中获取图片并插入到文档中，操作步骤如下：

（1）用鼠标点击插入图片的位置，选择“插入”菜单上的“图片”子菜单中的“来自文件”命令。

（2）弹出“插入图片”对话框，如图4－71所示。

在“查找范围”框中选择文件，在“名称”框中选择图片文件，在右边的框中预览图片。

（3）单击“插入”按钮，将图片插入到文档中，如图4－72所示。

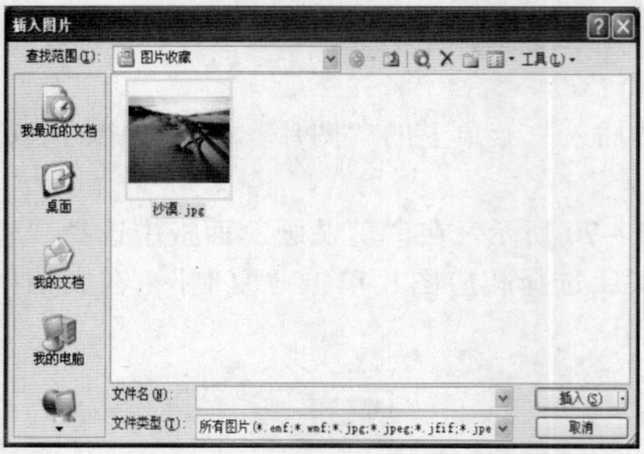

图 4－71　“插入图片”对话框

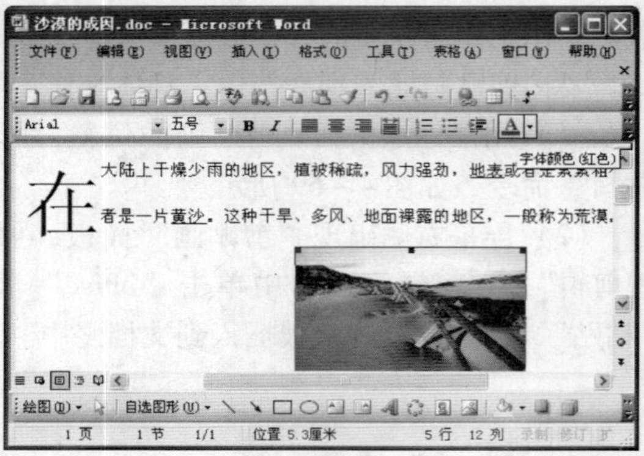

图 4－72　插入图片

4.7.3　图文混排

要实现图文混排的具体操作步骤如下：

（1）用鼠标左键双击图片，弹出“设置图片格式”对话框，单击“版式”选项卡，如图 4－73 所示。

（2）在“环绕方式”选项组中选择一种图文混排的方式，如“四周型”。单击“高级”按钮，Word 将打开“高级版式”对话框，用户可以进一步设置图形的位置和环绕效果。

（3）单击“确定”按钮。

（4）单击图片，然后按住鼠标左键不放，拖动图片到所需的位置，如图 4－74 所示。

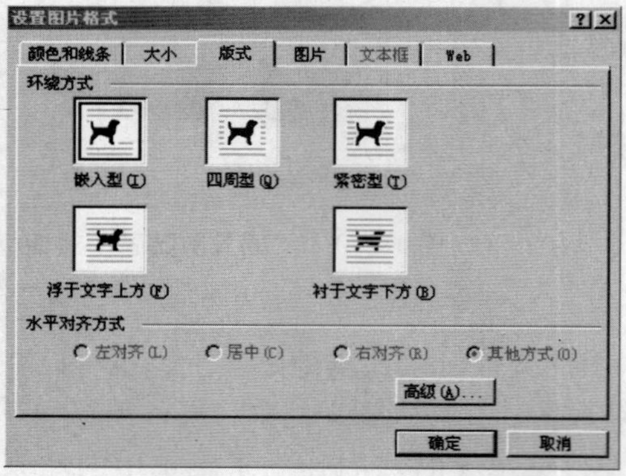

图 4－73　“设置图片格式”对话框

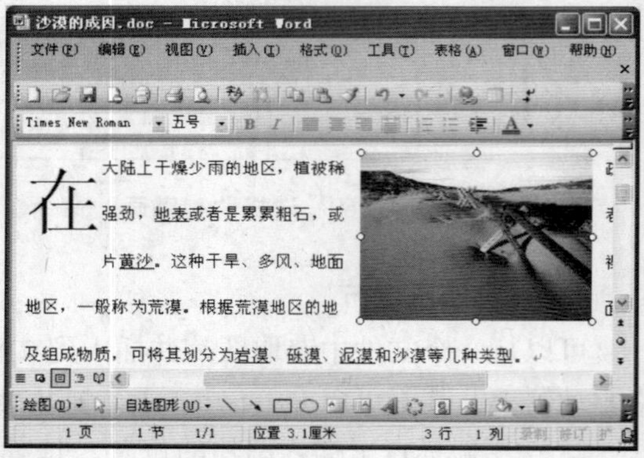

图 4－74　图文混排

4.8　插入艺术字

为了使文档美观，可以在文档中插入艺术字。艺术字不同于普通的文字，它具有很多特殊的效果，例如阴影、斜体、旋转、延伸等。

要在文档中插入艺术字，具体操作步骤如下：

（1）用鼠标点击插入艺术字的位置，选择“插入”菜单上的“图片”子菜单中的“艺术字”命令，如图 4－75 所示；

（2）弹出“‘艺术字’库”的对话框，如图 4－76 所示，选择一种艺术字式样，单击“确定”按钮。

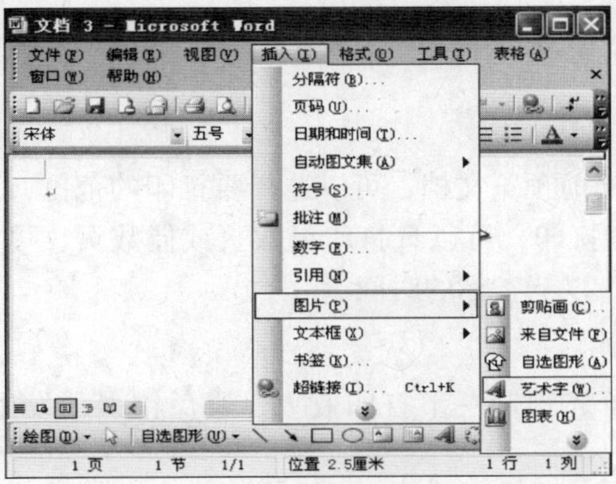

图 4－75　选择“艺术字”命令

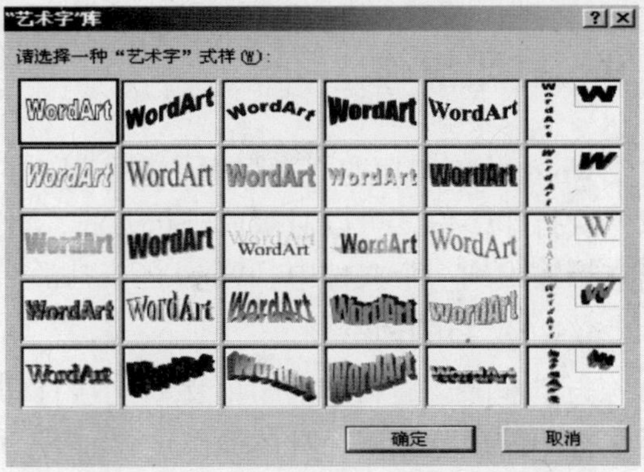

图 4－76　“‘艺术字’库”对话框

(3) 弹出“编辑‘艺术字’文字”对话框，如图 4－77 所示。

在“文字”框输入要成为艺术字的文字，在“字体”框内选择字体，在“字号”框内选择字体尺寸。如果要使字体加粗，可以单击“加粗”按钮。如果要使字体倾斜，可以单击“倾斜”按钮。

(4) 单击“确定”按钮，插入艺术字的效果如图 4－78 所示。

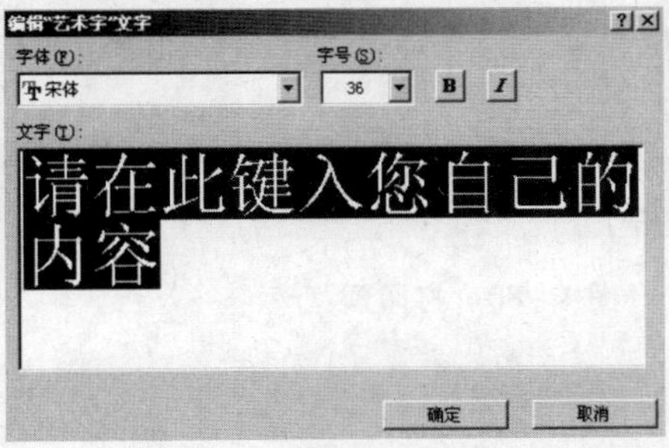

图 4－77　“编辑‘艺术字’文字”对话框

图 4－78　艺术字效果

对于插入到文档中的艺术字，可以使用“艺术字”工具栏来增强艺术字的效果，“艺术字”工具栏如图 4－79 所示：

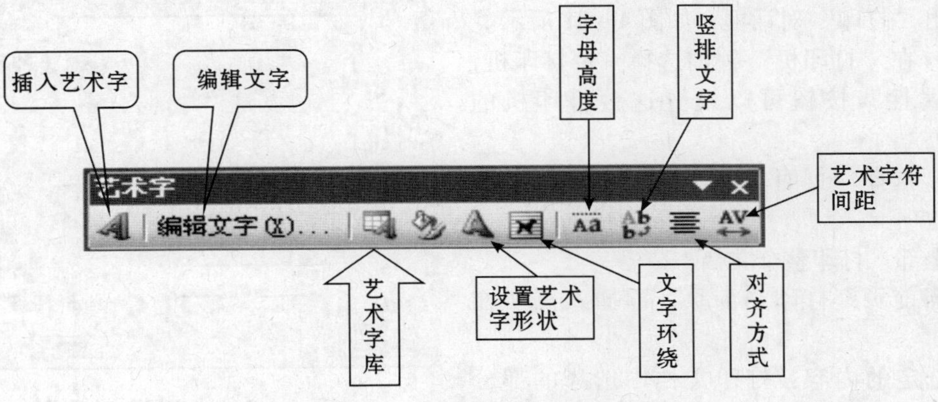

图 4－79　“艺术字”工具栏

4.9 打印操作

Word 的打印功能非常强大。它可以在打印文档前预览文档，可以选择要打印的范围，可以一次打印多份，可以对版面进行缩放，可以逆序打印，可以只打印奇数页或偶数页，可以把文档输出到一个文件中。Word 还支持后台打印，以节省你的时间。

4.9.1 打印预览

为了准确、顺利地打印出文档，在打印之前可先预览一下打印效果，避免错误的发生。要在打印前预览文档，具体操作步骤如下：

（1）单击“常用工具栏”上的“打印预览”按钮，或者选择“文件”菜单上的“打印预览”命令，Word 将对当前文档进行预览，如图4－80所示。

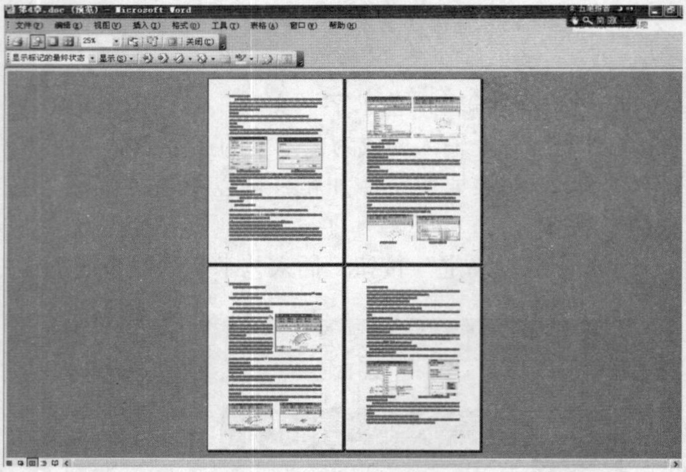

图 4－80　打印预览

（2）单击“放大镜”按钮之后，将鼠标指针移到文档的页面中会变成一个放大镜的形状。单击鼠标左键，该页文档就会被放大或缩小，便于查看。

（3）如果要显示多页文档，可单击工具栏上的“多页”按钮，在打开的下拉列表中用鼠标拖动选择要显示多少页。

（4）如果不再需要预览文档，可单击“关闭”按钮退出打印预览。

4.9.2 打印文档

要打印文档，具体操作步骤如下：

（1）选择“文件”菜单上的“打印”命令，弹出“打印”对话框，如图 4－81 所示。

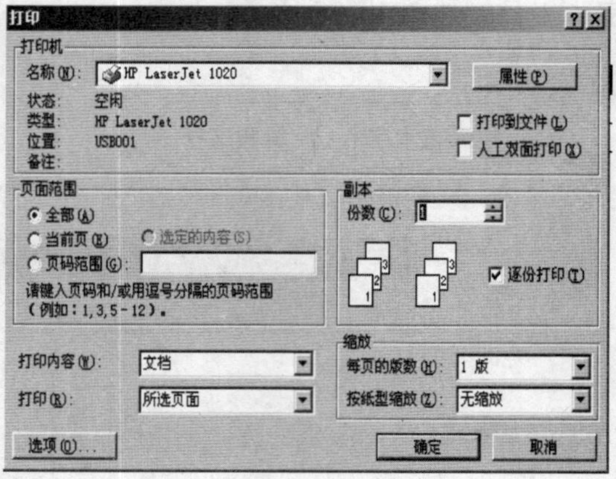

图 4－81　“打印”对话框

（2）在“打印机”框内选择一台打印机，单击“属性”按钮可以设置这台打印机的选项。

（3）选择“页面范围”。“页面范围”包括下面几项：

●全部：打印整个文档。

●当前页：打印当前页，即插入点所在的页。

●选定的内容：打印文档中选择的部分（如没有在文档中选择，此选项变灰）。

●页码范围：打印指定的页码，可以是文档中的任意页。

（4）在“份数”框指定要打印的份数。如果选中“逐份打印”复选框，表示按文档归类，意思是打印完文档的所有页面后再打印逐个文档的第二份拷贝。

（5）单击“确定”按钮，开始打印。

（6）要在打印过程中取消打印，可双击状态栏上的打印机图标，打开该默认打印机的窗口。选中正在打印的文件，单击“打印机”菜单中的“清除打印作业”命令即可。

【本章小结】

本章讲解了中文 Word 2003 的基本操作，包括新建文档及文档的编辑、移动、删除，文档页面格式编排和页眉、页脚的设置，在 Word 文档中创建表格及编辑表格，在 Word 文档中插入图片及艺术字等。通过对本章内容的学习，应熟练掌握 Word 系统的排版操作。

例题

一、表格

操作要求：打开素材文件夹下的 bg3. doc，按照样文文件夹下的样文 3 - 3 所示进行表格设置，最后以 bg. doc 为文件名保存到目录（D：\test\）中。

1. 行列交换：将最后一行移置第三行。并在“封三”一行下方插入一行，并输入样文所示内容。

（1）把光标放在最后一行的左侧，当光标变为倾斜箭头时，单击左键选中该行，再把光标移到该行上，拖动鼠标把该行移至第二行上；

（2）选中“封三”一行，表格→插入→行（在下方），按样文所示输入内容。

2. 合并单元格：第一行的第一列与第二列合并单元格，并将第二、三列的内容居中。

（1）选中第一行的第一列与第二列，右键→合并单元格；

（2）选中第二、三列的内容，单击格式工具栏上的“居中”按钮 。

3. 设置列宽：第一列的列宽设置为 6 厘米。

选中第一列，表格→表格属性，在“表格属性”对话框中，选择“列”选项卡，在“指定列宽”中输入“6 厘米”，按样文调整其他列宽与行高。

4. 在第一行第一列的单元格中画一条斜线，并调整单元格中的内容位置。

（1）选中第一行第一列的单元格，表格→绘制斜线表头，在“插入斜线表头”对话框中，选择“样式一”，单击“确定”按钮；

（2）按样文要求调整单元格中内容的位置。

5. 设置边框：表格的上下边框线为 1. 5 磅的线，内边框线为 0. 5 磅的线，第一行与第二行的交界线为双线。

（1）选中整个表格，格式→边框与底纹，在“边框与底纹”对话框中，选择“边框”选项卡，设置表格的上、下边线为 1. 5 磅的线，内边框线为 0. 5 磅的线；

（2）选中第一行，格式→边框与底纹，在“边框与底纹”对话框中，选择“边框”选项卡，设置下边线为双线。

二、Word 的操作

图文混排：

操作要求：按照样文文件夹下的样文 3－1 所示，进行如下的排版设置操作，最后以 mw.doc 为文件名保存到目录（D：\test\）中。

1. 设置格式：打开文件：“素材\mw1_ 3. doc”，利用格式刷，将正文中所有的“国王学院”设置为斜体，文字的颜色为金色，并加上边框。

（1）打开素材文件夹中的文件 mw1_ 3. doc，另存为 d：\test\mw. doc；

（2）选定“国王学院”，格式→字体，在“字体”对话框中，设置字体为斜体，颜色为金色；

（3）格式→边框和底纹，在“边框和底纹”对话框中，设置文字边框；

（4）双击“常用工具栏”上面的格式刷按钮 ；

（5）光标变成格式刷图标，选中所有的“国王学院”；

（6）单击工具栏上的“保存”按钮 。

2. 设置字符格式：设置正文前四段为宋体，最后一段为楷体。

（1）选中正文前四段，在格式工具栏中的“字体”列表框中选择“宋体” 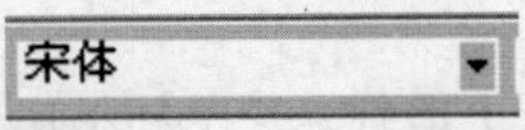

；

（2）选中最后一段，在格式工具栏中的“字体”列表框中选择“楷体”；

（3）单击常用工具栏上的“保存”按钮。

3. 设置字号：设置正文为小四号。

（1）选中正文，在格式工具栏中的“字号”列表框中选择“小四” 

；

（2）单击常用工具栏上的“保存”按钮。

4. 设置段落格式：正文前四段首行缩进 0. 8 厘米，最后一段为左右缩进 10 磅。

（1）选中正文前四段，格式→段落，在“段落”对话框中，选定“缩进和间距”选项卡，在“特殊格式”列表框中选择“首行缩进”，“度量值”中输入“0. 8 厘米”；单击“确定”按钮；

（2）选中最后一段，格式→段落，在“段落”对话框中，选定“缩进和间距”选项卡，在“右缩进度量值”中输入“10 磅”；单击“确定”按钮；

（3）单击“常用工具栏”上的“保存”按钮。

5. 设置行（段）间距：设置正文行距最小值为 20 磅。

（1）选中正文，格式→段落，弹出“段落”对话框，选择“缩进和间距”选项卡，在“行距”列表框中选择“最小值”，“度量值”中输入“20 磅”，单击“确定”按钮；

（2）单击“常用工具栏”上的“保存”按钮。

6. 设置艺术字：设置标题为艺术字。艺术字式样：第 3 行第 5 列；字体为黑体；艺术字形状为顺时针形；艺术字三维样式 7；艺术字的围绕方式为：四周紧密围绕。

（1）选中标题“剑桥大学”，插入→图片→艺术字，在“‘艺术字’库”对话框中，选择第 3 行第 5 列→确定，在“编辑‘艺术字’文字”对话框中，“字体”列表框中选择“黑体”→单击“确定”按钮；

（2）选中标题艺术字，单击“艺术字”工具栏上的“艺术字形状”按钮 ，选择“顺时针形”；单击绘图工具栏上的“三维效果”按钮 ，选择三维样式7；右击标题艺术字→设置艺术字格式，在“艺术字格式”对话框中，选择“版式”选项卡，选择环绕方式为“紧密型”；单击“确定”按钮；

（3）单击“常用工具栏”上的“保存”按钮。

7. 设置分栏格式：设置正文二、三、四段分栏，共分两栏，添加分栏线。

（1）选中正文二、三、四段，格式→分栏，在“分栏”对话框中，在预设中选中“两栏”，选中“分隔线”，在前面打“√”；单击“确定”按钮；

（2）单击“常用工具栏”上的“保存”按钮。

8. 设置文本框：插入文本框，高5.22厘米，宽2.86厘米，设置围绕方式为：四周紧密围绕。并在文本框中按样文输入如下文字：“图（1）”。

（1）插入→文本框→横排；把鼠标移到文档中，按住鼠标左键不放拖动插入文本框；

（2）把光标移到文本框的边线上，当光标变成十字箭头时，单击鼠标右键→设置文本框格式，在“设置文本框格式”对话框中，选中“大小”选项卡，输入高为“5.22厘米”，宽为“2.86厘米”；选中“版式”选项卡，选择环绕方式为“紧密型”；单击“确定”按钮；

（3）把光标定位在文本框中，输入“图（1）”；

（4）单击“常用工具栏”上的“保存”按钮。

9. 插入图片：在文本框中插入图片，图片在：“素材\jianqiao. jpg”，图片的高4.5厘米，宽2.8厘米，设置围绕方式为：四周紧密围绕。

（1）把光标定位在文本框中，插入→图片→来自文件，选择“素材\jianqiao.jpg”，单击“确定”按钮；

（2）选中所插入的图片，单击鼠标右键→设置图片格式，在“设置图片格式”对话框中，选中“大小”选项卡，输入图片高为“4.5厘米”，宽为“2.8厘米”；选中“版式”选项卡，选择环绕方式为“四周型”；单击“确定”按钮；

（3）按照样文，把图片拖到合适位置；单击“常用工具栏”上的“保存”按钮。

10. 设置边框（底纹）：给最后一段文字添加底纹：图案式样：5%，颜色为桔黄色。

（1）选中最后一段文字，格式→边框和底纹，在“边框和底纹”对话框中，选择“底纹”选项卡；在图案式样列表框中选择“5%”，在填充色板中选择“桔黄”色；单击“确定”按钮；

（2）单击“常用工具栏”上的“保存”按钮。

上机操作

一、表格

操作要求：打开素材文件下的A4. doc，按照样文文件夹下的样文4－3所示进行表格设置，最后以bg. doc为文件名保存到考试目录（D：\test\）中。

1. 行列交换：将“星期二”一列与“星期一”一列交换。

2. 插入行列：在“星期四”一列左侧插入一列，并在顶端单元格输入“星期三”。

3. 合并或拆分表格中的相应单元格。

4. 设置文本格式和对齐方式，调整列宽、行高。

5. 为表格设置相应的边框线。

6. 在表格左上角单元格中，按样文 4 - 3 所示画斜线。

7. 在该表格之后，新建一个 4 × 6 的表格。

二、Word 的操作

图文混排：

操作要求：按照样文文件夹下的样文 4 - 4 所示，进行如下的排版设置操作，最后以 muw. doc 为文件名保存到考试目录（D：\test\）中。

1. 打开文件素材文件夹中的文件 hlu2. doc，设置正文中的所有“故宫”字号为四号，文字的颜色为红色，字体加粗。

2. 设置字符格式：设置正文为宋体。

3. 设置字号：设置正文为小四号。

4. 设置段落缩进：设置全文段落首行缩进 2 字符。

5. 设置行（段）间距：设置正文行距最小值 18 磅。

6. 设置艺术字：设置标题为艺术字，艺术字式样：第 4 行第 1 列；字体为隶书；艺术字形状为山形；艺术字的围绕方式为：四周围绕型。

7. 设置分栏格式：设置正文：三栏。

8. 设置文本框：插入文本框，高为 5.5 厘米，宽为 5.8 厘米；文本框的围绕方式：四周围绕，并输入文字内容。

9. 插入图片：在文本框内插入图片，图片为：“素材\故宫 . jpg”，图片的宽为 5.8 厘米，高为 5.3 厘米，图片的围绕方式为：四周围绕。

10. 设置边框（底纹）：给本文最后一段添加方框，方框的颜色是浅桔黄，线条为 0.5 磅。

第 5 章　中文 Excel 2003 的操作

5.1　中文 Excel 2003 启动与退出

中文 Excel 2003 是 Microsoft 公司推出的 Office 2003 系列之一，它是一个非常优秀的电子表格处理软件，可以制作各种电子表格，在表格中对数据进行计算，把数据用图表直观地表达出来等。

5.1.1　中文 Excel 2003 的启动

常用启动 Excel 2003 的方法有以下两种：

（1）在 Windows 的主桌面上，双击 Excel 2003 的图标，即可启动 Excel 2003。

（2）点击“开始”按钮，在其菜单中，选择“程序”，然后在其子菜单中，点击“Microsoft Excel”。

5.1.2　中文 Excel 2003 的退出

在 Excel 中完成工作簿的操作之后，可退出中文 Excel 2003。单击“文件”菜单中的“退出”命令，即可退出中文 Excel。单击主窗口右上角的关闭按钮，或者单击 Excel 主窗口左上角的 Excel 图标，在出现的控制菜单中选择“关闭”命令也可以将当前正在活动的工作表窗口关闭。但是，其他没有接受关闭命令的工作表窗口仍然处于正常的工作状态。所以“关闭”操作与“退出”整个软件系统的操作是截然不同的。

5.2　Excel 2003 基本概念

1. 工作簿

用来储存并处理工作数据的文件，包括许多不同的工作表。当启动 Excel 时，系统自动产生一个新的工作簿 Book1. xls。

2. 工作表

隶属于工作簿，由若干行和列组成。一张工作表最多可以有 65 536 行，256 列。新建一个工作表后，系统自动为其加上一个标签“Sheet. 1”。

3. 单元格

工作表的基本组成单位，用于存放显示信息。单元格信息可以是一组数字，也可以是一个公式，最多可达 32 000 个字符。此外，每个单元格还唯一对应一个坐标，称之为单元格引用。

4. 文本数据

单元格中常用数据的一种，用来表示某个名称。可以包括任何字母、数字和其他符号的组合。文本数据不能进行数字运算，但可以通过连接运算符（&）进行连接。

5. 数值数据

单元格中常用数据的一种，用来表示某个数值或币值。可以包括正号、负号、小数点、数字和万分号、4 分号等符号的正确组合。

6. 时间日期数据

单元格中常用数据的一种，用来表示一个日期或时间。日期格式为“mm/dd/yy”或“mm - dd - yy”，时间格式为“hh = mm（am/pm）”。

7. 公式

由运算对象和运算符组成的一个序列。以等号“=”为开始的标志。输入公式后，其结果显示在单元格内，并且在选定一个含有公式的单元格后，公式也就显示在编辑栏中。

8. 函数

随 Excel 附带的预定义或内置的函数，既可以作为独立公式单独使用，也可以作为参数用于其他函数。Excel 2003 中为用户提供了 300 多个函数。函数由函数名和参数组成，格式为：函数名（参数 1，参数 2，……）。

9. 图表

工作表数据的图形表示。Excel 2003 为用户提供的图表有二维和三维两类，约十几种（如柱形图、条形图、折线图等）。不同的图表类型适合于表示不同的数据类型。

5.3 中文 Excel 2003 窗口界面

启动 Excel 2003 之后，出现 Excel 2003 的窗口，如图 5 - 1 所示，该窗口由以下部分组成：

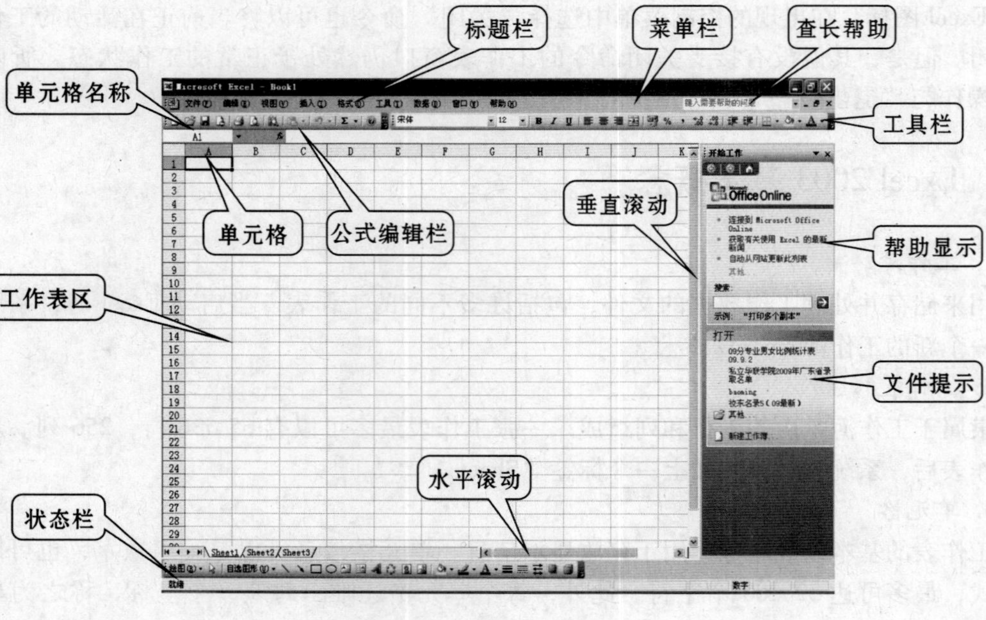

图 5 - 1 中文 Excel 2003

1. 标题栏

标题栏说明当前所编辑的工作簿的名字。

2. 菜单栏

菜单栏中汇集了各种命令，用来对数据、工作表进行操作。

3. 工具栏

工具栏由一些工具按钮组成，可快速方便地执行相关的命令。

4. 单元格名称栏

单元格名称栏用于显示当前处于活动的单元格位置。

5. 公式编辑栏

公式编辑栏用来编辑一些简单的公式。

6. 工作表区

工作表区显示所建立的电子表格和电子图表的内容。

7. 单元格

单元格是整个工作表最基本的编辑单位。

8. 滚动条

滚动条包括垂直滚动条和水平滚动条，由滚动方块和几个滚动按钮组成，利用它可以使文档上下或左右移动，查看工作表中未曾显示出的内容。

5.3.1 工作簿和工作表的操作

工作簿主要的操作对象是工作表，它将工作表作为一个操作单元，对其进行管理，如插入工作表、移动或复制工作表、重命名工作表等操作。同时还可进行工作簿之间的有关操作，如新建工作簿、打开工作簿、创建与使用工作簿模板等操作。

5.3.2 新建工作簿

启动 Excel 后，系统自动建立一个空白工作簿，默认的工作簿名为“Book1”（如果在此之前已经新建了工作簿，工作簿名中的序号依次递增）。如果要建立一个新的工作簿，只要在“文件”菜单中单击“新建”组下的“空白工作簿”即可，如图 5－2 所示。

工作簿创建起来后，Excel 自动以 Book1、Book2、Book3……暂时将其命名。另外，直接单击“常用工具栏”中的“新建”按钮，也可以创建新的工作簿，如图 5－3 所示。

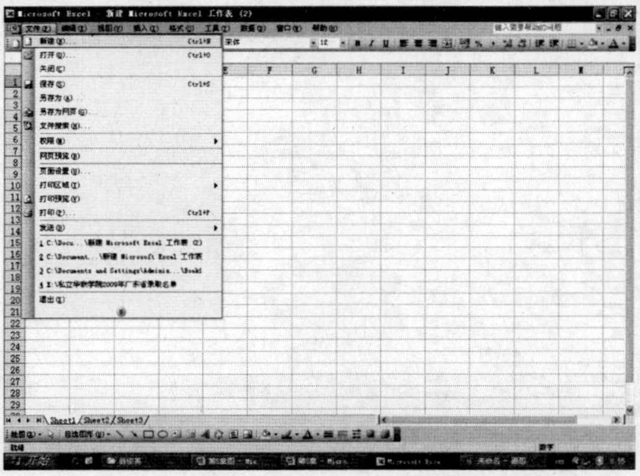

图 5－2　新建工作簿

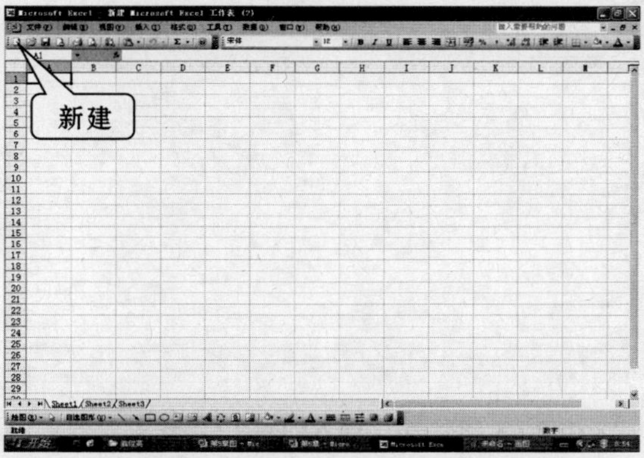

图 5－3　新建的工作簿 Book4

5.3.3　建立工作表及设定工作表的数量

建立工作簿之后，就可以在表格中输入数据了，Excel 要处理的数据全部存储在单元格中，在单元格中我们可以输入文本、数字、日期/时间、公式及函数等。

建立一个工作簿后，一般包含三个工作表，即 Sheet1、Sheet2 和 Sheet3。单击屏幕左下角的 Sheet1 工作表标签，在单元格中输入数据。

5.3.4　插入工作表

若要插入一张新的工作表，具体操作步骤如下：

（1）单击工作表标签，选定当前工作表，如 Sheet1，新的工作表将插入到当前工作表的前面。

（2）选择“插入”菜单中的“工作表”命令，如图 5－4 所示。

（3）插入一张新的工作表 Sheet4，如图 5－5 所示。

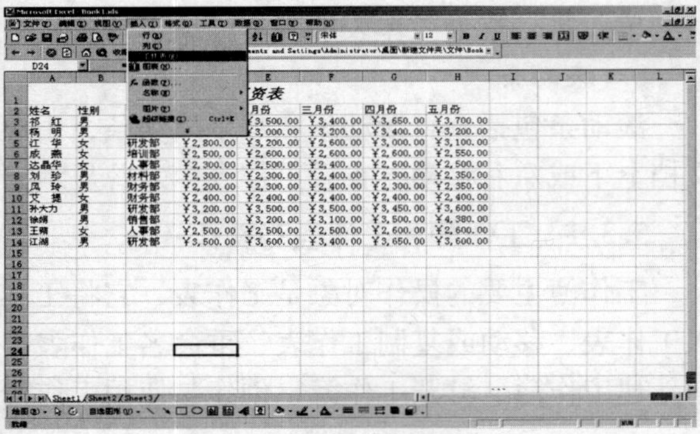

图 5－4　选择“工作表”命令

5.3.5　重命名工作表

在实际的应用中，一般不使用 Excel 默认工作表名称即 Sheet 加序号，而是给工作表取一个与工作表内容有关的名字。这样，通过工作表标签就会快速找到所需要的工作表。

要改变工作表的名字，具体操作步骤如下：

1. 双击工作表标签，如“Sheet4”，此时该标签将呈高亮显示，如图 5－5 所示。

2. 在标签上输入新的名称，如“下半年工资表”，同样也可以将 Sheet1 更名为“上半年工资表”，如图 5－6 所示。

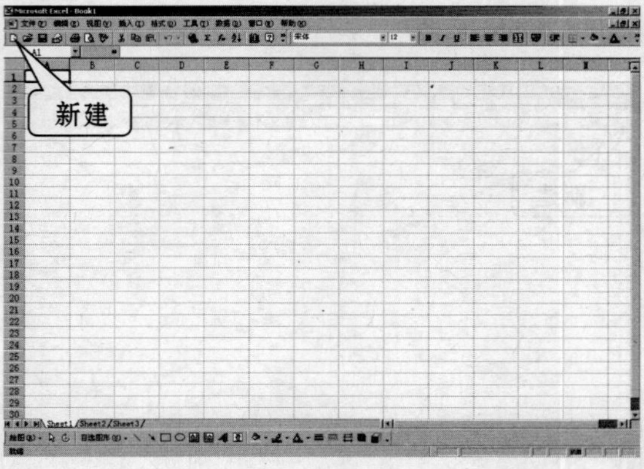

图 5－5　插入的新工作表

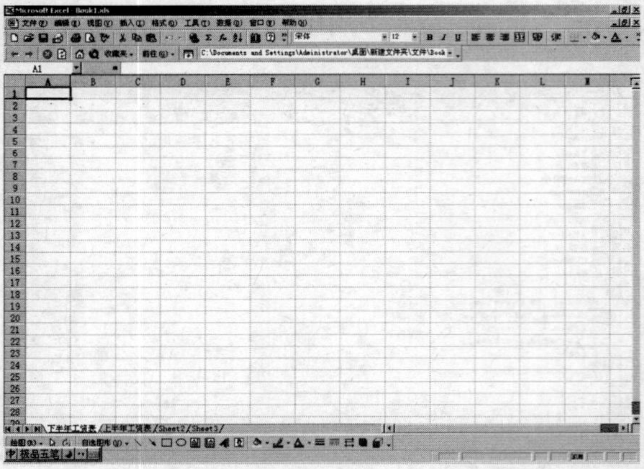

图 5－6　Sheet1 更名为“下半年工资表”

3. 也可以单击工作表标签后，选择“格式”菜单中的“重命名”命令对工作表重新命名。

5.3.6 移动工作表

1. 在同一个工作簿中移动工作表

例如调整“工资表”在工作簿中的顺序，将“下半年工资表”标签放在第一位。单击要移动位置的工作表标签，并沿着标签栏将其拖动到新的位置即可，如图 5－7 所示。

2. 将工作表移动到其他工作簿

在同一个工作簿中移动工作表操作比较简单。有时，我们需要将工作表移动到其他的工作簿中，例如，将“下半年工资表”工作表移至“年度总支出”工作簿中，具体操作步骤如下：

（1）单击要移动的工作表标签，选择“编辑”菜单中的“移动或复制工作表”命令，如图 5－8 所示。

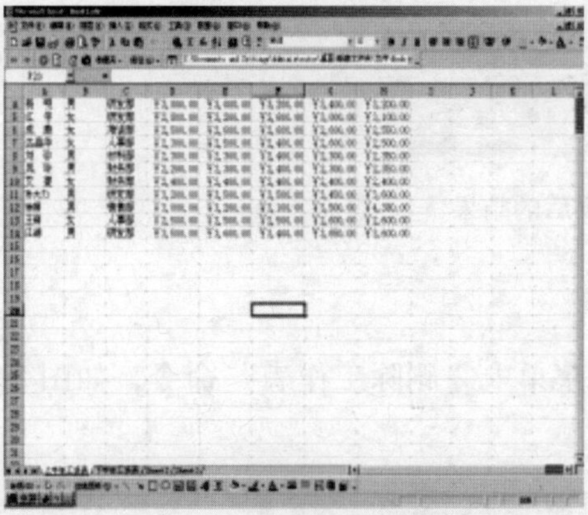

图 5－7　“上半年工资表”标签放在第一位

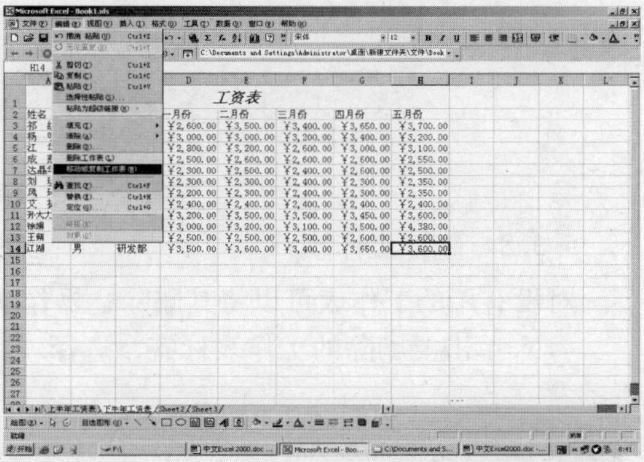

图 5－8　选择“移动或复制工作表”命令

（2）弹出如图 5－9 所示的“移动或复制工作表”对话框，在“工作簿”下拉列表框中选择目标工作簿，在“下列选定工作表之前”列表框中选择工作表放置的确切位置，单击“确定”按钮。

（3）移动工作表后的结果如图 5－10 所示。

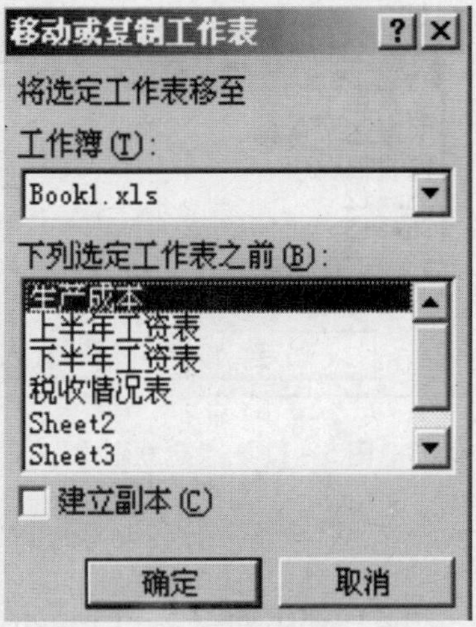

图 5－9　移动或复制工作表

5.3.7 复制工作表

复制工作表可以节省对于同类表格重新制作的时间，提高工作效率。

1. 在同一个工作簿中复制工作表

只需单击选定该工作表标签，按下 Ctrl 键后，将其沿工作表标签栏拖动到目标位置即完成复制操作。

2. 将工作表在另一个工作簿中备份

例如，在“年度总支出”工作簿中复制一份“统计表”工作表备用。具体操作步骤类似将工作表移动到另一个工作簿的操作，只是在如图 5－11 所示的对话框中选中“建立副本”项。

图 5－10　移动工作表后的结果

5.3.8　删除工作表

对没有用的工作表可以将其删除，操作步骤如下：

（1）单击要删除的工作表标签，选择“编辑”菜单中“删除工作表”命令，如图 5－12 所示。

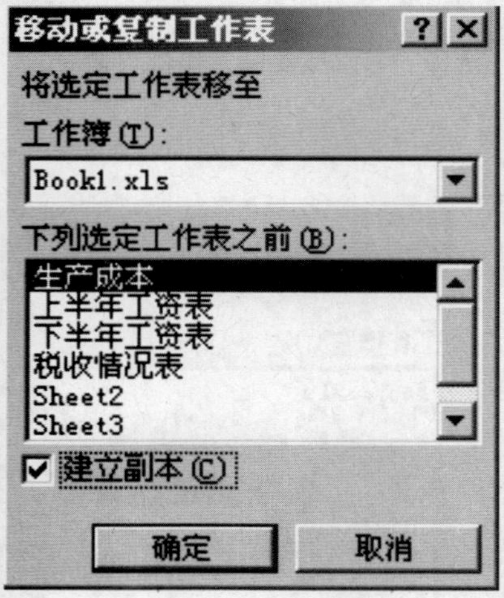

图 5－11　“建立副本”

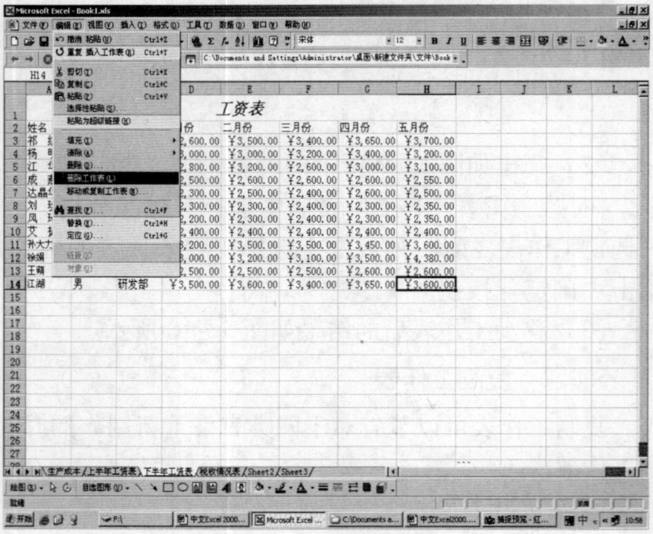

图 5－12　“删除工作表”

（2）弹出如图 5－13 所示的对话框中，如果确实要删除，单击“确定”按钮。

5.3.9　保存工作簿

当用户在新工作簿中输入信息后，为了便于以后查看和修改，需要将其保存起来。保存工作簿文件的操作步骤如下：

（1）单击“文件”菜单，选择“保存”命令。如图 5－14 所示。

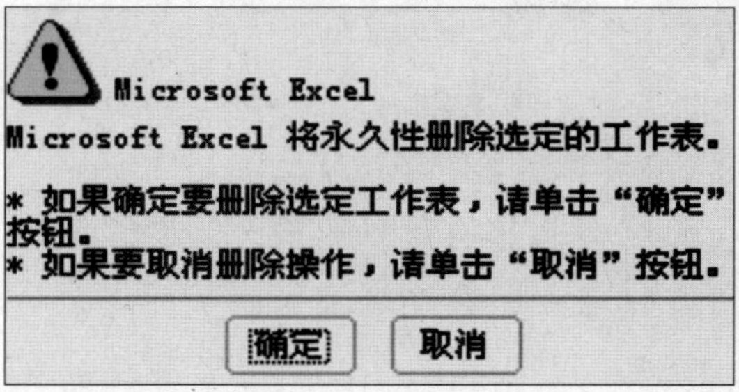

图 5－13　“删除”命令

图 5－14　选择“保存”命令

（2）弹出“另存为”对话框，如图 5－15 所示。选择保存位置，输入文件名称，单击“保存”按钮。

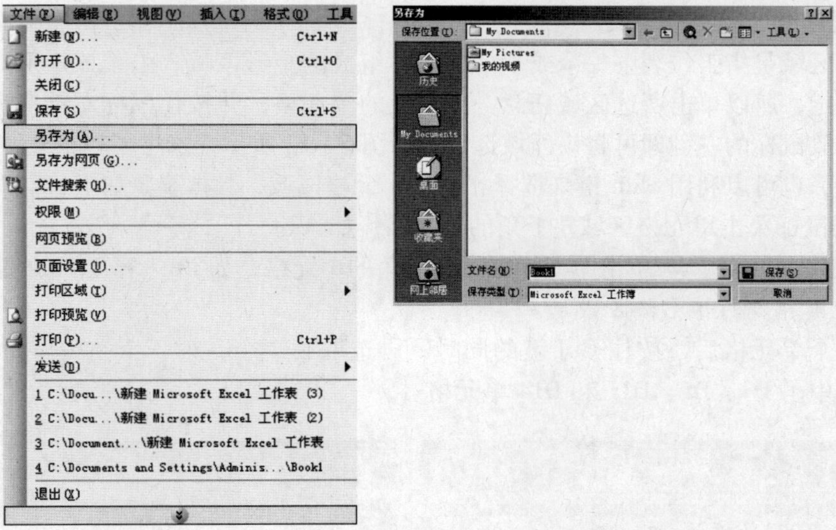

图 5－15　“另存为”对话框

5.4　工作表的编辑

5.4.1　选定单元格区域

将所要编辑的区域选定，是进行一切操作的前提，根据不同的情况，我们可以选择不同的选定方法。

1. 选定一个单元格

工作表编辑区内每行、每列的交点就是单元格，用鼠标单击它即可选定。如选定 A2 单元格，如图 5－16 所示。

图 5－16　选定 A2 单元格

2. 选定相邻的单元格区域

单元格区域是指工作表中一个或多个单元格组成的矩形区域。由于该矩形对角的两个单元格唯一确定，所以单击所选区域任意一个角上的单元格，并按住鼠标左键拖曳至此区域的对角后，释放鼠标的左键即可将该区域选定。如图 5－17 所示，选中了以 A3 和 D8 为两角的单元格区域。也可以利用 Shift 键来选择相邻的单元格区域，具体步骤如下：

（1）用鼠标单击单元格区域左上角的单元格，如 A3。

（2）按住 Shift 键，再单击单元格区域右下角的单元格，如 D8。释放 Shift 键。

3. 选定非相邻的单元格区域

选择一个单元格后，按住 Ctrl 键的同时，再选取第 2 个，第 3 个……。如图 5－18a 所示，同时选中了 D4、D5、D11 和 D14 单元格。

图 5－17　选中单元格区域

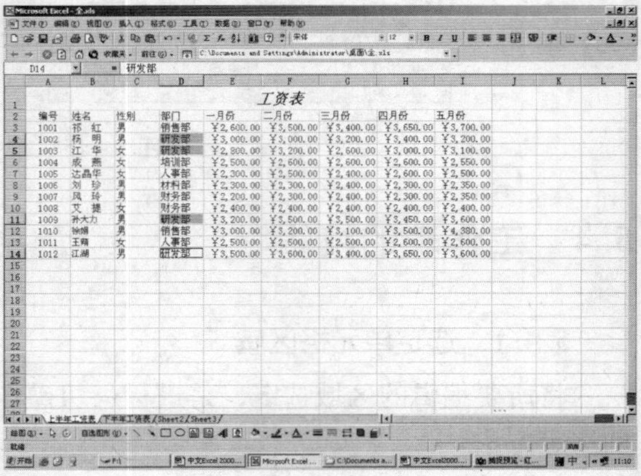

图 5－18a　选中单元格

4. 选定行或列

选定某行只需在工作表中单击该行的行号，选定某列只需在工作表上单击该列的列号即可。

5. 选定整张工作表

在每个工作表的行号和列标的交叉处有一全选按钮，单击该按钮可以选定整张工作表。如图 5－18b 所示。

5.4.2　插入和删除单元格

1. 插入单元格

在工作表中输入数据时，可能会出现需要在工作表中插入一些内容的情况，以适应新的要求。插入单元格步骤如下：

（1）单击要插入单元格的位置。

（2）单击“插入”菜单，选择“单元格”命令，如图 5－19 所示。

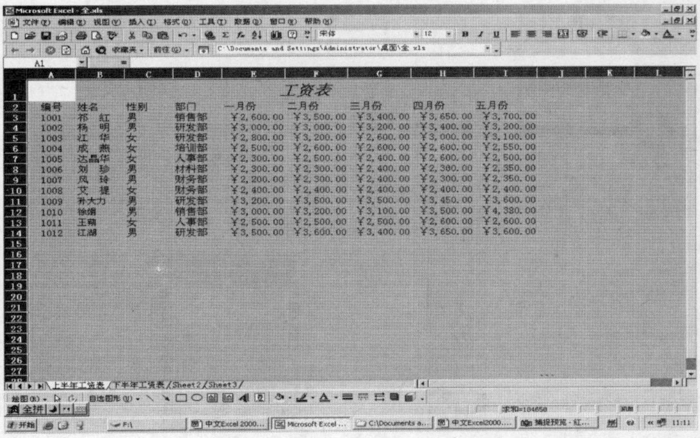

图 5－18b　选定整张工作表

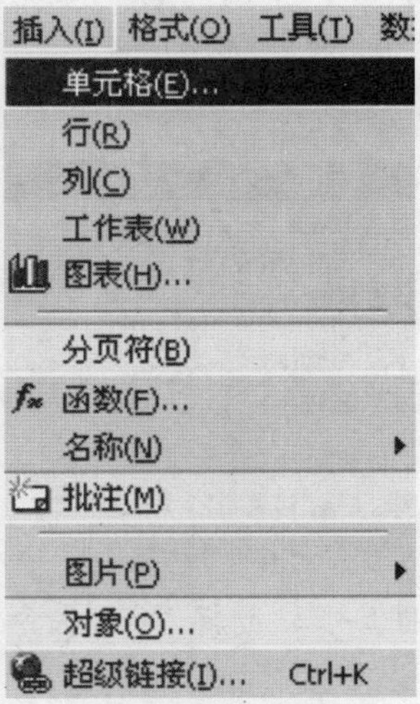

图 5－19　插入单元格

（3）弹出“插入”对话框，如图 5－20 所示。选择单元格的插入方式。

（4）单击“确定”按钮，则按照设定的方式插入单元格。

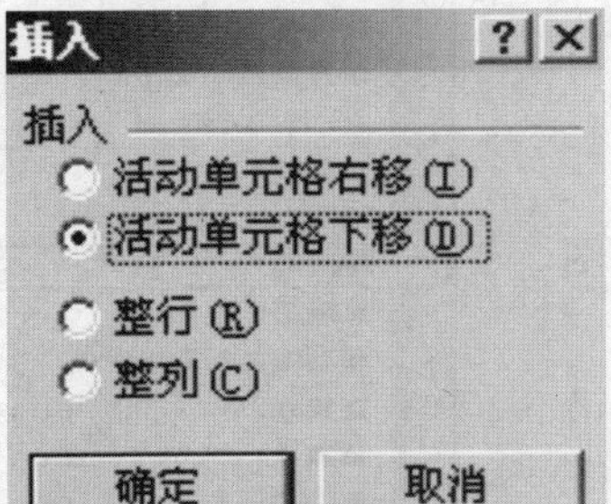

图 5－20　“插入”对话框

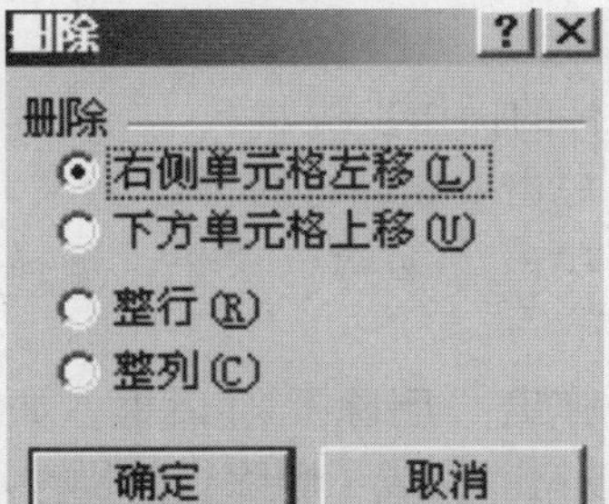

图 5－21　“删除”对话框

2. 删除单元格

删除单元格不但会删去数据，而且还会用其右边或下方的单元格把区域填充。删除单元格的操作步骤如下：

（1）单击要删除的单元格。

（2）单击“编辑”菜单，选择“删除”命令，弹出“删除”对话框，如图5－21所示，选择单元格的删除方式。

（3）单击“确定”按钮，则按照设定的方式删除单元格。

5.4.3 插入和删除行、列

1. 插入行

插入行的操作步骤如下：

（1）单击要插入行的位置。

（2）单击“插入”菜单，选择“行”命令，如图5－22所示。

（3）单击“行”命令后，屏幕显示插入行的结果，如图5－23所示。

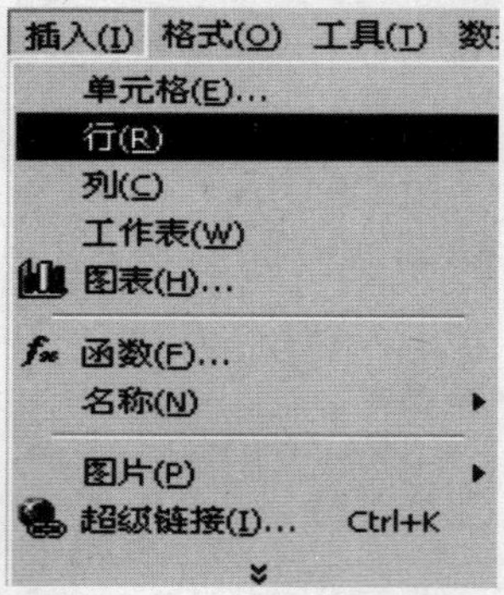

图5－22 选择“行”命令

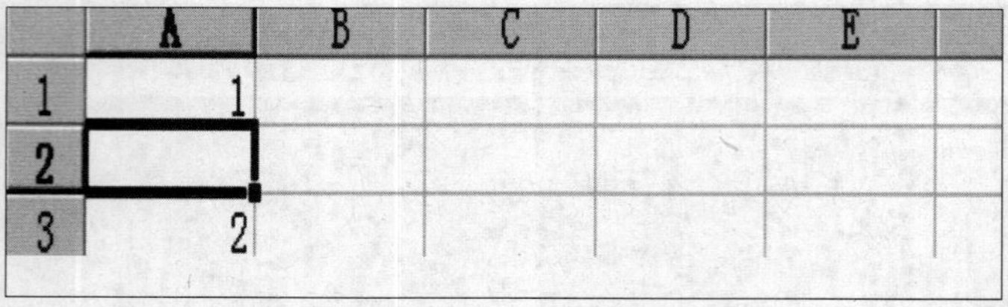

图5－23 插入行的结果

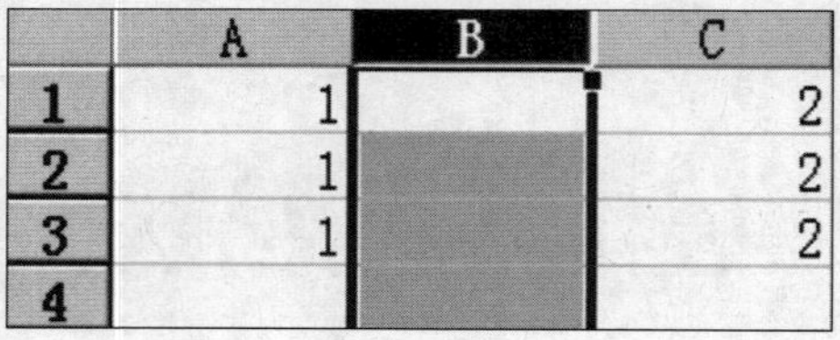

图5－24 插入列

2. 插入列

插入列的操作步骤如下：

（1）单击要插入列的位置，例如第B列。

（2）单击“插入”菜单，选择“列”命令，屏幕显示插入列的结果，如图5－24所示。

3. 删除行

删除行的操作步骤如下：

（1）单击要删除行的行号。

（2）单击“编辑”菜单，选择“删除”命令，如图5－25所示。

（3）弹出“删除”对话框，如图5－26所示，单击“确定”按钮。完成了删除行的操作。

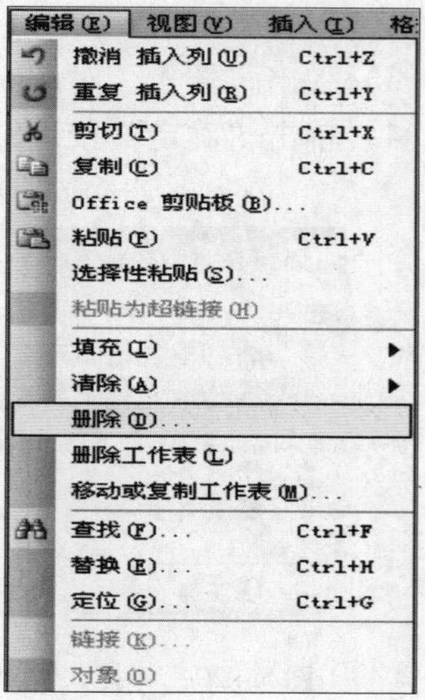

图5－25 选择“删除”命令

4. 删除列

删除列的操作步骤如下：

（1）单击要删除列的列标，例如第E列。

（2）单击“编辑”菜单，选择“删除”命令。

（3）弹出“删除”对话框，如图 5－27 所示，单击“确定”按钮。完成了删除列的操作。

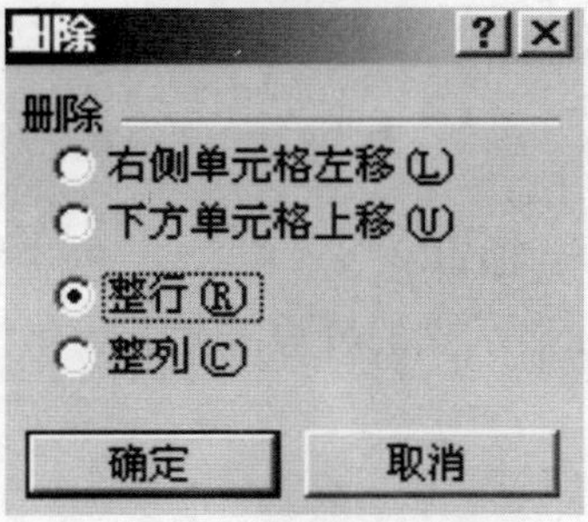

图 5－26　删除行

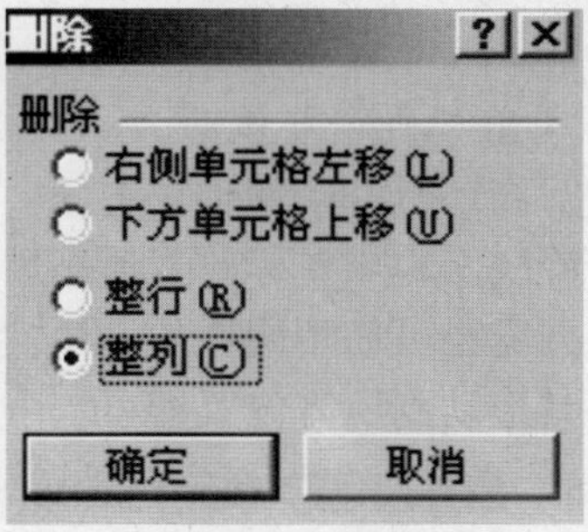

图 5－27　删除列

5.4.4　调整行高和列宽

重新调整行高和列宽可以使工作表变得更加多样化，以适合各种需要。

1. 调整行高

调整行高的具体操作步骤如下：

（1）单击要调整行高所在的行。

（2）单击“格式”菜单，单击“行”中的“行高”命令，如图 5－28 所示。

（3）弹出“行高”对话框，如图 5－29 所示。输入要设定的行高。

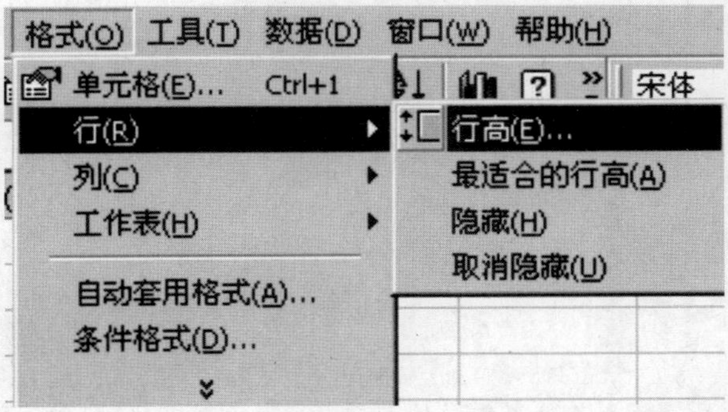

图 5－28　选择“行高”命令

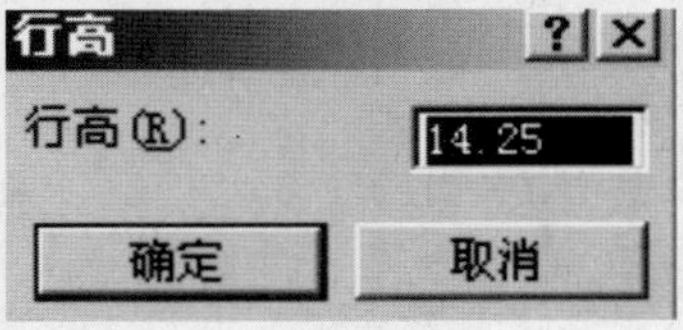

图 5－29　“行高”对话框

（4）单击“确定”按钮，调整行高的结果如图 5－30 所示。

调整前　　调整后

图 5－30　调整行高效果

2. 调整列宽

调整列宽的具体步骤如下：

(1) 单击要调整列宽所在的列，例如第 A 列。

(2) 单击“格式”菜单，单击“列宽”命令，弹出“列宽”对话框，如图 5－31 所示。

(3) 输入要设定的列宽。

(4) 单击“确定”按钮。

图 5－31　“列宽”对话框

调整行高还有一个简便的方法：将鼠标指针移到行号显示栏的分界线上，当鼠标改变形态后，将其拖动到所需位置即可。

调整列宽也可使用同样的方法：将鼠标指针移到列标显示栏的分界线上，当鼠标改变形状后，将其拖动到所需位置即可。

5.4.5　合并及居中单元格

合并及居中单元格是将相邻的单元格合并为一个单元格，合并后，只保留所选区域左上角单元格中的数据内容，且该内容会在选定的整个区域内居中排列。

例如，在 F1 单元格中包含有“工资表”标题，将 A1 至 I1 单元格区域合并为一个单元格，并将标题居中排列。具体操作步骤如下：选定要进行合并的单元格区域，单击“常用工具栏”上的“合并及居中”按钮，如图 5－32 所示。合并及居中单元格的效果如图 5－33 所示。

图 5－32　合并及居中单元格

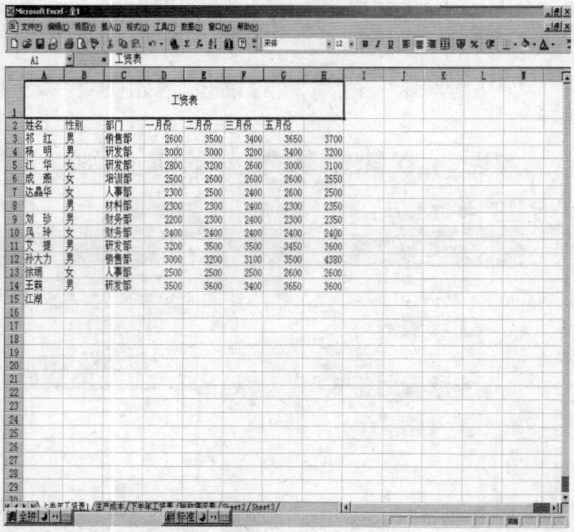

图 5－33　合并及居中单元格的效果

5.5　数据的编辑

5.5.1　清除单元格数据

清除单元格和删除单元格不同。删除单元格是将选定的单元格从工作表中移去，同时对被删除单元格相邻的单元格作出相应的位置调整，而清除单元格只是从工作表中移去了单元格中的内容，单元格本身还留在工作表上。清除单元格的操作步骤如下：

(1) 单击要清除数据的单元格。

(2) 选择“编辑”菜单中的“清除”子菜单下的“内容”命令，如图 5－34 所示。

（3）清除单元格中的数据，如图 5－35 所示。

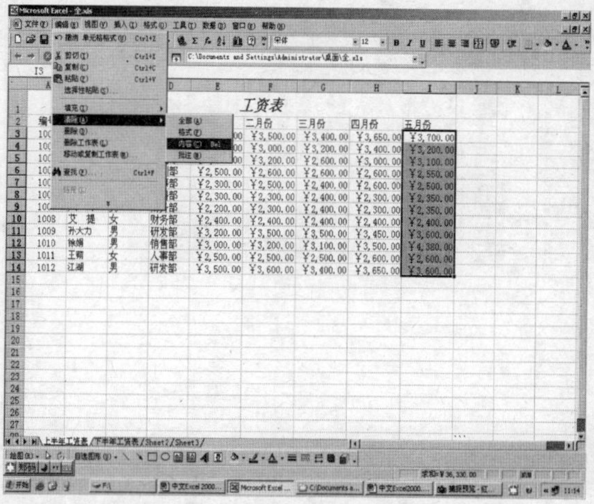

图 5－34　选择“清除”子菜单下的“内容”命令

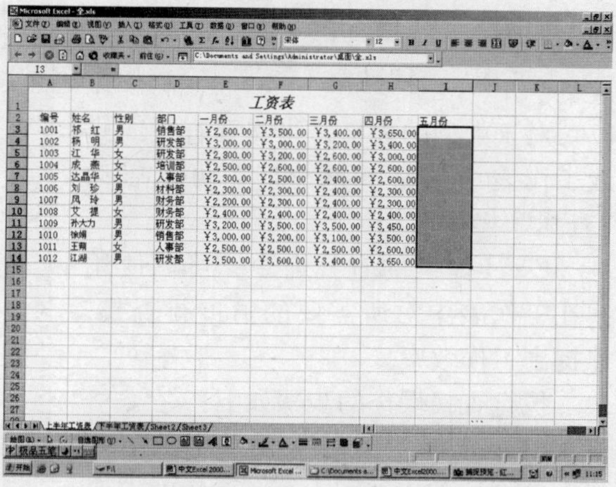

图 5－35　清除单元格中的数据

5.5.2　复制单元格数据

数据的复制，就是将工作表中的一个单元格或区域中的数据复制到另一个单元格或区域中。数据复制到目标位置后，原来区域的数据仍存在。如果目标区域已存在数据，系统直接将目标区域的数据覆盖。复制单元格数据可减少用户的键盘输入量，是提高表格制作效率的有效方法。复制单元格数据的操作步骤如下：

（1）选定要复制数据的单元格或单元格区域。

（2）选择“编辑”菜单中的“复制”命令。

（3）选定目标单元格或单元格区域，选择“编辑”菜单中的“粘贴”命令，复制的结果如图 5－36 所示。

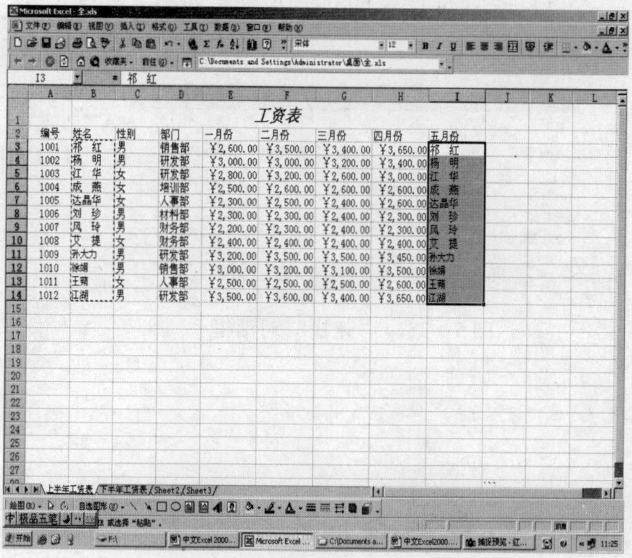

图 5－36　复制单元格数据

5.5.3　移动单元格数据

数据的移动，就是将工作表中的一个单元格或区域中数据移动到目标位置后，原来区域的数据被清除。如果目标区域已存在数据，系统将弹出询问窗口，询问“是否替换单元格中的内容”，在得到确认后才替换，否则将取消移动操作。

移动单元格数据的操作步骤如下：

（1）选定要移动数据的单元格或单元格区域。

（2）选择“编辑”菜单中的“剪切”命令。

(3) 选定目标单元格或单元格区域，选择“编辑”菜单中“粘贴”命令，如图5－37所示。

图5－37　移动单元格数据

5.5.4　查找数据

对于大型的表格，当需要查找或修改工作表中的某些部分时，可以启动“查找”操作。

Excel提供的查找命令，可以使用户在工作表中对所需要的值进行查找，以提高工作效率。

执行查找操作的步骤如下：

(1) 选择“编辑”菜单中的“查找”命令，弹出如图5－38所示的“查找”对话框。

(2) 在对话框中输入查找的内容，如“刘珍”，单击“查找下一个”按钮。

(3) 找到符合条件的单元格，如图5－39所示。

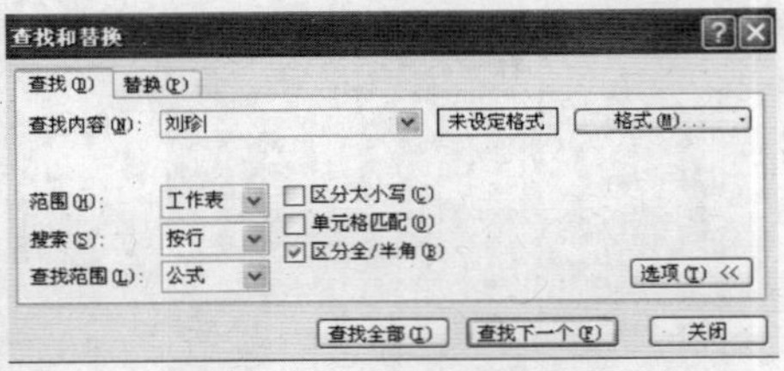

图5－38　“查找”对话框

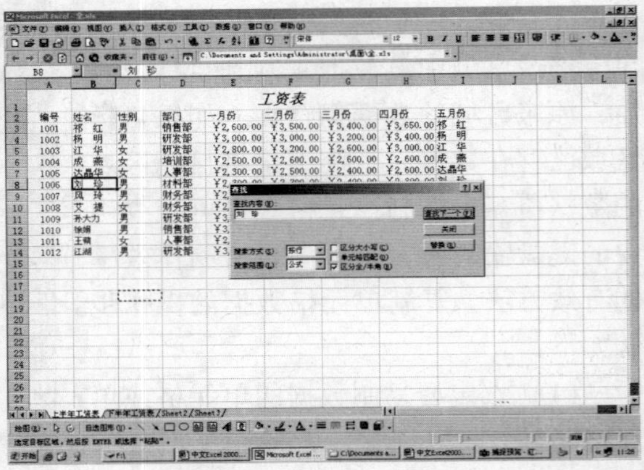

图5－39　找到符合条件的单元格

5.5.5　替换数据

Excel提供的替换命令，可以使用户在工作表中对所需要的值进行查找，并且还可将查找到的值用另外的值去替换它。执行替换操作的步骤如下：

(1) 选择“编辑”菜单中的“替换”命令，弹出如图5－40所示的“替换”对话框。

(2) 在对话框中分别输入查找内容，如“刘珍”。输入替换内容，如“张珍”，然后单击“替换”按钮。

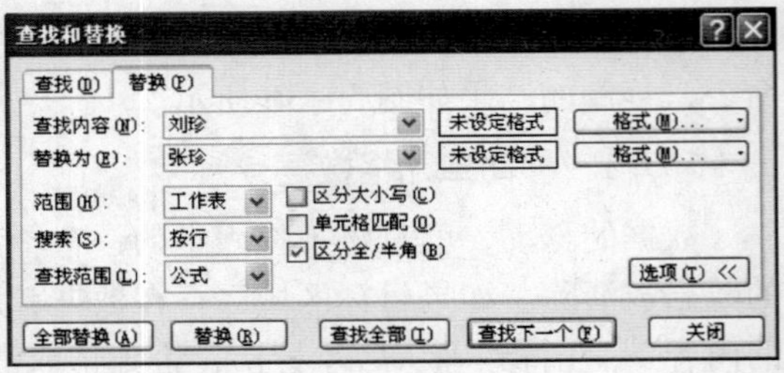

图5－40　“替换”对话框

替换后的结果如图 5－41 所示。

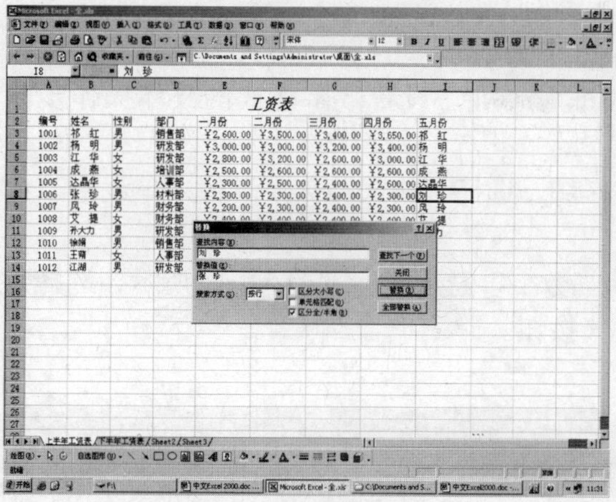

图 5－41　替换后的结果

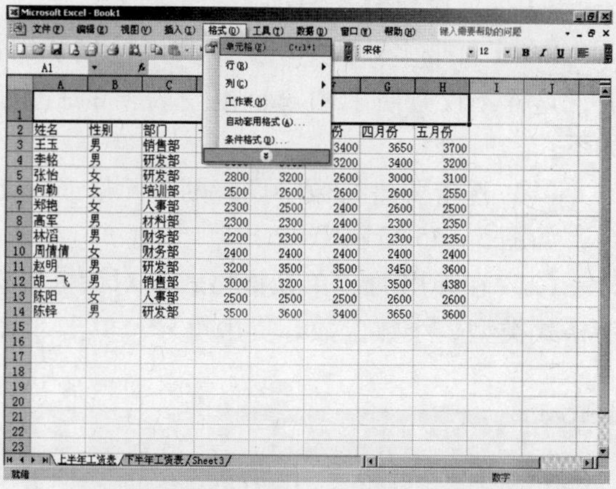

图 5－42　选择“单元格”命令

5.6　工作表的格式

5.6.1　设置字符格式

可以对单元格数据的字体、字形、字号、颜色、下划线、特殊效果等格式进行定义。

具体操作步骤如下：

（1）选定要设置字符格式的单元格或单元格区域，选择“格式”菜单中的“单元格”命令，如图 5－42 所示。

（2）弹出如图 5－43 所示的“单元格格式”对话框，选择“字体”选项卡。

（3）设置字体、字形、字号、下划线和颜色，单击“确定”按钮。

设置字符格式后的工作表的效果如图 5－44 所示。

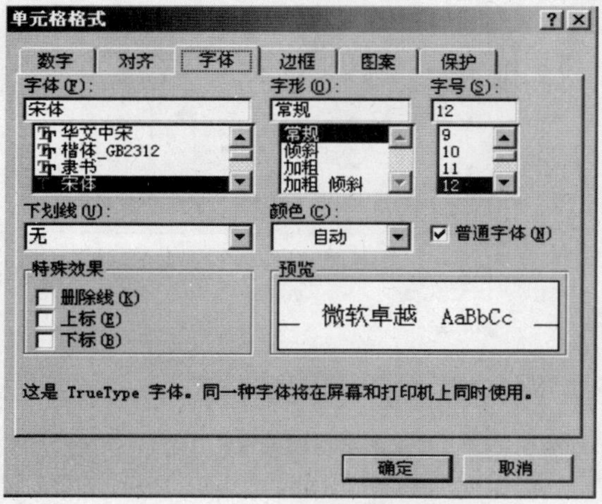

图 5－43　“单元格格式”对话框

图 5－44　设置字符格式效果

5.6.2 设置数字格式

Excel 自带多种数字格式，其中包括货币格式、日期格式、百分比格式、会计专用格式等，这样不仅方便了用户，也使表格的制作显得非常专业。设置数字格式的具体操作步骤如下：

（1）选定要进行数字设置的单元格或单元格区域，选择“格式”菜单下的“单元格”命令，如图 5－45 所示。

（2）在弹出的“单元格格式”对话框中选择“数字”选项卡，如图 5－46 所示，选择数字格式类型、小数位数、货币符号，单击“确定”按钮。

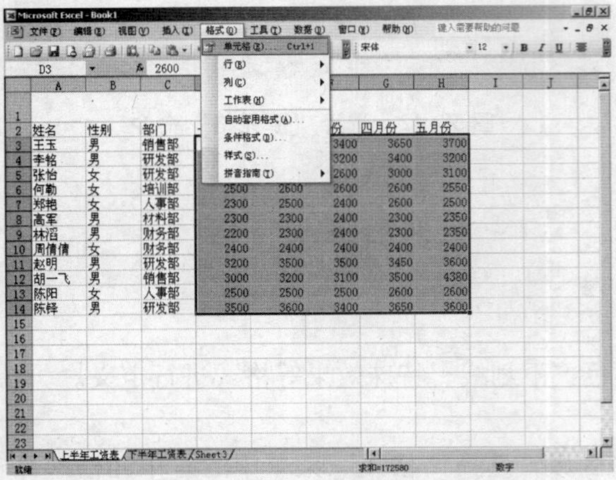

图 5－45 选择“单元格”命令

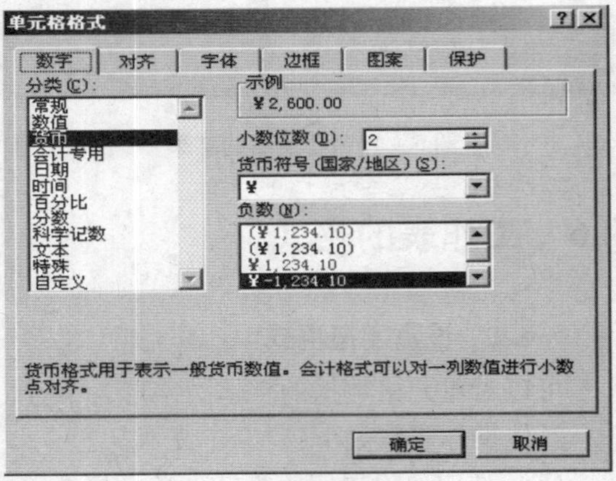

图 5－46 “单元格格式”对话框

设置数字格式后的工作表的效果如图 5－47 所示。

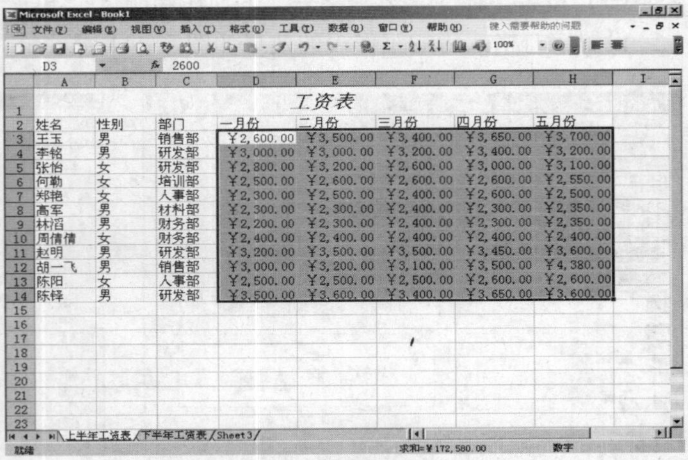

图 5－47 设置数字格式效果

5.6.3 设置数据对齐方式

可以设置单元格或区域内的数据值的对齐方式。缺省情况下，文本为左对齐，而数字则为右对齐。具体操作步骤如下：

（1）选定要进行设置对齐方式的单元格或单元格区域，选择“格式”菜单中的“格式”命令。

（2）在弹出“单元格格式”的对话框中，选择“对齐”选项卡，如图 5－48 所示，选择水平对齐方式或垂直对齐方式，单击“确定”按钮。

设置数据居中后的效果如图 5－49 所示。

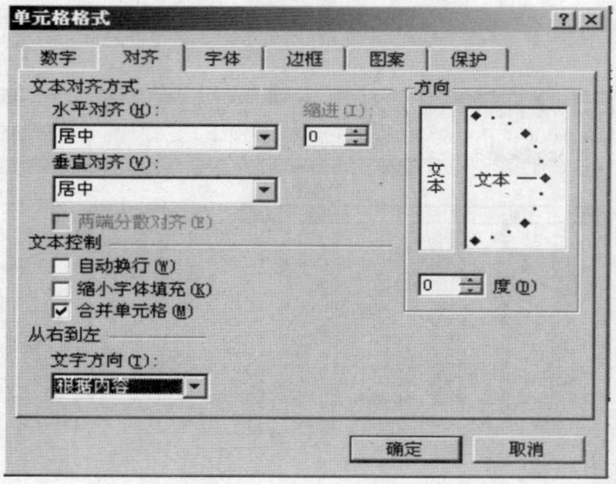

图 5－48 “单元格格式”对话框

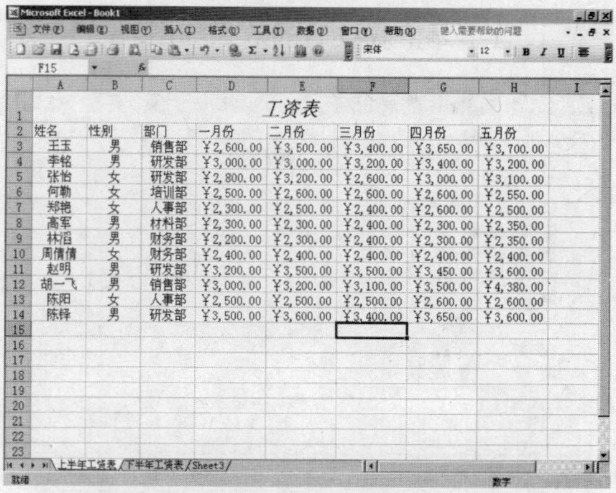

图 5－49 设置居中效果

5.6.4 设置单元格边框

为单元格添加边框，可以使重要的或特殊的数据内容更加醒目。操作步骤如下：

（1）选定要进行边框设置的单元格或单元格区域，选择“格式”菜单中的“单元格”命令。

（2）在弹出的“单元格格式”对话框中选择“边框”选项卡，如图 5－50 所示，选择边框的样式、线条和颜色，单击“确定”按钮。

设置单元格边框后的效果如图 5－51 所示。

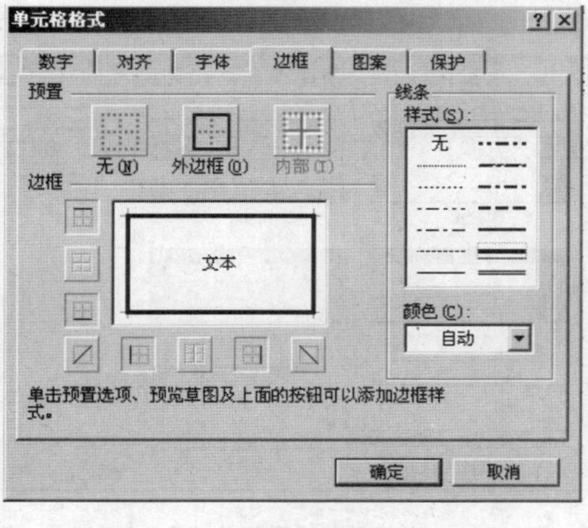

图 5－50 “单元格格式”对话框

图 5－51 设置边框效果

5.6.5 设置单元格底纹

单元格的底纹可以衬托其中的数据内容，使电子表格显得更加生动。具体操作步骤如下：

（1）选定要进行底纹设置的单元格或单元格区域，选择“格式”菜单中的“单元格”命令。

（2）在弹出的“单元格格式”对话框中，选择“图案”选项卡，如图 5－52 所示，选择单元格底纹的颜色和图案后，单击“确定”按钮。

设置单元格底纹后的效果如图5－53所示。

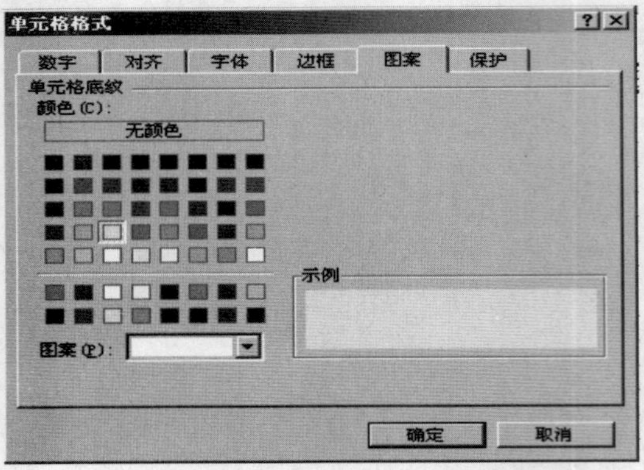

图5－52　“单元格格式”对话框

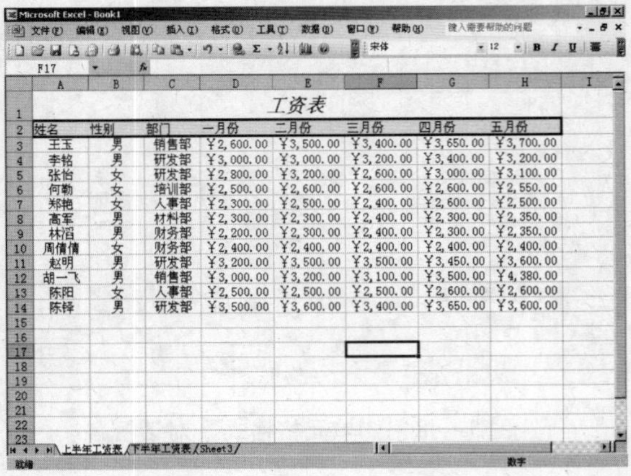

图5－53　设置底纹效果

5.6.6　自动套用格式

为了提高工作效率，Excel 还预先为用户设定了许多常用的格式，学会自动套用它们可以使制表工作更快。自动套用格式的操作步骤如下：

（1）选定要设置自动套用格式的单元格区域，选择“格式”菜单中的“自动套用格式”命令，如图5－54所示。

（2）在弹出的“自动套用格式”对话框中选择一种格式，单击“确定”按钮，如图5－55所示。

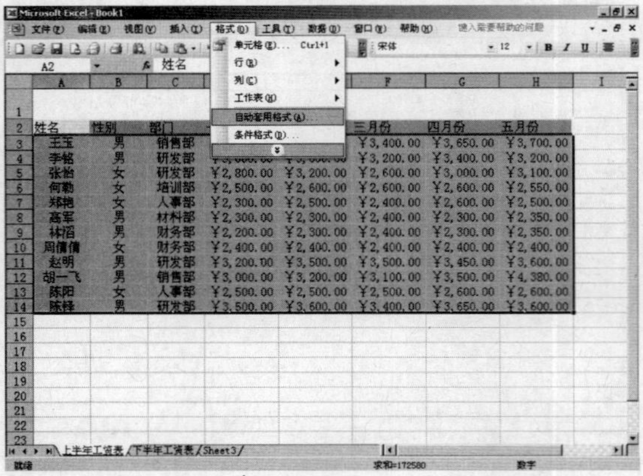

图5－54　选择“自动套用格式”命令

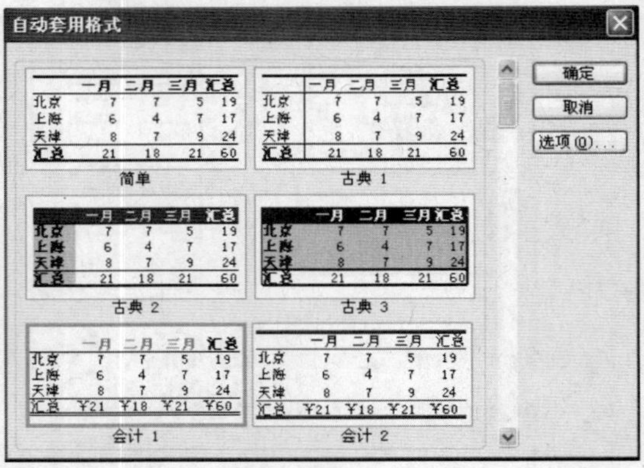

图5－55　“自动套用格式”对话框

设置自动套用格式后的效果如图5－56所示。

5.7　数据管理

Excel 的数据管理功能包括数据的排序、筛选、分类汇总等。这些功能不仅可以提高我们对数据进行运算比较的效率，还可以使表格内容更加饱满细腻。

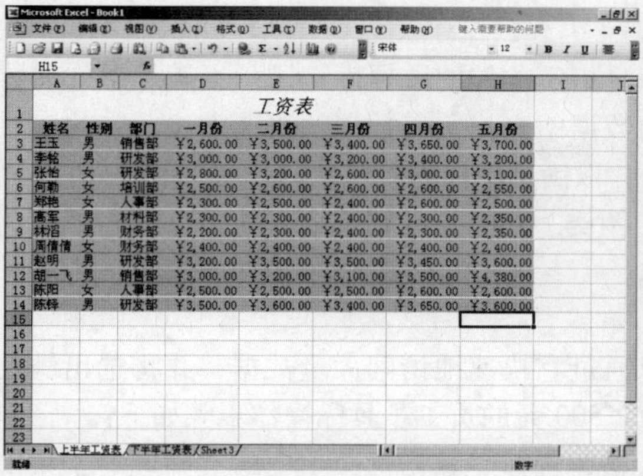

图 5－56　自动套用格式效果

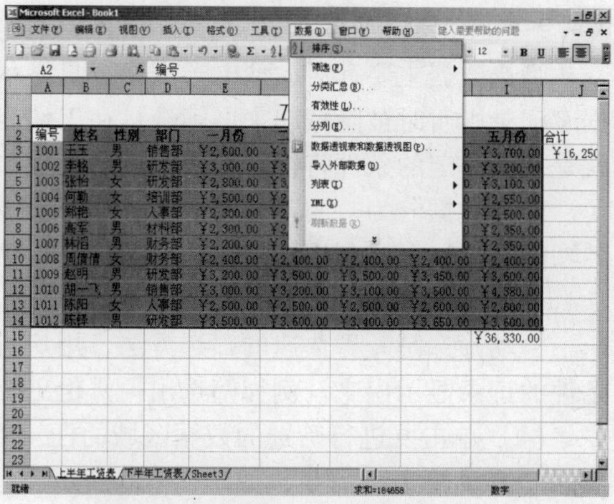

图 5－57　选择“排序”命令

5.7.1　数据排序

在工作表中，经常需要将数据选项按照一定的要求排序，如将一月份工资按照从高到低的顺序进行排序。具体操作步骤如下：

（1）选定需要排序的单元格区域，选择“数据”菜单中的“排序”命令，如图 5－57 所示。

（2）弹出如图 5－58 所示的“排序”对话框，分别输入排序的主要关键字、次要关键字和第三关键字，并选择排序方式为“降序”。

（3）单击“确定”按钮，排序结果如图 5－59 所示。

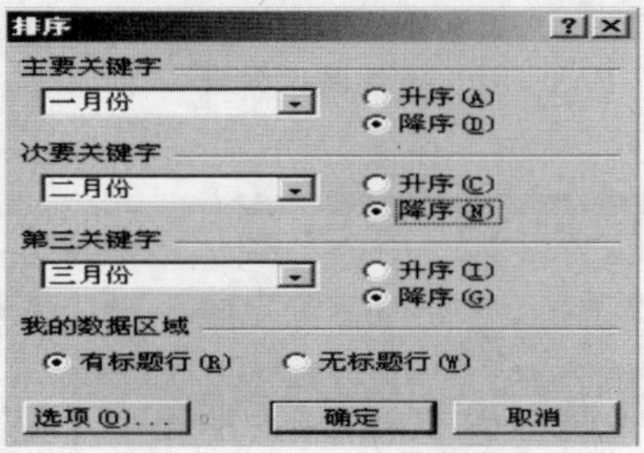

图 5－58　“排序”对话框

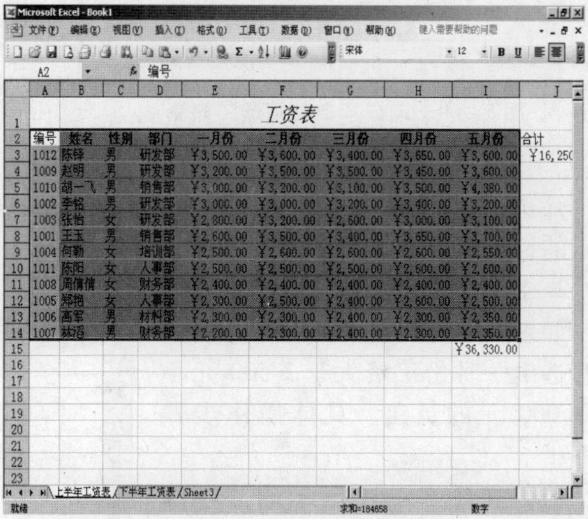

图 5－59　排序结果

如果要对一列数据进行排序，可以单击“常用工具栏”上的升序和降序按钮，进行排序。

5.7.2 数据筛选

筛选数据主要针对大型电子表格，只显示满足指定条件的数据库记录，不满足条件的数据库记录则暂时被隐藏起来。筛选是在工作表的数据中查找所需数据的快速方法，它的实质就是按照一定的条件将符合条件的数据查找出来，以满足用户的需要。

筛选数据分为“自动筛选”和“高级筛选”两类。其中自动筛选比较简单，而高级筛选的功能强大，可以利用复杂的筛选条件进行筛选。

1. 自动筛选

自动筛选是一种快速的筛选方法，用户可以通过它快速地访问大量数据，并将选出满足条件的记录显示出来。例如筛选出一月份工资为 2 500 元的员工。具体操作步骤如下：

（1）单击要进行筛选的数据区域的任一单元格，选择“数据”菜单中的“筛选”子菜单下的“自动筛选”命令，如图 5－60 所示。

（2）选定区域的第一行字段名的右侧会出现一个向下的箭头，单击筛选条件项右侧箭头，选择“￥2 500. 00”，如图 5－61 所示。

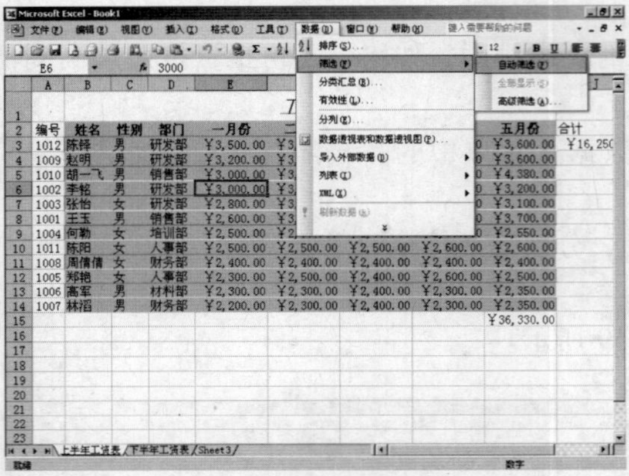

图 5－60　选择“自动筛选”命令

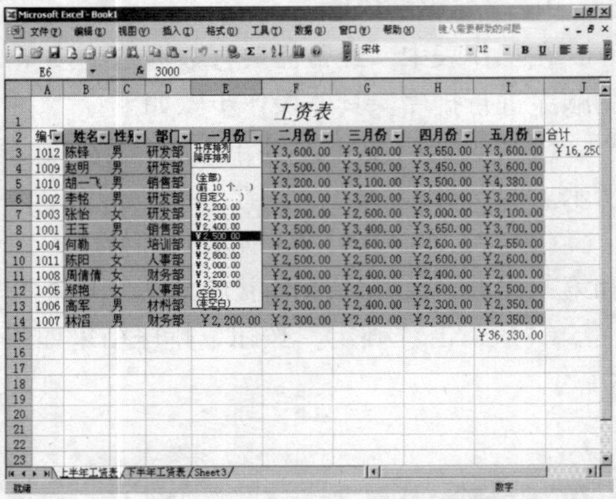

图 5－61　选择筛选条件

筛选后的结果如图 5－62 所示，显示的记录的行号呈蓝色。

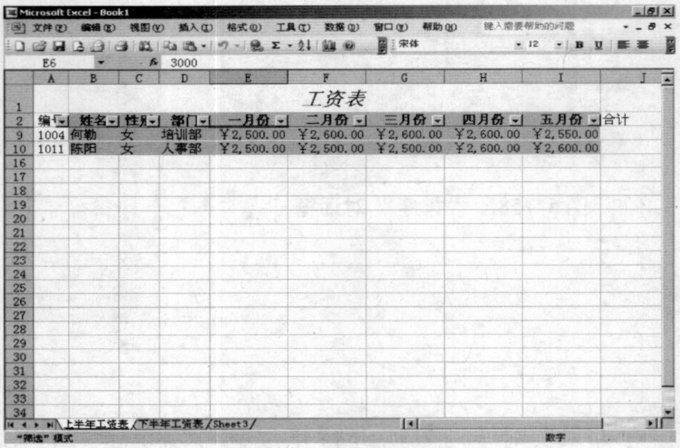

图 5－62　筛选结果

2. 自定义自动筛选

如果要进行更复杂的筛选，例如要筛选出一月份工资大于 2 500 元小于 3 000 元的员工。具体操作步骤如下：

（1）在图 5－61 所示的“字段名”下拉列表中选择“自定义”选项，弹出如图 5－63 所示的“自定义自动筛选方式”对话框。

（2）输入筛选条件，单击“确定”按钮。

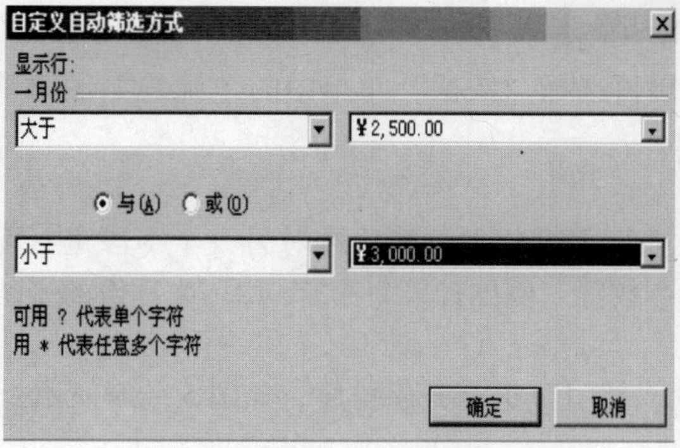

图 5－63　“自定义自动筛选方式”对话框

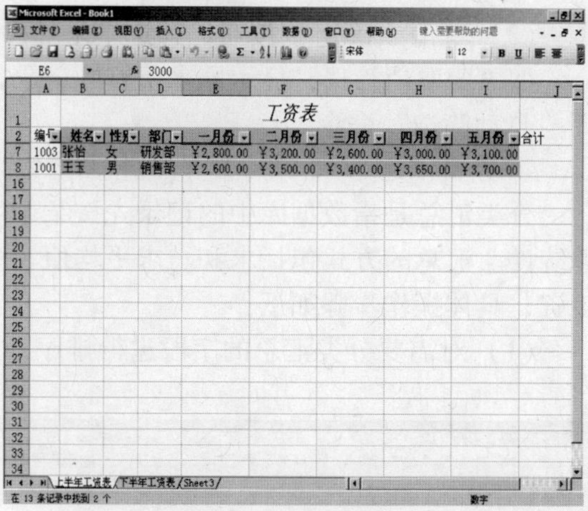

图 5－64　自定义自动筛选结果

筛选后的结果如图 5－64 所示。

3. 高级筛选

使用自动筛选命令寻找合乎准则的记录方便又快速，但寻找条件不能太复杂，如果要执行较复杂的寻找，如要筛选出每月的工资都大于3 000 元的员工，就必须使用高级筛选命令。

高级筛选命令要求在一个与数据区域不同的工作表区域里指定筛选条件，这个区域称为条件区域。因为当执行筛选程序时整行被隐藏，所以，建议不把条件区域沿着数据区域放置，而应把它放在整个数据区域之上或之下，并且最好空一行。

执行高级筛选的操作步骤如下：

（1）建立条件区域，输入筛选条件，如图 5－65 所示。

（2）单击数据区域的任一单元格，选择“数据”菜单中的“筛选”子菜单下的“高级筛选”命令。弹出如图 5－66 所示的“高级筛选”对话框。分别单击“列表区域”和“条件区域”右侧的按钮，选择数据区域和条件区域。

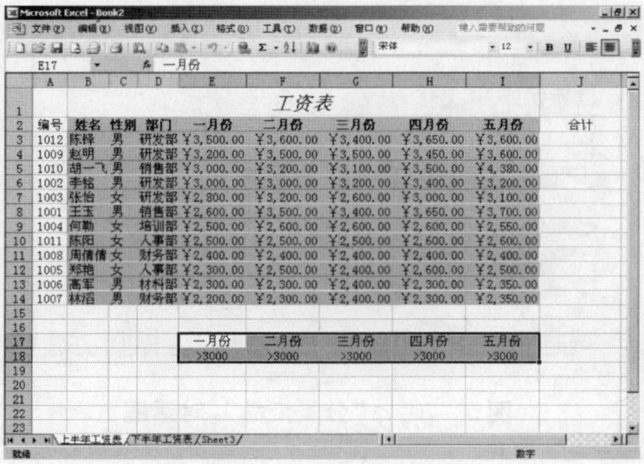

图 5－65　建立条件区域

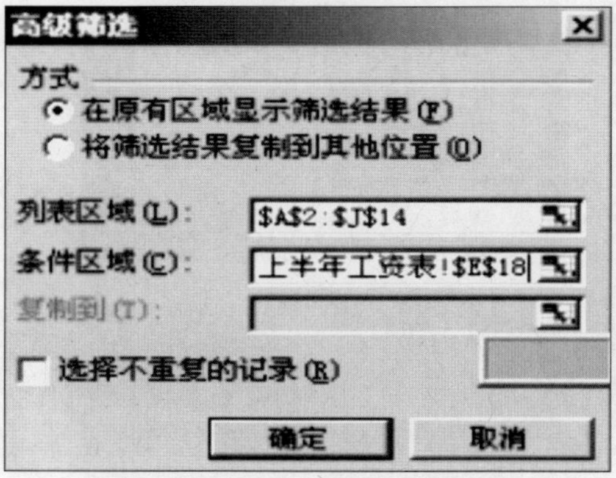

图 5－66　“高级筛选”对话框

（3）单击“确定”按钮，筛选结果如图 5－67 所示。

如果要取消筛选，显示原来所有的记录，可以再选择“数据”菜单中的“筛选”子菜单下“自动筛选”命令。

4. 分类汇总

分类汇总是指数据库中的记录先按某个字段进行排序分类，然后再对另一个字段进行汇总统计。汇总的方式包括求和、求平均值、统计个数等。例如计算每个部门 1～5 月份的平均工资，具体操作步骤如下：

（1）对需要分类汇总的字段进行排序，如对“部门”进行升序排序，如图 5－68 所示。

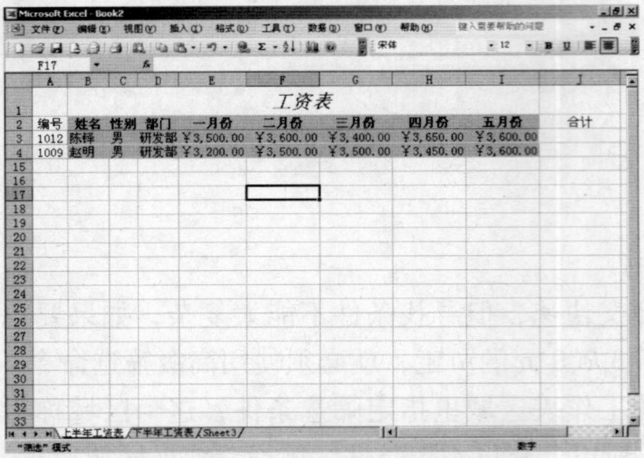

图 5－67　筛选结果

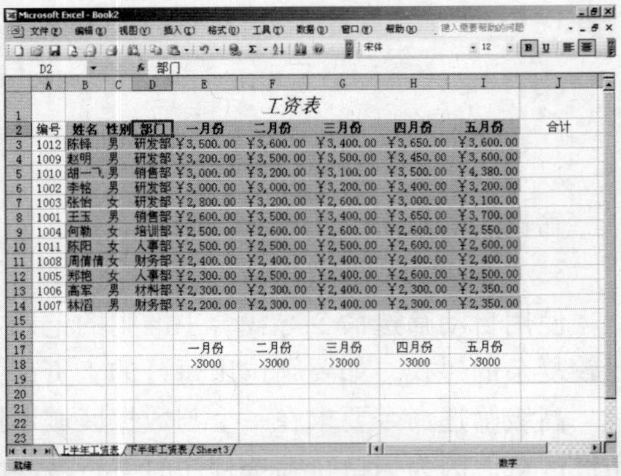

图 5－68　对数据进行排序

（2）选择“数据”菜单中的“分类汇总”命令，如图 5－69 所示。

（3）弹出如图 5－70 所示的“分类汇总”对话框，选择分类字段、汇总方式等。

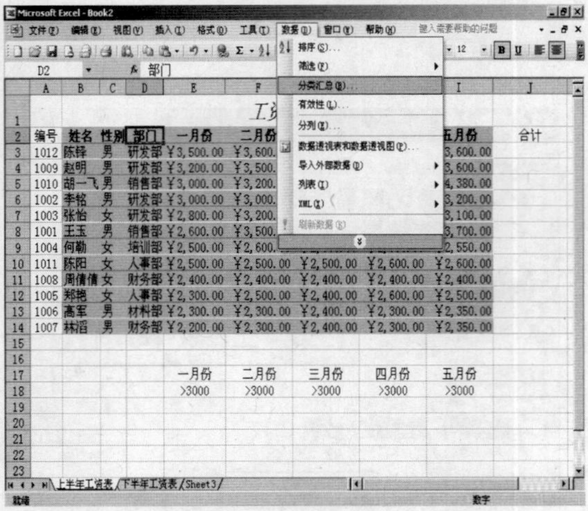

图 5－69　选择“分类汇总”命令

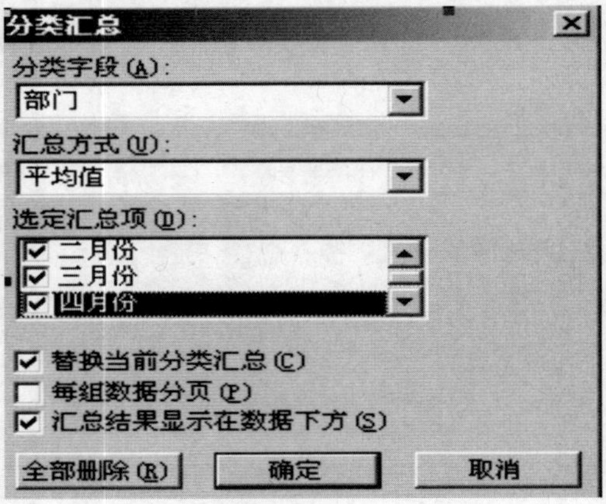

图 5－70　“分类汇总”对话框

（4）单击“确定”按钮，分类汇总结果如图 5 – 71 所示。

5. 分级显示

分级显示是对工作表中的数据进行人工分级，这样可以更好地将工作表中的明细数据显示出来。在建立数据清单分类汇总的同时，在工作表的左侧会出现一些数字序号，这就是分级显示的控制按钮，可以利用这些控制按钮对数据进行分级显示。具体操作步骤如下：

（1）单击数字序号按钮，只显示一级数据，如总计，如图 5 – 72 所示。

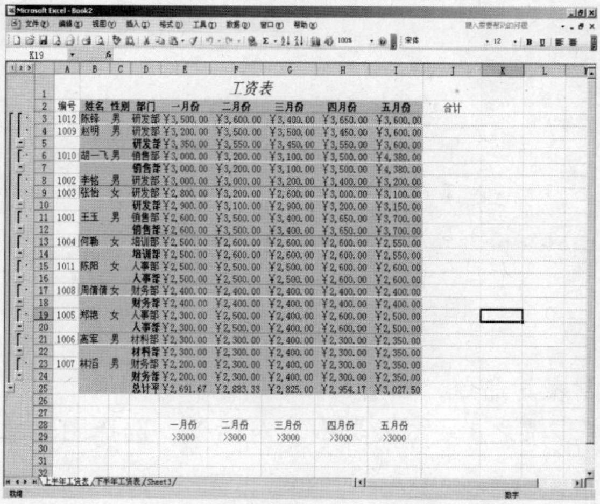

图 5 – 71　分类汇总结果

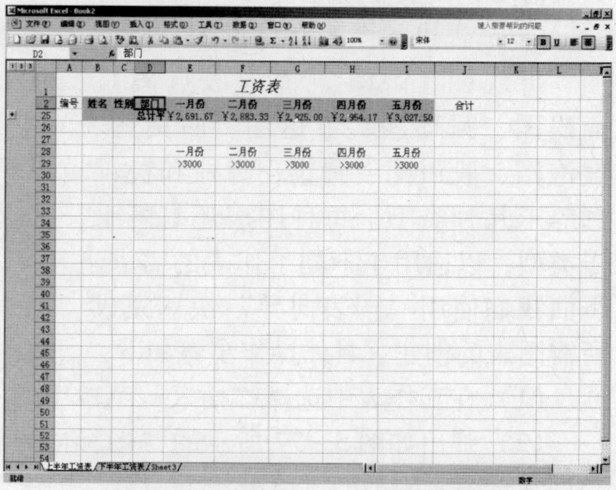

图 5 – 72　第一级显示

（2）单击数字序号按钮，显示一级和二级数据，如图 5 – 73 所示。

（3）单击数字序号按钮，显示前三级数据，如图 5 – 74 所示。

图 5 – 73　第二级显示

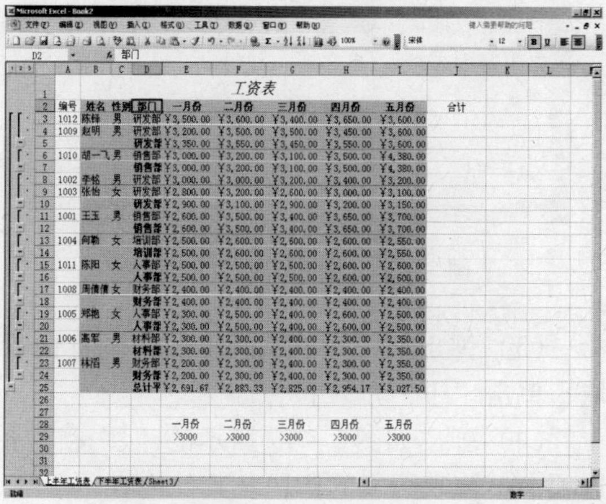

图 5 – 74　第三级显示

也可以利用数字序号按钮来完成上面的操作。单击显示明细数据的数字序号按钮，则显示出了数据清单中的明细数据，如图 5 – 75 所示。单击隐藏明细数据的数字序号按钮，可以在数据清单中隐藏明细数据。

5.8 图表

5.8.1 使用图表向导创建图表

利用图表的形式表现工作表中的数据清单，使数据更加直观。

Excel 提供的图表有柱形图、条形图、折线图、饼图、XY（散点图）、面积图、圆环图、雷达图、曲面图、气泡图、股市图、圆锥、圆柱和棱锥图等十几种类型，每种图表还有若干子类型，以适用于不同工作表的需求。下面我们使用“图表向导”快速完成所需图表的创建。具体操作步骤如下：

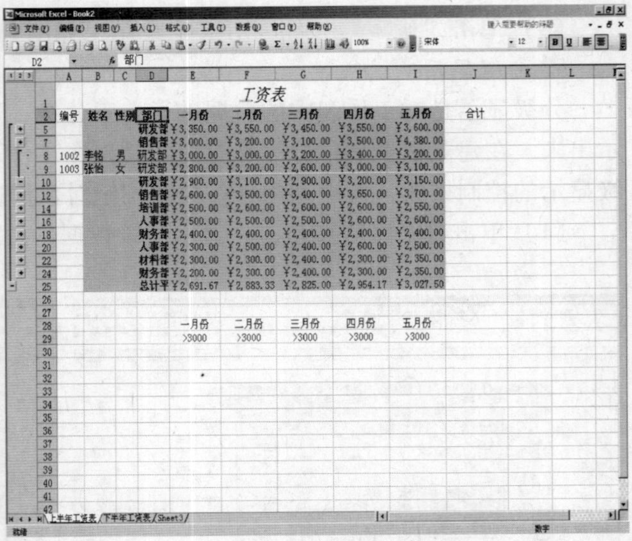

图 5－75　分类显示

（1）在工作表中选择“插入”菜单中的“图表”命令，如图 5－76 所示。

（2）弹出如图 5－77 所示的“图标向导－4 步骤之 1－图表类型”对话框，选择图表的类型和子图表的类型，单击“下一步”按钮。

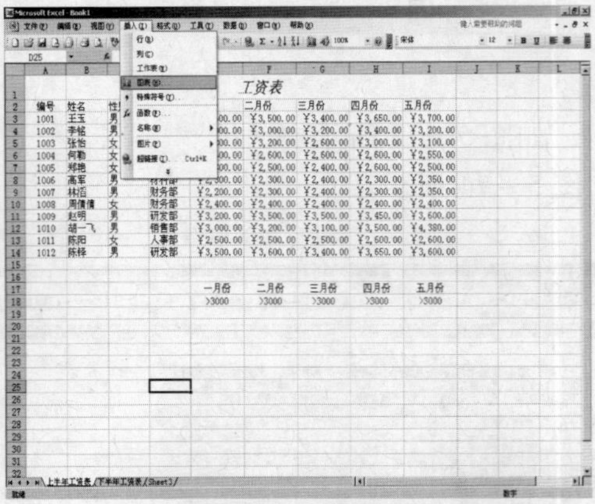

图 5－76　选择“图表”命令

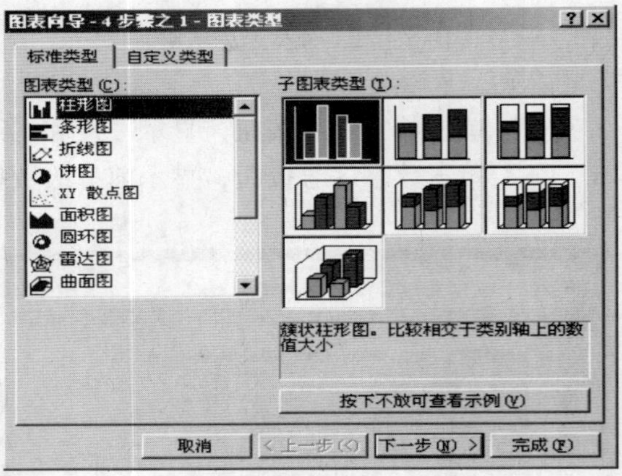

图 5－77　选择图片类型

（3）弹出如图 5－78 所示的“图标向导－4 步骤 2－图表源数据”对话框，选择数据区域，单击“下一步”按钮。

（4）弹出如图 5－79 所示的“图标向导－4 步骤之 3－图表选项”对话框，单击“标题”选项卡，输入图表的标题及其他内容。

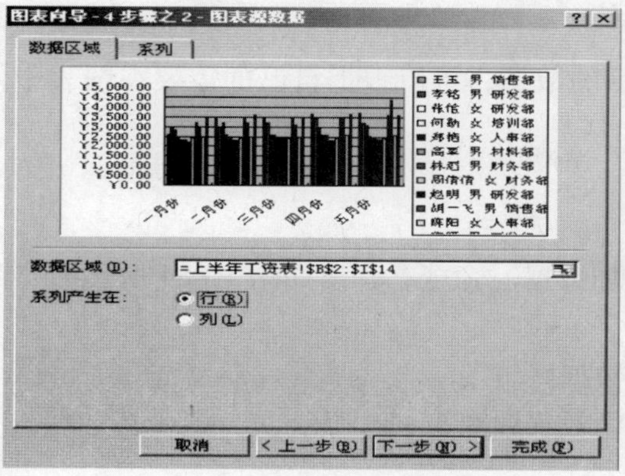

图 5－78　选定数据区

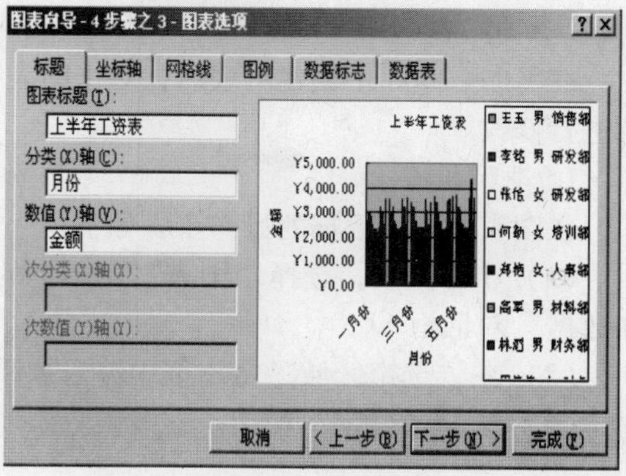

图 5－79　输入图表标题

（5）单击“网格线”选项卡，选择网格线类型，如图 5－80 所示。

（6）单击“图例”选项卡，选择图例位置，单击“下一步”按钮，如图 5－81 所示。

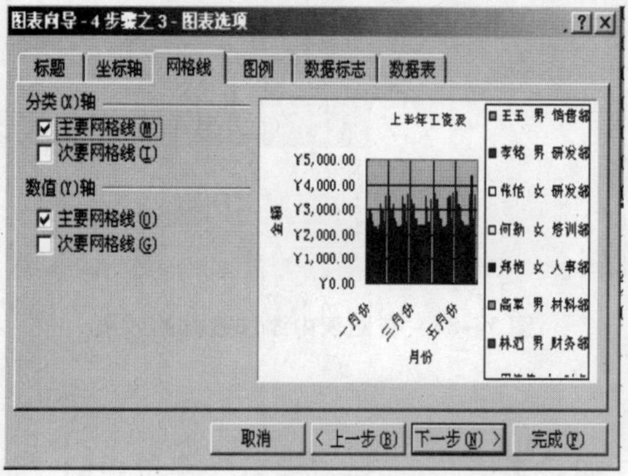

图 5－80　设置网格线

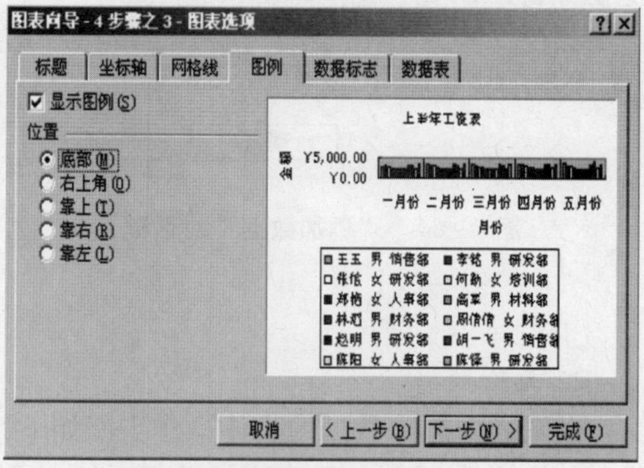

图 5－81　设置图例位置

（7）弹出如图 5－82 所示的“图标向导－4 步骤之 4－图表位置”对话框，选择图表的位置，单击“完成”按钮。

创建的图表如图 5－83 所示。

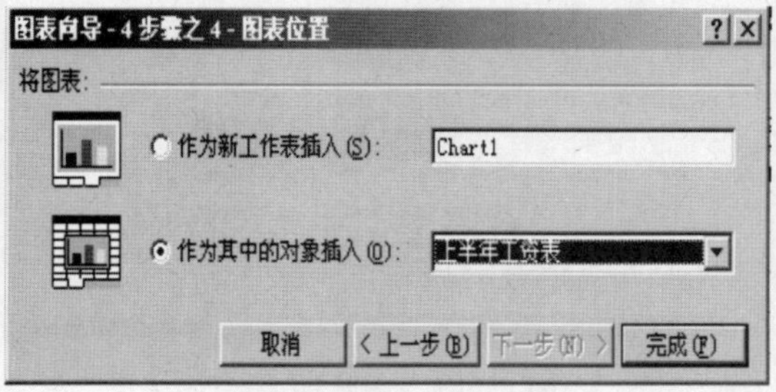

图 5－82　设置图表位置

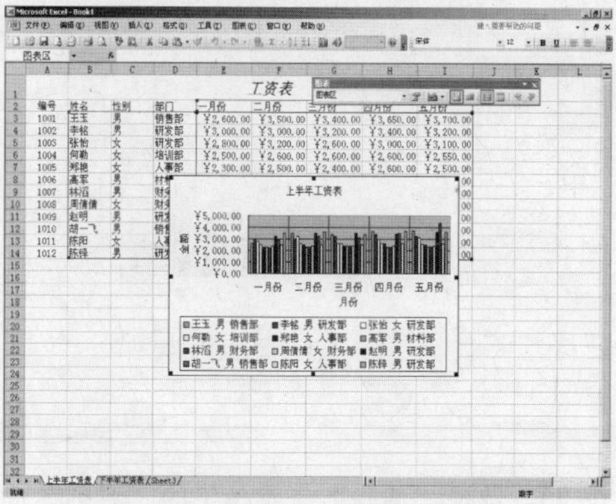

图 5－83　创建的图表

5.8.2 图表的编辑和调整

在 Excel 2003 中创建图表后，对于图表中显示的数据，可以根据自己的需要在图表中任意进行修改。

1. 添加数据

在图表中添加数据的操作步骤如下：

（1）单击图表，选择“图表”菜单下的“添加数据”命令，弹出如图 5－84 所示的“添加数据”对话框。

（2）在“选定区域”文本框中输入欲添加的数据区域。

（3）单击“确定”按钮。在图表中添加数据的效果如图 5－85 所示。

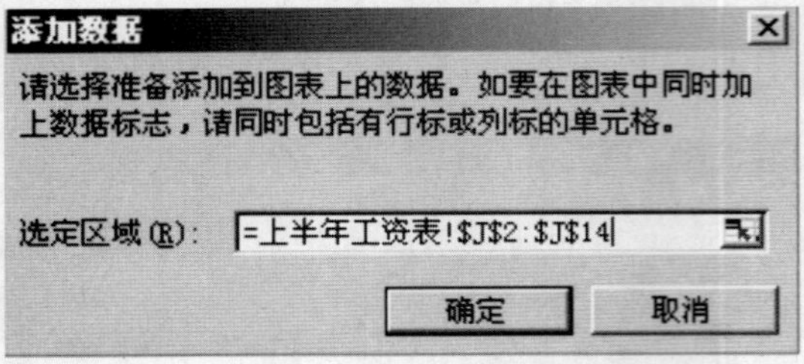

图 5－84 “添加数据”对话框

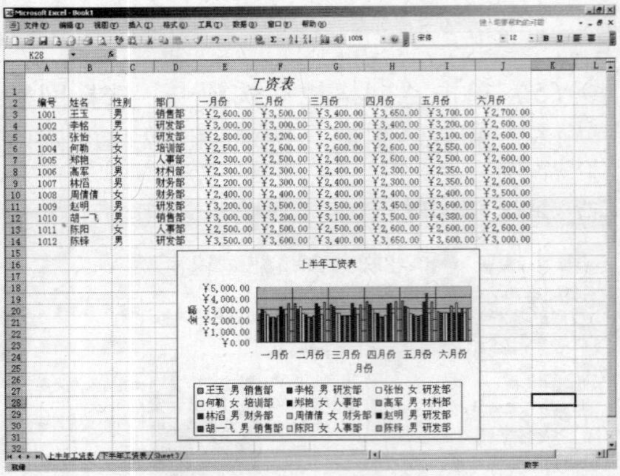

图 5－85 在图表中添加数据的效果

2. 删除数据

在图表中删除数据的具体操作步骤如下：

（1）单击图表中要清除的数据系列柱形条，如“李铭”，选择“编辑”菜单中的“清除”子菜单下的“系列”命令，如图 5－86 所示。

（2）删除数据后的图表的结果如图 5－87 所示。

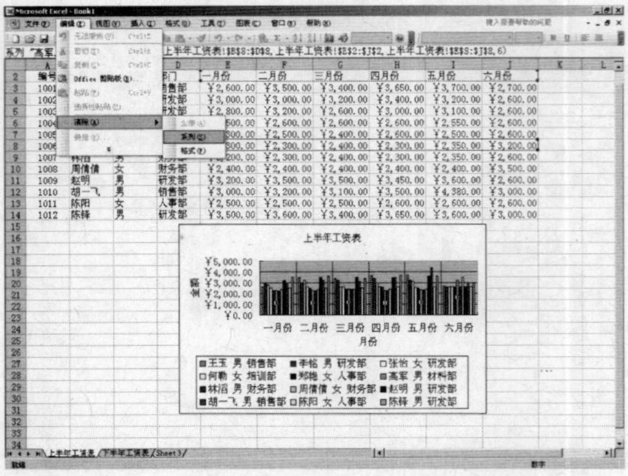

图 5－86 选择“清除”子菜单下的“系列”命令

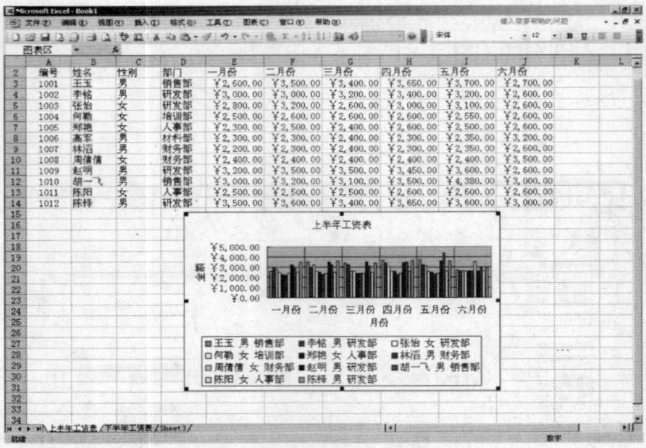

图 5－87 删除数据后

3. 更改图表标题

更改图表的标题的具体步骤如下：

（1）单击图表，选择“图表”菜单中的“图表选项”命令。

（2）弹出如图 5－88 所示的“图表选项”对话框，单击“标题”选项卡，重新输入图表标题。

更改标题后的图表如图 5－89 所示。

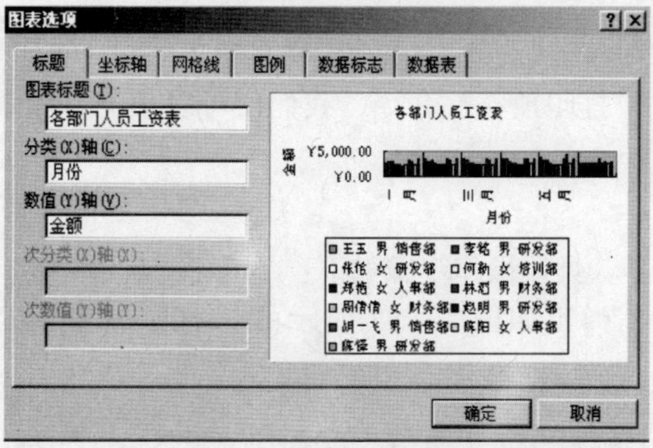

图 5－88　输入图表标题

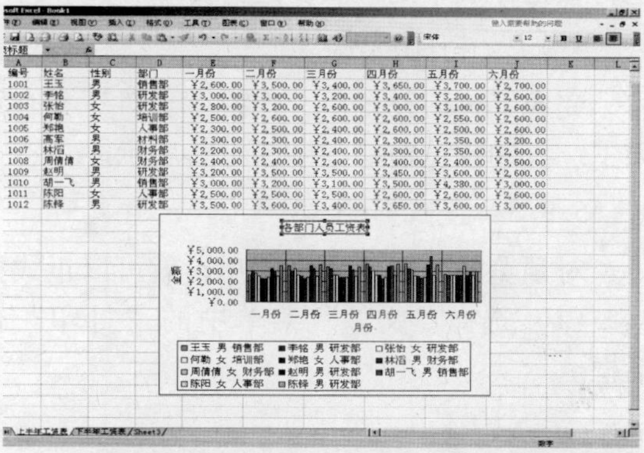

图 5－89　更改图表标题结果

5.9　打印工作表

5.9.1　设置页面

设置页面是打印的准备工作，合理的页面设置可以使打印效果更好。

页面设置的具体步骤如下：

（1）选择“文件”菜单下的“页面设置”命令，弹出如图 5－90 所示的“页面设置”对话框。

（2）单击“页面”选项卡，设置打印方向和缩放比例。

（3）单击“页边距”选项卡，设置上、下、左、右、页眉和页脚的距离，单击“确定”按钮，如图 5－91 所示。

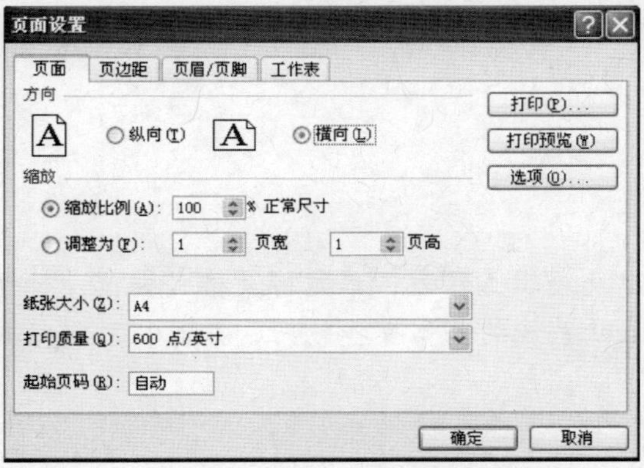

图 5－90　“页面设置”对话框

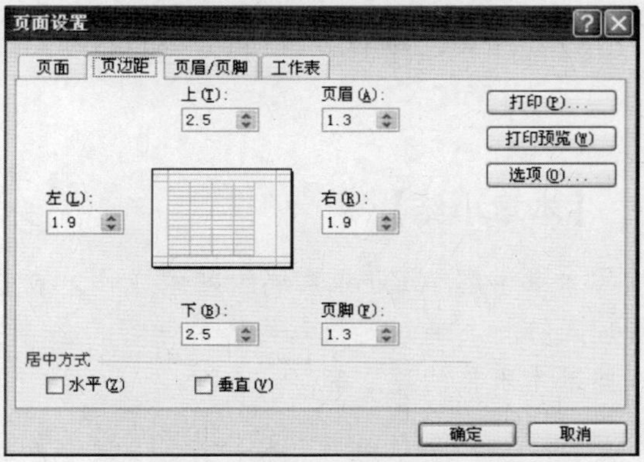

图 5－91　设置页边距

另外，在“页面设置”对话框中还有两个选项卡——“页眉/页脚”选项卡和“工作表”选项卡。

在“页眉/页脚”选项卡下，Excel 提供了大量预定义的页眉和页脚格式，用户可以根据需要和喜好进行有关方面的编辑和修改。

在“工作表”选项卡下，用户可以定义固定的数据打印区域，设置顶端标题行和左端标题行在工作表中的位置，选择打印方式和打印顺序等。

5.9.2 打印预览

完成了页面设置后，选择“文件”菜单下的“打印预览”命令，我们便可以预览打印效果了。打印预览窗口如图 5－92 所示。

5.9.3 正式打印

对预览的效果感到满意后，就可以正式打印了。具体操作步骤如下：

（1）选择“文件”菜单中的“打印”命令，弹出如图 5－93 所示的“打印内容”对话框。

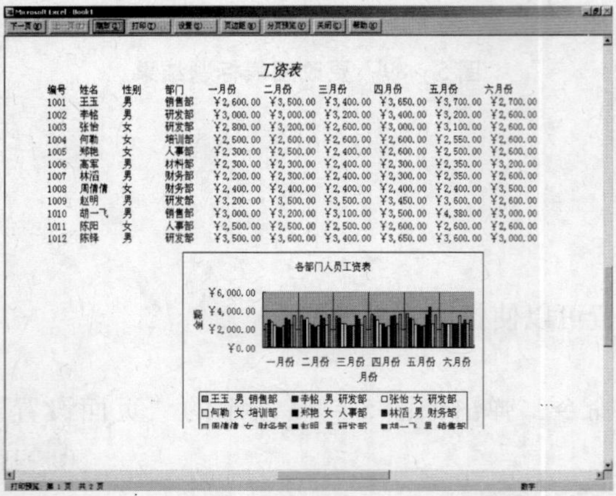

图 5－92 “打印预览”窗口

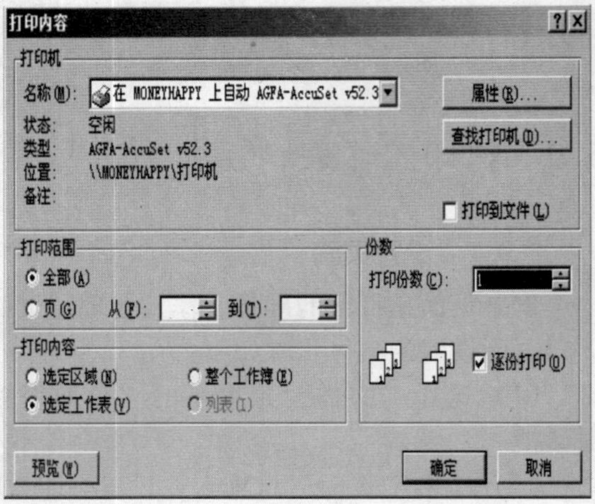

图 5－93 “打印内容”对话框

（2）选择打印机的名称、打印范围和打印内容，并设置打印的份数。

（3）单击“确定”按钮，开始打印。

【本章小结】

本章讲解了 Excel 系统的基本操作，包括新建及编辑工作表，单元格及格式编排，数据管理及分析。通过对该章内容的学习，应掌握 Excel 系统的基本操作技巧，并能利用它完成一些基本表格的建立等。

例题

打开素材文件夹中的“利税表”文件，将SHEET1表内容复制到SHEET2中，参照样文文件夹中的“利税表”文件，进行如下操作，最后将结果以zeI0保存在考试目录（D：\test\）中。

1. 统计“合计”，并添加“税后利润”一行，用公式计算出税后利润为合计的87%。

（1）打开素材文件夹中的“利税表”文件，另存在D：\test中；在SHEET1表中单击“全选”按钮，编辑→复制；选中SHEET2中的A1单元格，编辑→粘贴；

（2）选中B8单元格，在编辑栏中输入公式“=SUM（B4:B7）”，按回车键；

（3）选中B8单元格，把光标放在该单元格右下角，当光标变为十字形光标时，按住鼠标左键不放拖动到E8单元格中放手；

（4）选中A9单元格，输入“税后利润”，选中B9单元格，在编辑栏中输入公式“=B8×87%”，按回车键；

（5）选中B9单元格，把光标放在该单元格右下角，当光标变为十字形光标时，按住鼠标左键不放拖动到E8单元格中放手；

（6）单击“常用工具栏”上的“保存”按钮。

2. 为“税后利润”单元格添加批注：“税后利润为合计的83%”。

（1）选中“税后利润”单元格A9，插入→批注，输入“税后利润为合计的83%”；

（2）单击“常用工具栏”上的“保存”按钮。

3. 定义标题单元格为“利税季报表”。

（1）选中标题所在的单元格C1，在名称框中输入“利税季报表”；

（2）单击“常用工具栏”上的“保存”按钮。

4. 按样图设置单元格格式及边框，标题字体：宋体、18号、加粗；第一行与第一列为楷体12号，颜色、底纹如样图。

（1）选中标题所在单元格C1，在格式工具栏的“字体”列表框中选择“宋体”，“字号”列表框中选择“18”，单击按钮加粗；

（2）选中A3：E3和A1：A9，在格式工具栏的“字体”列表框中选择“楷体”，“字号”列表框中选择“12”；

（3）选中A3：E9，格式→单元格，在“单元格”对话框中，选中“边框”选项卡，按样文要求设置表格边框；选中A9：E9，格式→单元格，在“单元格”对话框中，选择“图案”选项卡，按样文要求设置底纹；

（4）单击“常用工具栏”上的“保存”按钮。

5. 创建如样图图表（与样图一致）。

（1）选择A4：E7，按Ctrl键选择A9：E9，即选择“一公司”、“二公司”、“三公司”、“四公司”及“税后利润”五行；插入→图表，在“步骤之1”对话框中，“图表类型”选择“饼图”，“子图表类型”选择“分离型三维饼图”，单击“下一步”；

（2）在“步骤之2”对话框中，“系列产生在:”选择“列”，单击“下一步”；

（3）在“步骤之3”对话框中，单击“标题”选项卡，图表标题为“总公司利税季报表”，单击“图例”选项卡，取消“显示图例”；单击“数据表”选项卡，选中“显示百分比及数据标志”；单击“下一步”；

（4）在“步骤之 4”对话框中，“作为其中的对象插入：”选择 SHEET2（默认），单击“完成”按钮。

上机操作

打开素材文件夹中的“工资”文件，将 SHEET1 表内容复制到 SHEET2 中，参照样文文件夹中的“工资”文件，进行如下操作，最后将结果以 ze2 保存在考试目录（D：\test）中。

1. 用公式计算出“工资总额”及“实发工资”并填入相应单元格；

2. 用公式计算“合计”内容并填入相应单元格；

3. 为“扣除”单元格添加批注，内容为“扣除今年工会费（等级工资 5%）”；

4. 按样图设置边框、底纹格式，标题字体：宋体、10 号、加粗，将 SHEET2 改名为“工资表”；

5. 创建个人实发工资图表（与样图一致）。

第 6 章　中文 PowerPoint 2003

6.1　中文 PowerPoint 2003 基础

6.1.1　启动中文 PowerPoint 2003

常用启动 PowerPoint 2003 的方法有以下两种：

（1）在 Windows 的主桌面上，双击 PowerPoint 2003 的图标，即可启动 PowerPoint 2003。

（2）点击“开始”按钮，在其菜单中，选择“程序”，然后，在其子菜单中，点击“Microsoft PowerPoint”，启动 PowerPoint 2003。

6.1.2　中文 PowerPoint 2003 窗口界面

启动 PowerPoint 2003 之后，就进入 PowerPoint 2003 的工作窗口，如图 6－1 所示。窗口中各组成部分如下：

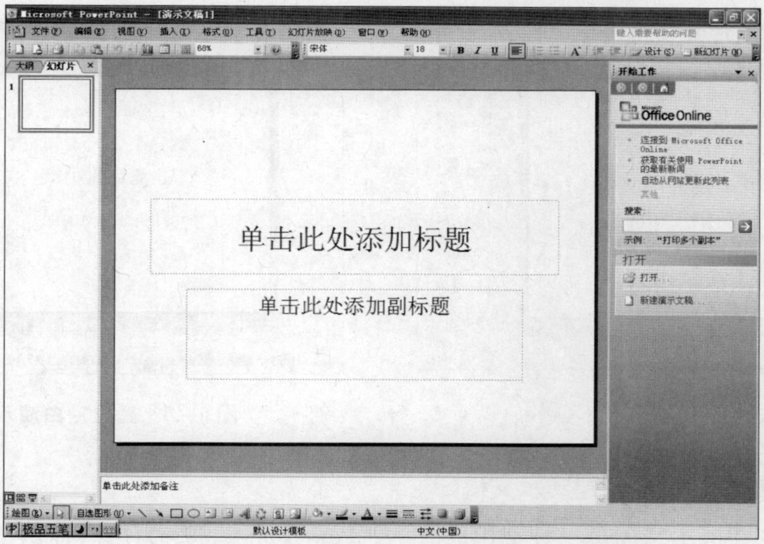

图 6－1　中文 PowerPoint 2003 工作窗口

1. 标题栏

标题栏位于窗口的最上方，用来显示当前所使用的程序名称和演示文稿名。

2. 菜单栏

PowerPoint 2003 窗口的第二行是菜单栏，共包括文件、编辑、视图、插入、格式、工具、幻灯片放映、窗口和帮助等 9 个菜单。

3. 工具栏

默认状态下，PowerPoint 窗口将显示常用工具栏、格式工具栏和绘图工具栏。

4. 幻灯片编辑区

可以在编辑区中输入文本、插入表格和图形等，其中最主要的制作场所是幻灯片视图，你可以在这里制作用于展示的幻灯片中的各种元素。

5. 视图切换按钮

利用视图切换按钮，可以实现不同视图窗口之间的切换。

6. 状态栏

窗口的最下面一栏是状态栏，用于显示当前幻灯片编辑的状况。

6.2 创建演示文稿

6.2.1 建立空演示文稿

利用“空演示文稿”模板可以建立一个不带任何设计的空演示文稿。操作步骤如下：

（1）进入 PowerPoint 2003 窗口，在菜单栏中，单击“文件”菜单中的“新建”，在窗口右侧单击“空演示文稿”项，如图 6－2 所示。

（2）屏幕右侧出现幻灯片的多种版式供用户选择，包括文字版式、内容版式、内容和文字版式以及其他版式，如图 6－3 所示。选择一种版式，单击鼠标左键，则根据所选择的版式建立一个空白演示文稿。这时就可在相应的位置填写标题、文本内容，插入图片等。

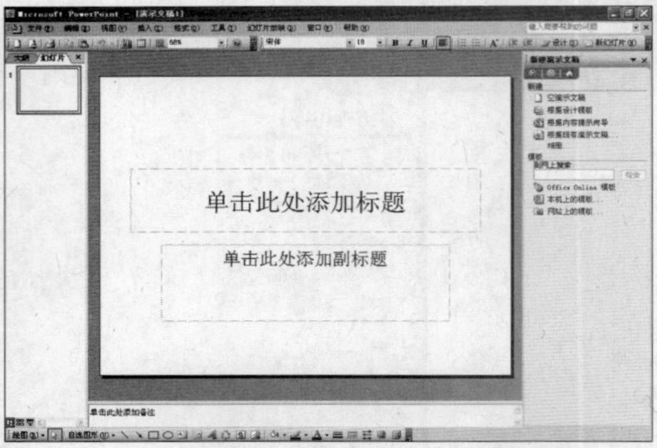

图 6－2　单击空演示文稿

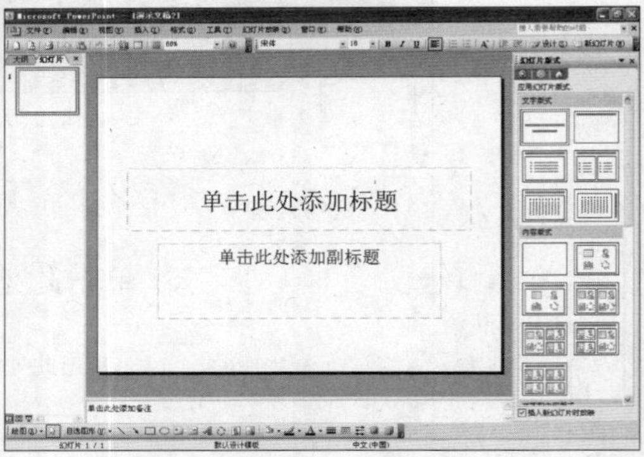

图 6－3　建立空白演示文稿

6.2.2 根据设计模板创建演示文稿

利用模板创建演示文稿是一种常用的方法，PowerPoint 2003 为用户提供了多种风格各异的演示文稿模板，利用这些模板，可创建一个具有特定的版面设计但无内容的演示文稿。具体操作步骤如下：

（1）在任务窗格中，单击“新建”中的“根据设计模板”项，屏幕上出现幻灯片的多种设计模板供用户选择。

（2）选择一种设计模板，单击鼠标左键，则根据所选择的模板建立一个演示文稿。这时，就可在相应的位置填写标题、文本内容等，如图 6－4 所示。

6.2.3 利用内容提示向导创建演示文稿

PowerPoint 中包含了可用于帮助用户创建演示文稿的“内容提示向导”。“内容提示向导”的作用就是根据用户的情况，直接创建一个比较完整的幻灯片版式设计和提示内容的演示文稿。具体操作步骤如下：

（1）在任务窗格中，单击“新建”中的“根据内容提示向导”项，屏幕上出现“内容提示向导”窗口，如图 6－5 所示。单击“下一步”按钮。

图 6－4　根据设计模板建立一个演示文稿

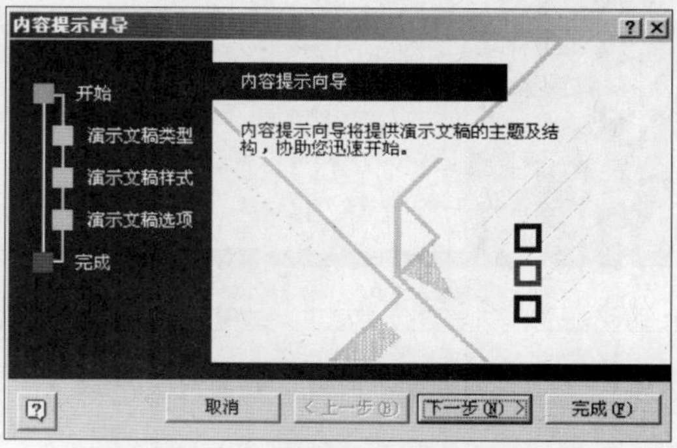

图 6－5　“内容提示向导”界面一

（2）在出现的窗口中选择演示文稿的类型，系统将演示文稿分为 7 类，从中选择所需的文稿类型，如图 6－6 所示。单击“下一步”按钮。

（3）在出现的窗口中选择演示文稿的输出类型，如图 6－7 所示。如果想要在计算机控制下展示它，可选择屏幕演示文稿；如果要以投影的方式使用演示文稿，可选择投影机。单击“下一步”按钮。

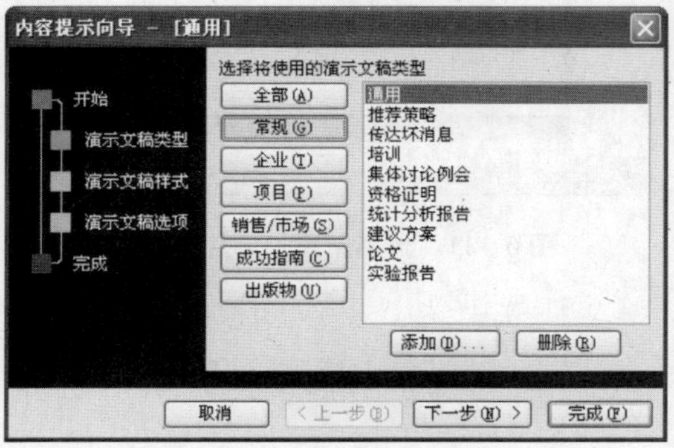

图 6－6　“内容提示向导”界面二

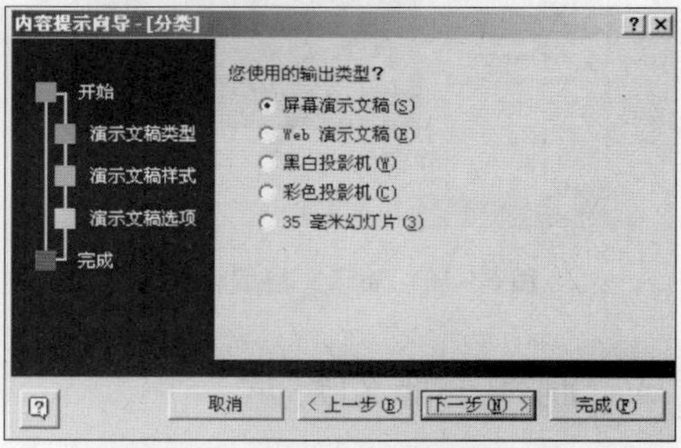

图 6－7　“内容提示向导”界面三

屏幕演示文稿：在计算机上直接播放演示文稿。

Web 演示文稿：制作的演示文稿可发布到 Internet 上。

黑白投影机：将演示文稿打印成黑白幻灯片，通过黑白投影机播放。

彩色投影机：将演示文稿打印成彩色幻灯片，通过彩色投影机播放。

35 毫米幻灯片：将演示文稿最终做成 35 毫米幻灯片。

（4）在出现的窗口中输入演示文稿的标题，在“页脚”文本框中输入文稿的页脚内容，如图 6－8 所示。单击“下一步”按钮。

（5）在选定过程中，如果对某一选择感到不满意，可通过单击“上一步”按钮进入相应的设置页面进行必要的修改。如果对所进行的选择感到满意，此时可单击“完成”按钮，如图 6－9 所示。

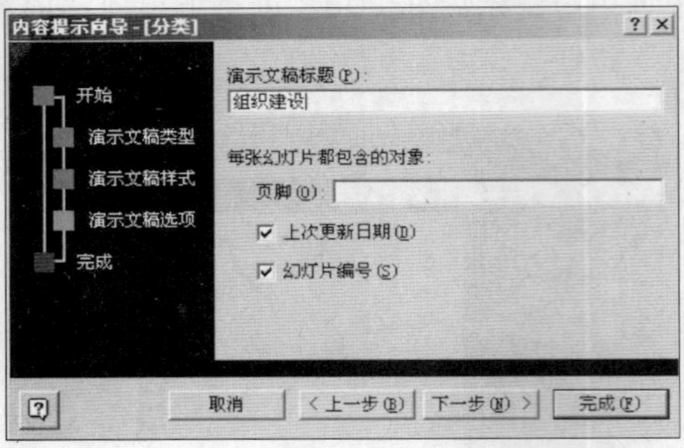

图 6－8　“内容提示向导”界面四

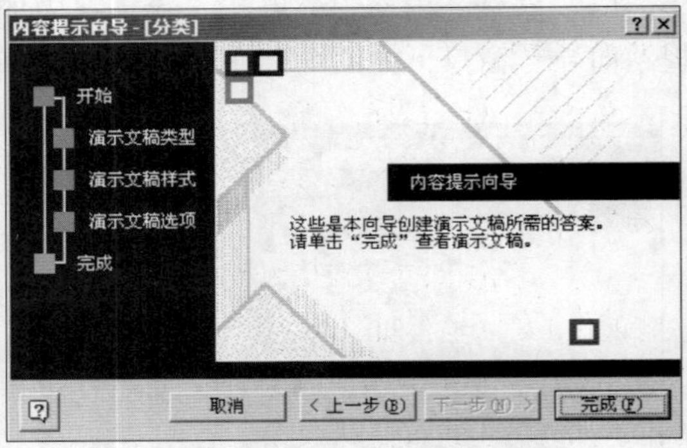

图 6－9　“内容提示向导”界面五

（6）PowerPoint 将根据用户的选择显示出刚刚创建好的新演示文稿内容框架，如图 6－10 所示。用户可以根据窗口左边的列表提示，根据需要替换成自己的内容，最终生成自己的演示文稿。

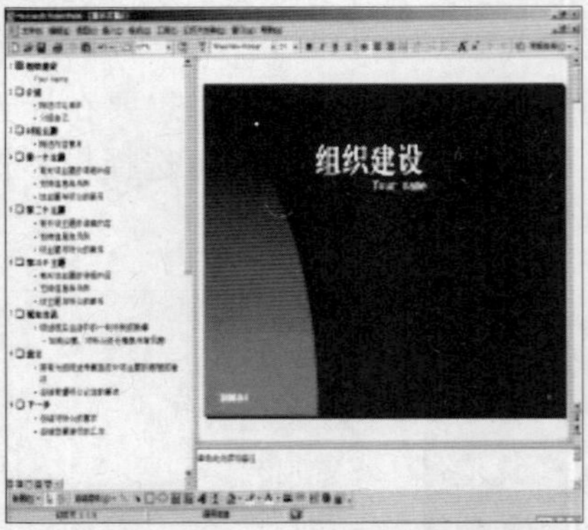

图 6－10　演示文稿编辑界面

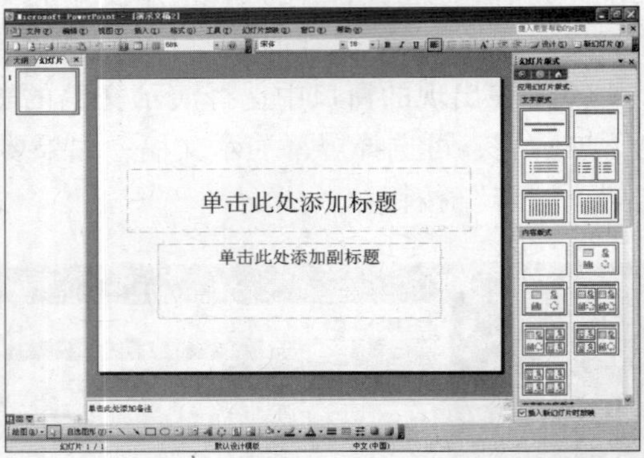

图 6－11　选择新建幻灯片的版式

6.3　制作一张幻灯片

在前面我们参照演示文稿向导生成了演示文稿，但还得根据自己的情况做一些适当的补充和修改。输入文字工作可以在大纲视图下进行，也可以在幻灯片视图下进行。对于初学者来说，直接在幻灯片视图下输入文字可能会感到更直观一些，因为这时处理的内容就是幻灯片实际放映的内容。单击代表幻灯片的图标选中它，然后再单击屏幕左下角的“幻灯片视图”按钮就可以进入其幻灯片视图工作状态。

6.3.1　选择幻灯片的版式

PowerPoint 是一个自动化程序很高的软件，它已经为用户做好了许多准备工作，其中就包括了一组预建的幻灯片版式。用户可以根据自己的需要，选择一款称心的版式，然后录入文字，并在该版式预设对象处插入实际的对象，这样就做好符合要求的幻灯片了。具体操作步骤如下：

（1）单击菜单“格式”上的“幻灯片版式”按钮，这时屏幕右侧会出现幻灯片版式列表，如图6－11所示。

（2）单击所要的幻灯片版式，这种版式中包括演示文稿标题、演示文稿的文本，并且可以插入图片。

6.3.2 在幻灯片中输入文字

选择幻灯片版式之后，就可以在幻灯片中输入文字了。

具体操作步骤如下：

（1）单击该幻灯片上的标题行，预留框的“单击此处添加标题”提示文字随即消失，这时可以输入标题。如图6－12所示。

（2）单击文本预留框进入正文部分的输入之中，这时可以看到该方框中有一个淡化的项目符号，一旦键入任何文字，它就成为黑色的，表示用户正在输入正文。每按一次回车键都将产生一个与其上一级相同的项目符号。如图6－13所示。

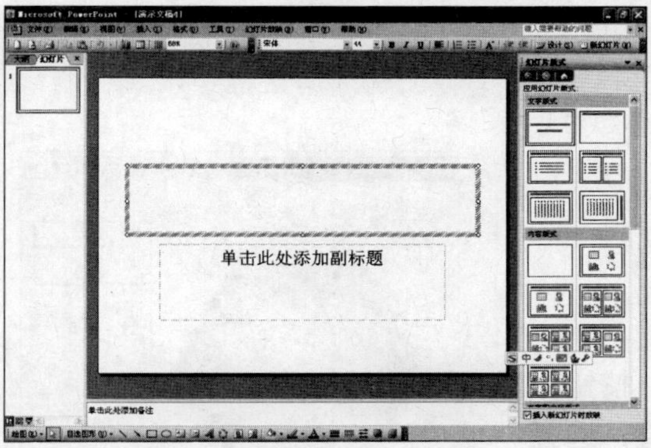

图6－12　输入标题

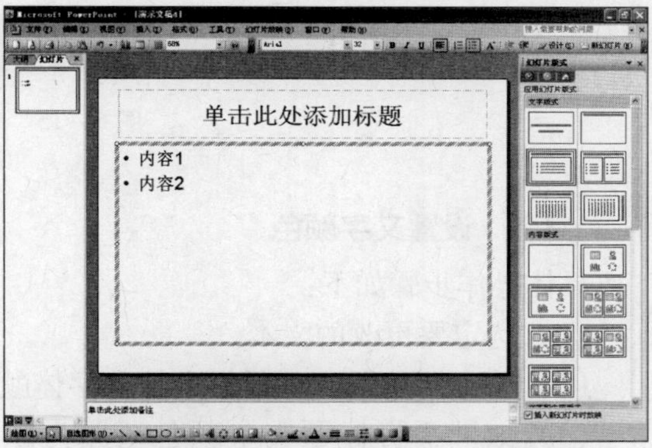

图6－13　输入正文

（3）除了能够在各种预留文字框中输入文字外，还可以在幻灯片上的任意位置输入文本。方法是在绘图工具栏上单击选择“文本框”或“竖排文本框”按钮，在所要输入文字处单击并拖至适当宽度，然后便可在其中输入文字。

6.3.3 选定文本

（1）选定一个词语。选定一个词语的方法是双击该词。

（2）选定一个段落。选定一个段落的方法是三击该段落的任一位置。

（3）选定整个文本。选定整个文本即选定一张幻灯片，可以单击大纲窗口中的按钮 或 Ctrl + A 键。

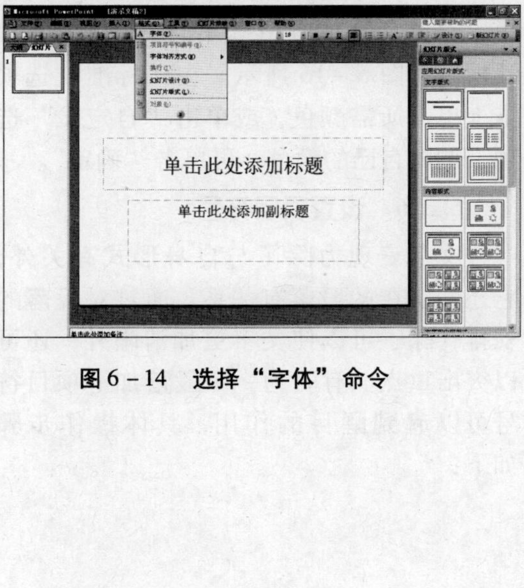

图6－14　选择“字体”命令

6.3.4 设置字体

为了使演示文稿中的文字更加漂亮美观，可以将演示文稿中的文字设置为各种字体。在 PowerPoint 中，影响到文字形象的有字体、字形、大小及颜色几个方面。设置字体的操作步骤如下：

（1）选定幻灯片中的文字，然后选择“格式”菜单中的“字体”命令，如图 6－14 所示。

（2）弹出“字体”对话框，如图 6－15 所示。选择字体、字形、字号、效果和颜色。

（3）单击“确定”按钮，设置字体效果。

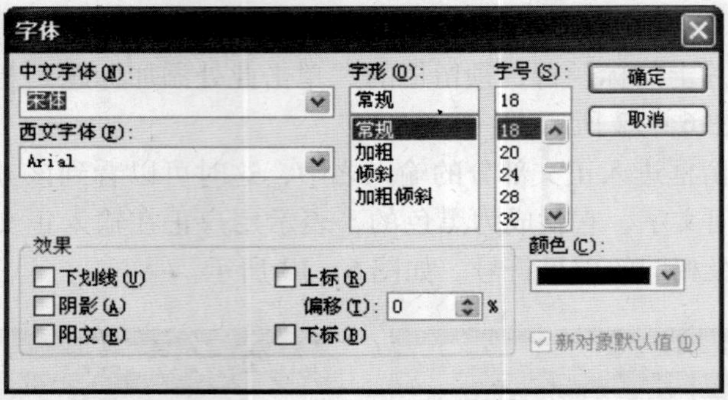

图 6－15 “字体”对话框

6.3.5 设置文字颜色

具体操作步骤如下：

（1）选定要更改的文本。

（2）单击“绘图”工具栏上的“字体颜色”按钮。

（3）如果要将标题文本颜色还原为默认值，选择“自动”。

（4）如果要更改为配色方案中的颜色，单击“自动”选项下的八种颜色之一。

（5）如果要更改为非配色方案中的颜色，单击“其他颜色”，弹出“颜色”对话框，如图 6－16 所示。在“标准”选项卡上单击所需颜色，或单击“自定义”选项卡调配自己的颜色，再单击“确定”。

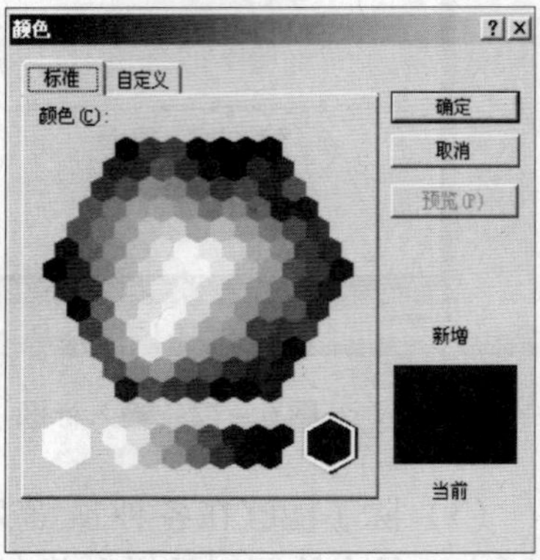

图 6－16 “颜色”对话框

6.3.6 设置项目符号

文字表现力除了与自身形式有关外，它还和所在的段落有关系。通过对段落的安排，除了可以使文字更加清晰外，还可以突出重点。有时为一个段落加上项目符号可以起到醒目的作用，具体操作步骤如下：

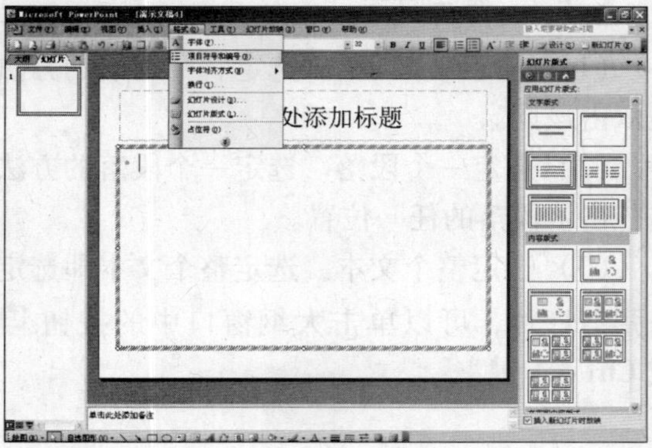

图 6－17 选择“项目符号和编号”命令

（1）选定要更改其项目符号的文本，然后选择“格式”菜单中的“项目符号和编号”命令，如图 6－17 所示。

（2）弹出“项目符号和编号”对话框，如图 6－18 所示，选择一种项目符号。

（3）单击“确定”按钮，设置项目符号的结果如图 6－19 所示。

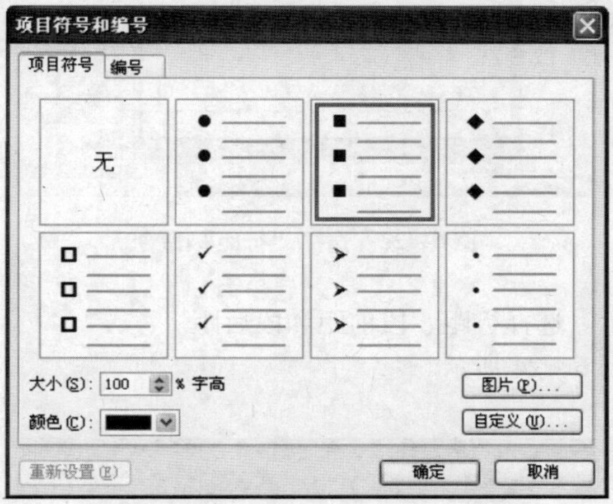

图 6－18　“项目符号和编号”对话框

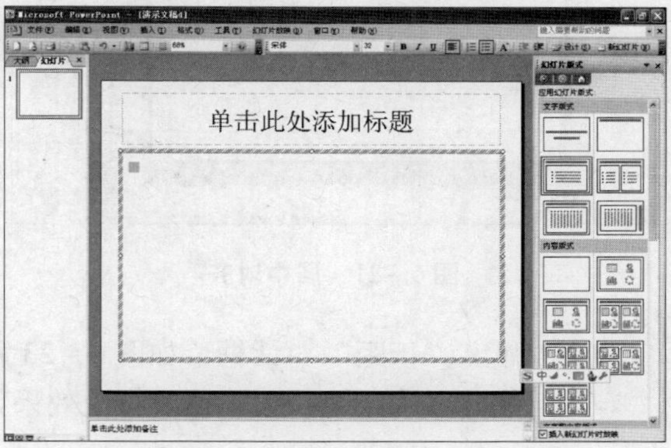

图 6－19　设置项目符号

（4）如果认为“项目符号和编号”对话框中的项目符号不合适，可以单击“图片”按钮，弹出“图片符号”对话框，在其中选择合适的图片项目符号，单击“确定”按钮，如图 6－20 所示。

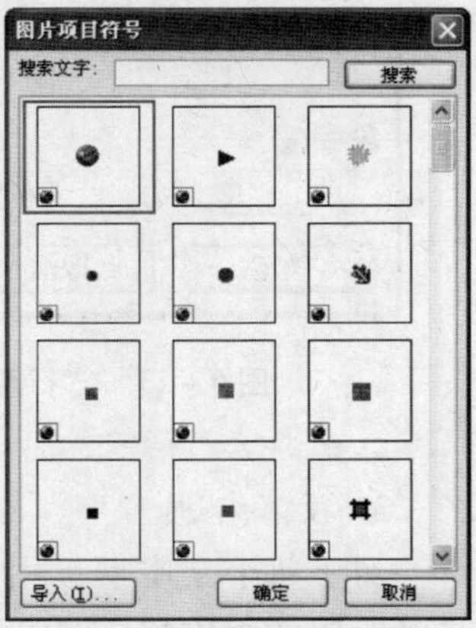

图 6－20　设置图片项目符号

6.3.7　段落格式

1. 段落对齐

为了控制段落的摆放形式，PowerPoint 提供了多种控制方式，其中包括“格式工具栏”上的四个对齐按钮：左对齐、居中对齐、右对齐、分散对齐，使用它们可以很方便地对段落作对齐处理。

选定文本后，单击工具栏中任何一个对齐按钮，系统即可按照要求进行段落的对齐。例如，选定幻灯片中的文字，单击“居中对齐”按钮，则将文字居中对齐。如图 6－21 所示。

2. 设置行距

段落中行的密疏程度也影响着文字的观赏效果。一般来说，为了便于人们从远处观看，最好让各行的文字稍稍拉开一些。具体操作步骤如下：

（1）选定要进行段落格式设置的文本，选择“格式”菜单中“行距”命令，如图 6－22 所示。

图 6－21　居中对齐

图 6－22　选择“行距”命令

（2）弹出“行距”对话框，如图 6－23 所示。选择行距、段前距和段后距。

（3）单击“确定”按钮，设置行距效果如图 6－24 所示。

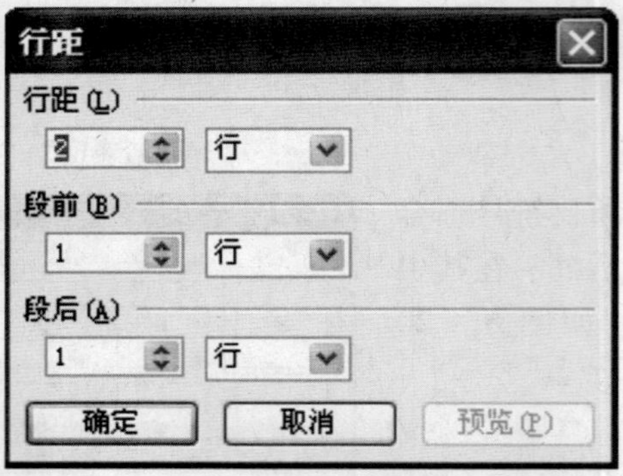

图 6－23　“行距”对话框

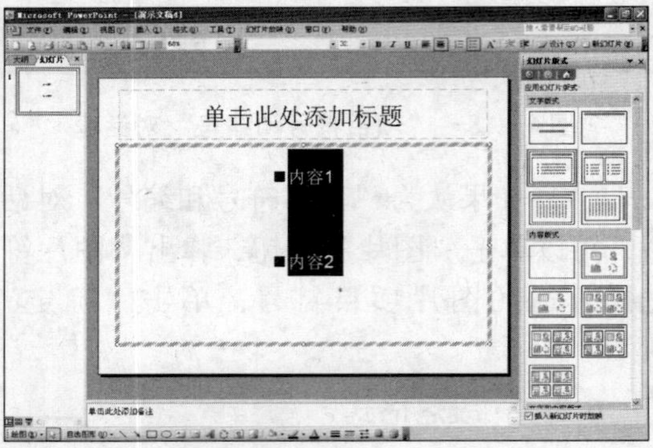

图 6－24　设置行距效果

3. 段落缩进

对于每个文本框，用户可以选择要缩进的文本，通过标尺工具对段落的缩进格式进行控制。其中上面的小三角控制段落首行的缩进，下面的三角控制其他行的缩进，而小方格则是控制整个段落的缩进。

6.3.8　保存演示文稿

在演示文稿中制作完幻灯片后，需要将其保存起来。具体操作步骤如下：

（1）单击“文件”菜单，选择“保存”命令，如图 6－25 所示。也可单击工具栏“保存”按钮保存。

（2）弹出“另存为”对话框，如图 6－26 所示。选择演示文稿保存位置，输入文件名，单击“保存”按钮。

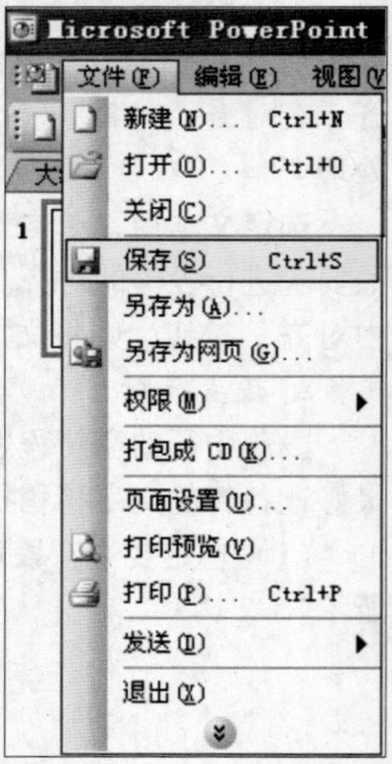

图 6－25　选择“保存”命令

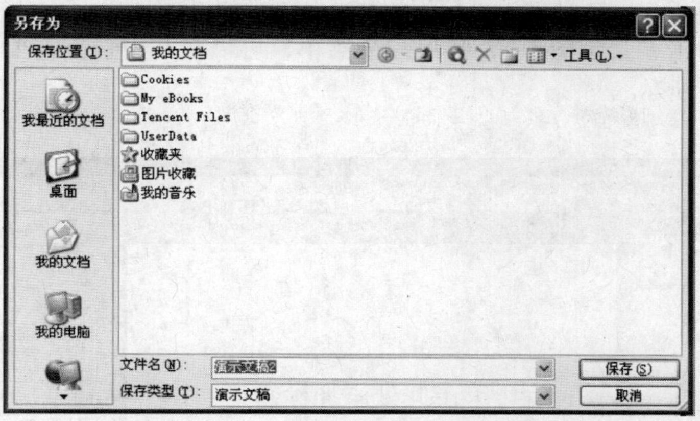

图 6－26　“另存为”对话框

6.4　在演示文稿中插入图片

6.4.1　打开演示文稿

为了使幻灯片的处理不过于单调，针对不同的演示文稿主题，可以在演示文稿的某些幻灯片中插入一些图片，这样会使文档更加生动，更吸引观众的注意力。PowerPoint 提供了 3 种形式的插入：一种是插入剪贴画，一种是自选图片，还有一种是自绘图形。

要对一个演示文稿进行编辑，首先应打开它。

(1) 单击“文件”菜单中的“打开”命令，弹出“打开”对话框，如图 6－27 所示。

图 6－27　“打开”对话框

(2) 选择要打开的文档所在的驱动器和文件夹，选择要打开的文档，单击“打开”按钮。

6.4.2　图形的绘制和修饰

PowerPoint 的绘图工具已经得到了进一步的集成，虽然仍然还是一条工具栏，但内容要比以前的版本丰富多了。在这个工具栏中包含了大量的预制图形，为用户制作各种图形提供了很大的方便。单击“自选图形”，弹出一个菜单，可以在其中选择需要绘制某图形的相应按钮，如图 6－28 所示。

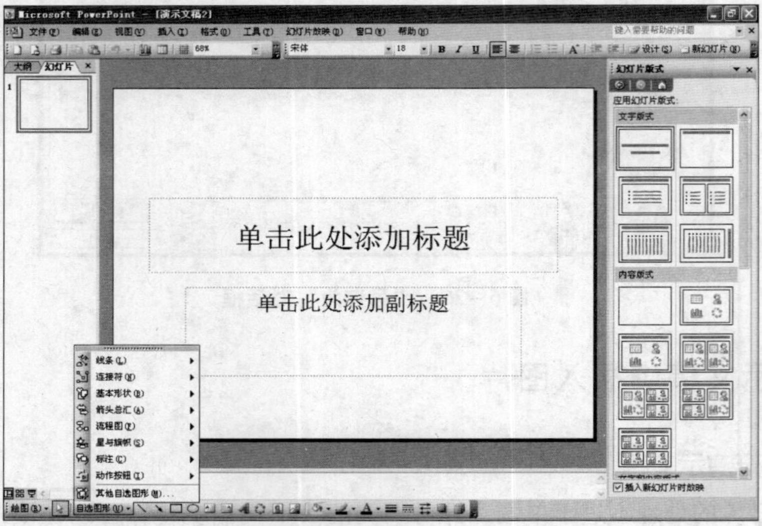

图 6－28 选择相应的绘图按钮

1. 绘制直线与弧线

绘制线条先要单击“自选图形”中的“线条”，取用其中的“直线”工具，单击一次表示只能使用一次，要多次使用，则需单击两次。当鼠标变成“十”字光标后，就可绘制直线了。如要绘制弧线则选取弧形工具后，先画出一截弧线来，然后向下拖动直至画出圆弧来。

2. “基本形状”菜单

“基本形状”菜单一共包含了 32 个图形，从矩形、椭圆到各类形状的三角形等这样一些常用基本形状一应俱全。此外，像“流程图”中的图形也可以根据需要用来作为一般的图形使用。

3. 绘制曲线

单击“自选图形”，在打开的下拉列表中选择“线条”，取用其中的“曲线”工具，单击曲线起始点，松开鼠标键至曲线的“拐点”处单击鼠标，再移动再单击直至绘出整个曲线。

4. 绘制任意多边形

在 PowerPoint 中绘制任意形状的多边形是一件十分容易的事。单击“自选图形”，在打开的下拉列表中选择“线条”，取用“任意多边形”的工具。单击给出多边形的起始点，松开鼠标，移至构成这条边的另一点处单击，再移动再单击，直至画出整个多边形。注意，一旦按下鼠标，它就成了笔状的自由曲线工具了。在演示文稿中绘制图形的效果如图 6－29 所示。

图 6－29　修饰图形

6.4.3　插入艺术字

在演示文稿中插入艺术字的操作步骤如下：

（1）单击“插入”菜单，选择“图片”子菜单中的“艺术字”命令，如图 6－30 所示。或者单击绘图工具栏中的“插入艺术字”按钮。

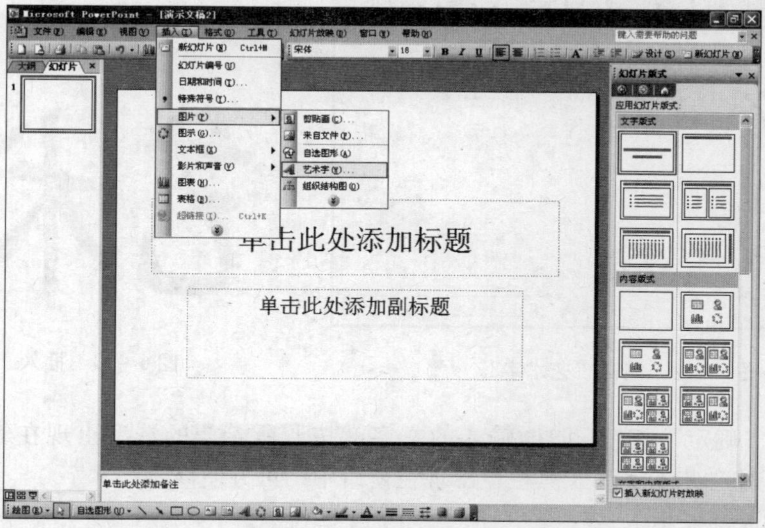

图 6－30　选择“艺术字”命令

（2）弹出““艺术字”字库”对话框，如图 6－31 所示。此艺术字库共提供了多种艺术字造型，可以从中选择一种自己喜欢的。

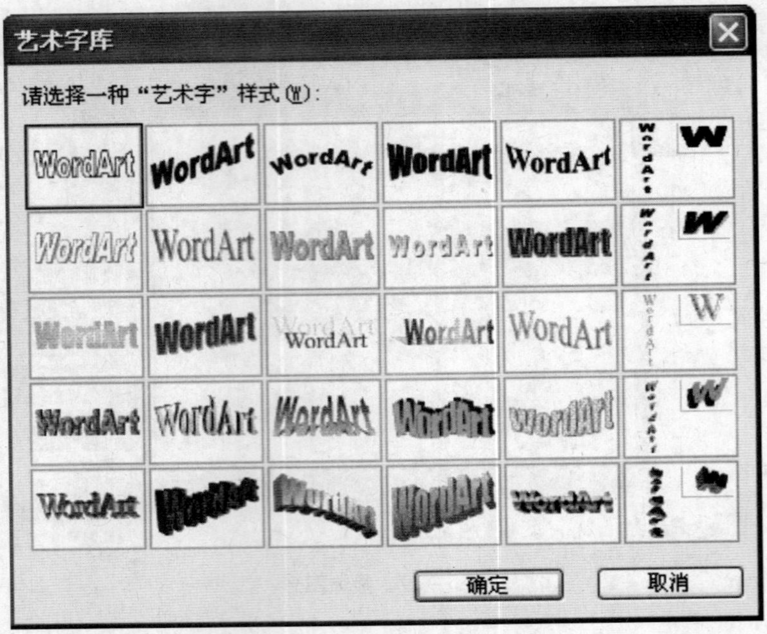

图 6-31　“‘艺术字’库”对话框

（3）单击“确定”按钮，弹出“编辑‘艺术字’文字”对话框，如图 6-32 所示，可以在此输入文本，并设置该文本的一些特性，比如字体、字号或粗斜体等。

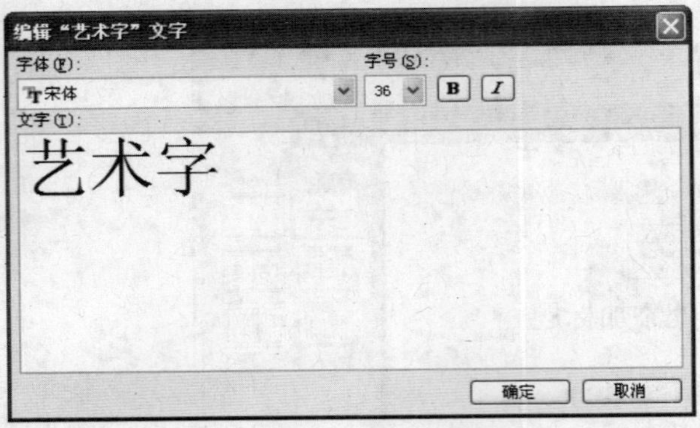

图 6-32　编辑“艺术字”

图 6-33　插入“艺术字”

（4）单击“确定”按钮，这时输入的文字就按照所希望的造型出现在幻灯片中，如图 6-33所示。同时“艺术字”工具栏也出现在窗口中，可方便修改艺术字。

6.4.4　插入剪贴画

在演示文稿中插入剪贴画的操作步骤如下：

（1）单击“插入”菜单，选择“图片”子菜单中的“剪贴画”命令，如图 6-34 所示。或者单击绘图工具栏中的“插入剪贴画”按钮 。

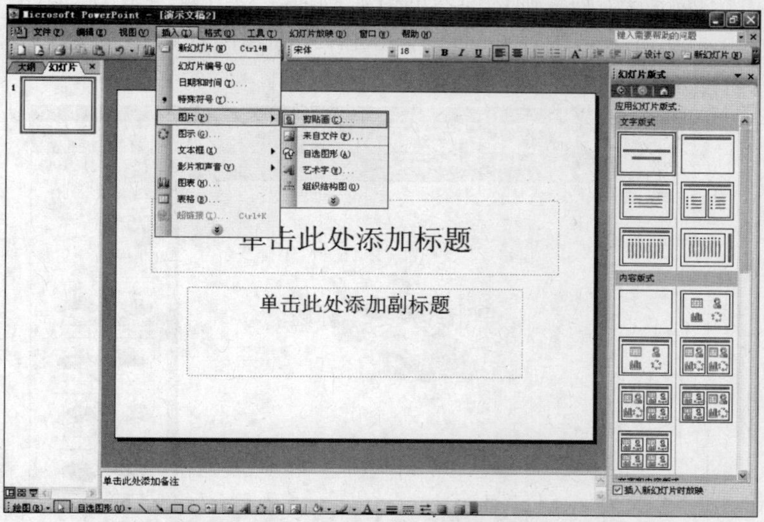

图 6－34　选择“剪贴画”命令

（2）屏幕右边出现“插入剪贴画”窗口。在“搜索范围”框中点击下拉箭头，打开下拉列表，点击“所有收藏集的位置”前面的加号，打开它包含的选项，然后选中“Office 收藏集”，即用鼠标点击它前面的方框，使它的方框中带“√”。再次单击下拉箭头，关闭下拉列表。

（3）在“结果类型”框中点击下拉箭头，打开下拉列表，点击“所有媒体类型”前面的加号，打开它包含的选项，选中“剪贴画”，即用鼠标点击它前面的方框，使它的方框中带“√”。再次单击下拉箭头，关闭下拉列表。

（4）单击“搜索”按钮，出现剪贴画的缩略图，如图 6－35 所示。

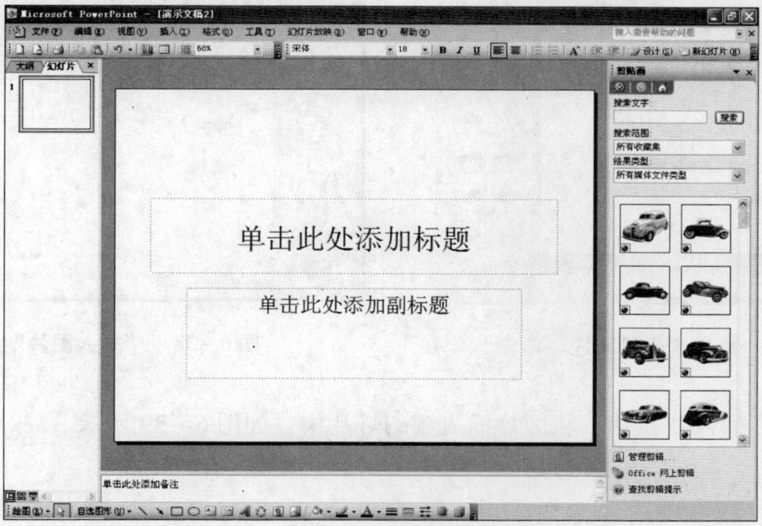

图 6－35　浏览剪贴画

（5）拖动滑块选择剪贴画，确认插入的剪贴画后，点击该缩略图，剪贴画就自动插入到幻灯片中，如图 6－36 所示。然后可调整剪贴画的大小和位置。

图 6－36　在幻灯片中插入剪贴画

6.4.5　插入图片

如果需要在幻灯片中插入其他图片文件，操作步骤如下：

（1）单击“插入”菜单，选择“图片”子菜单中的“来自文件”命令，如图 6－37 所示。

（2）弹出“插入图片”对话框，如图 6－38 所示。在“查找范围”框中选择文件夹，在“名称”框中选择图片文件，在右边的框中预览图片。

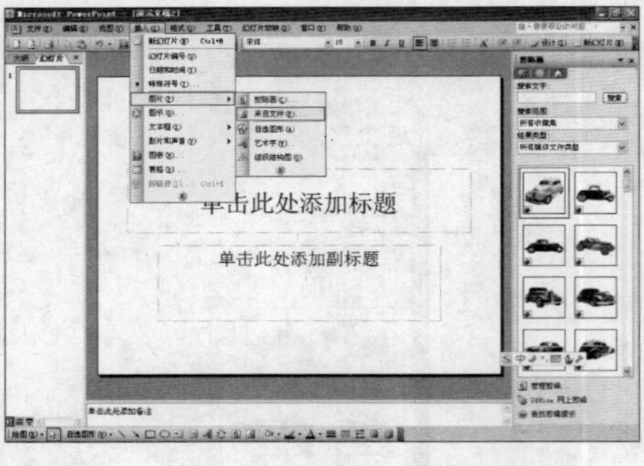

图 6－37　选择“来自文件”命令

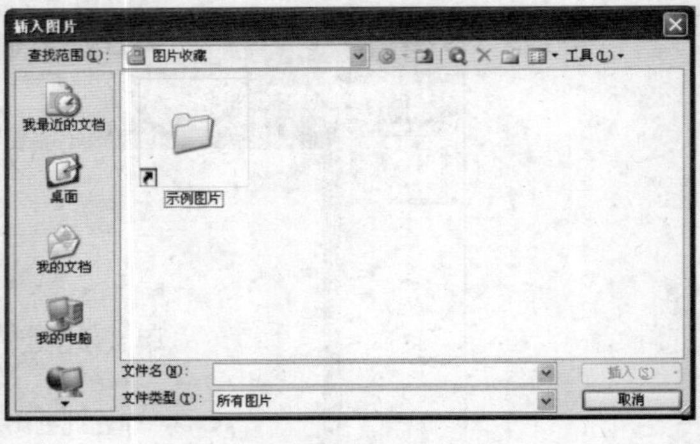

图 6－38　“插入图片”对话框

（3）单击“插入”按钮，将图片插入到幻灯片中，如图 6－39 所示。

图 6－39　在幻灯片中插入图片

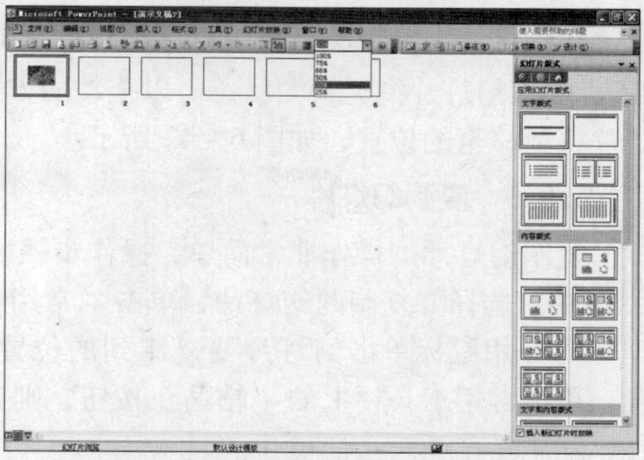

图 6－40　查看多张幻灯片

6.5　幻灯片的编辑和修改

在幻灯片制作出来以后，还需根据总体结构的需要做一些适当的编辑和修改工作，以使幻灯片达到更好的表达效果。

6.5.1　同时查看多张幻灯片

如果希望能够在幻灯片浏览视图中同时看到更多的幻灯片，可以通过“常用工具栏”的“显示比例”下拉列表来予以控制，如图 6－40 所示。

6.5.2　调整幻灯片的位置

如果要调整幻灯片的位置，可以在大纲窗口中单击幻灯片，按住鼠标不放，拖动鼠标到适当的位置，在移动过程中屏幕上会出现一条黑线指示所处的位置，如图 6－41 所示。到达目标位置后，释放鼠标，这样就重新调整了幻灯片的位置。

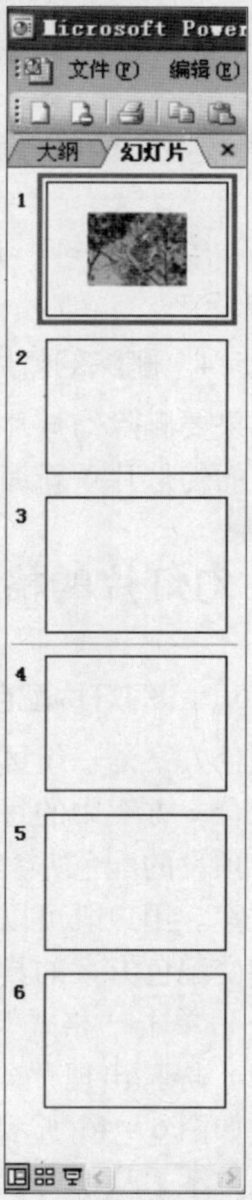

图 6－41　调整幻灯片的位置

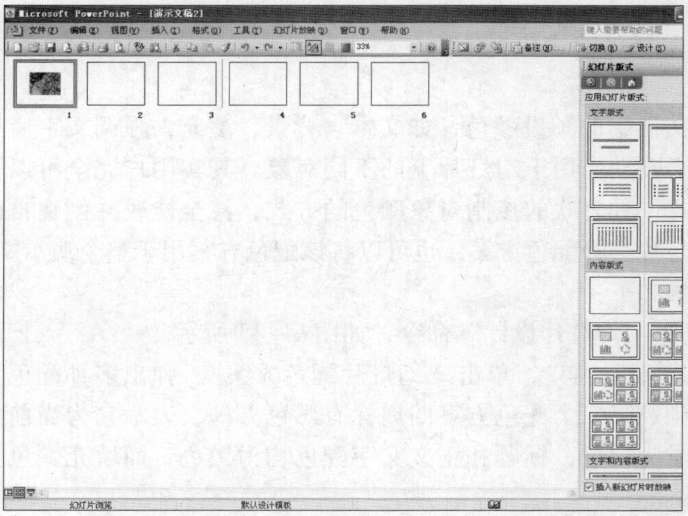

图 6－42　浏览视图下移动幻灯片

在幻灯片浏览视图下也可以调整幻灯片的位置。单击屏幕左下角的幻灯片浏览视图按钮，进入幻灯片浏览视图状态。以拖动的方式移动幻灯片时，幻灯片前面的竖线指示当前幻灯片将要移至的位置，如图 6－42 所示。

6.5.3 复制幻灯片

复制幻灯片的操作非常简单，操作步骤如下：

（1）选择要复制的幻灯片，单击“常用工具栏”上的“复制”按钮，如图 6－43 所示。

（2）用鼠标单击幻灯片要复制到的位置，屏幕上会出现一条闪烁的黑线指示所处的位置，单击常用工具栏上的“粘贴”按钮，则完成幻灯片的复制，如图 6－44 所示。

图 6－43 选定幻灯片

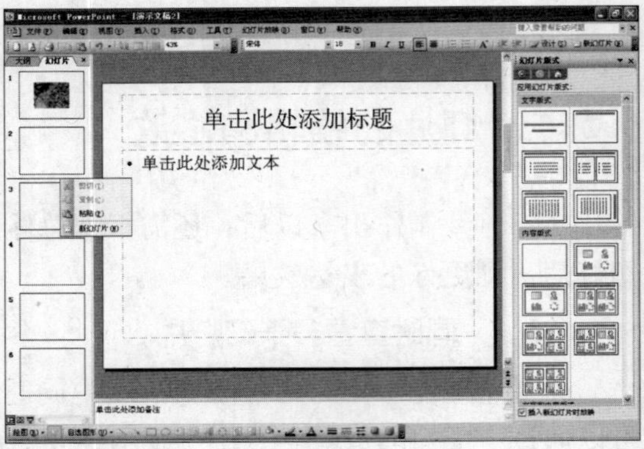

图 6－44 粘贴幻灯片

6.5.4 删除幻灯片

如果要删除幻灯片，只需选定该幻灯片，然后按一下 Del 键就可以了，PowerPoint 会自动对余下的幻灯片重新编号。

6.6 幻灯片的格式

6.6.1 幻灯片配色方案

配色方案是一组可用于演示文稿中的预设颜色，如文本、背景、填充，强调文字所用的颜色配合。方案中的每种颜色都会自动作用于幻灯片上的不同对象。其实用户完全可以不使用这种预设的配色方案，而去选择一种喜欢的控制对象颜色的方式，甚至修改并创建自己的配色方案。用户既可以为当前幻灯片选择配色方案，也可以将该配色方案用于整个演示文稿。

改变配色方案的具体操作步骤如下：

（1）单击“格式”菜单，选择“幻灯片设计”命令，如图 6－45 所示。

（2）屏幕出现“幻灯片配色方案”窗口，单击“幻灯片配色方案”，弹出多种配色方案类型，如图 6－46 所示。可以看到，第二个配色方案四周标有黑色方框，表示它为当前的默认配色方案，从中可看到它的背景为白色，标题和正文文字颜色均为黑色，而填充颜色为浅绿色。

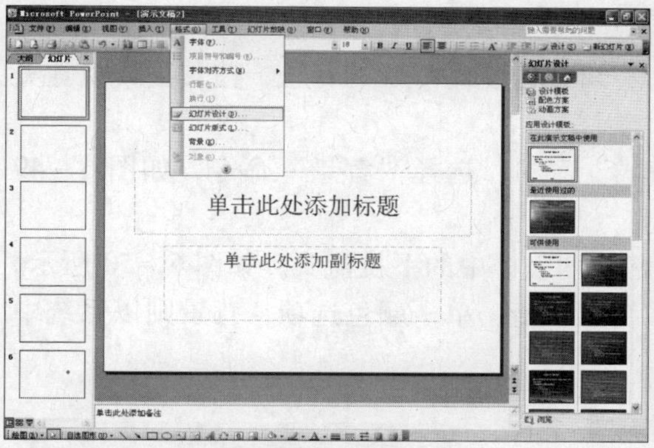

图 6－45　选择“幻灯片配色方案”命令

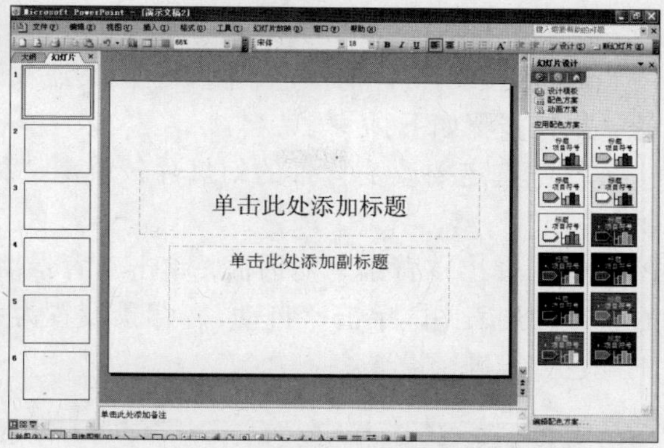

图 6－46　选择配色方案

（3）单击所需要的配色方案，则新选的配色方案将作用到幻灯片中，如图 6－47 所示。在 PowerPoint 中，当用户选择了一种新的配色方案后，幻灯片或整个演示文稿中所有与该方案中控制颜色相关的内容都将自动发生变化。

6.6.2　更改配色方案的颜色

具体操作步骤如下：

（1）单击“幻灯片配色方案”窗口下方的“编辑配色方案”对话框，单击“自定义”选项卡，如图 6－48 所示。

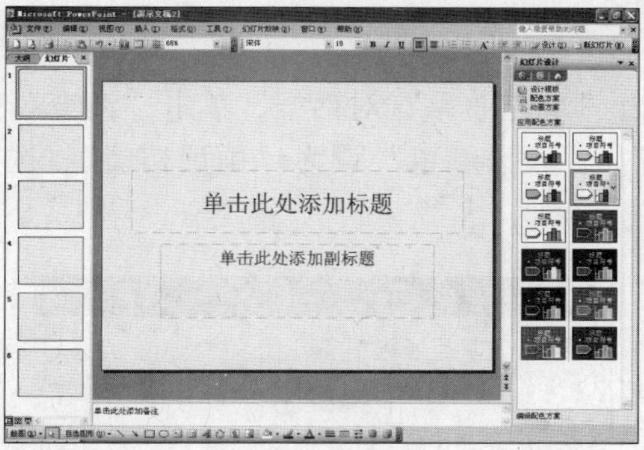

图 6－47　更改配色方案的颜色

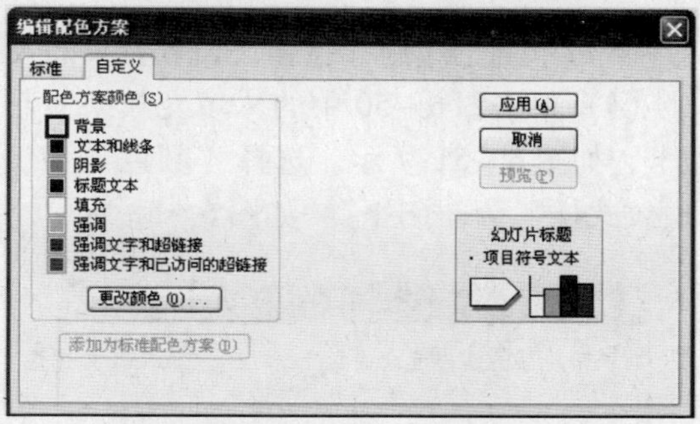

图 6－48　更改配色方案的颜色

（2）在“配色方案颜色”下面单击需要更改的颜色，再单击“更改颜色”按钮。

（3）在“标准”选项卡中，直接从调色板中选择所需的颜色，然后单击“确定”按钮。

（4）在“自定义”选项卡中，拖动“＋”字形光标选择颜色，并拖动滚动条调整亮度，然后单击“确定”按钮。

（5）如果要将配色方案连同演示文稿一起存盘，单击“添加为标准配色方案”按钮。

6.6.3 更改幻灯片背景

通过更改幻灯片的颜色、阴影、图案或纹理，可以改变幻灯片的背景，使其更具视觉美感。操作步骤如下：

（1）选定要改变背景的幻灯片，单击“格式”菜单，选择“背景”命令，如图 6－49 所示。

（2）弹出“背景”对话框，单击“背景填充”列表框中的下拉箭头，如图 6－50 所示。在弹出的列表中，单击“自动”，背景设置为系统默认值；单击颜色选项，背景则以系统中的配色方案进行设置。

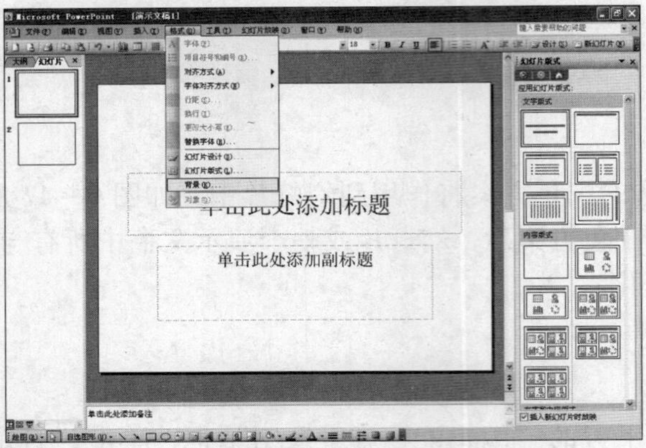

图 6－49 选择“背景”命令

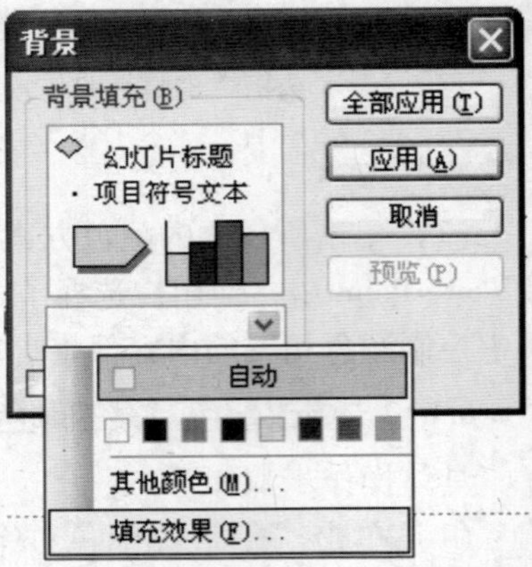

图 6－50 “背景”对话框

（3）单击“应用”按钮，设置背景的效果。

（4）单击图 6－50 中的“填充效果”项，弹出“填充效果”对话框，单击“渐变”选项卡，如图 6－51 所示。选择“颜色”为“预设”，“预设颜色”设为“雨后初晴”，选择“底纹式样”为“斜下”。如图 6－52 所示，“确定”按钮。

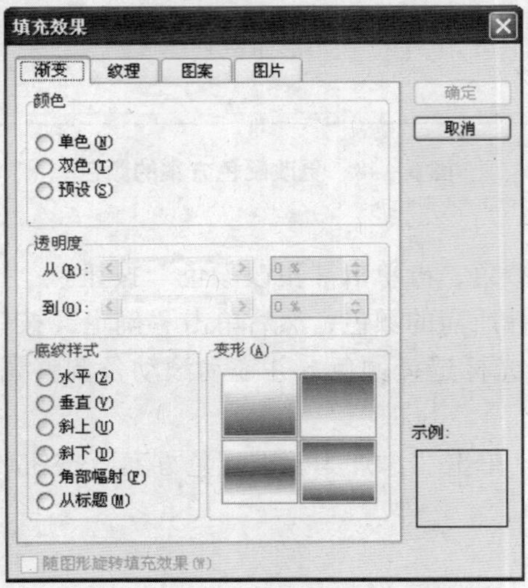

图 6－51 “填充效果”对话框

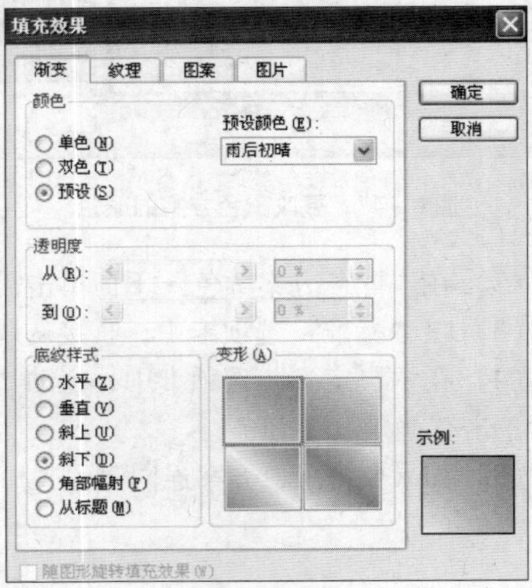

图 6－52 设置过渡填充效果

（5）单击“应用”按钮，设置“过渡”填充效果。

（6）单击图6－51中的“填充效果”项，弹出“填充效果”对话框，单击“纹理”选项卡，如图6－53所示。选择一种纹理，单击“确定”按钮。

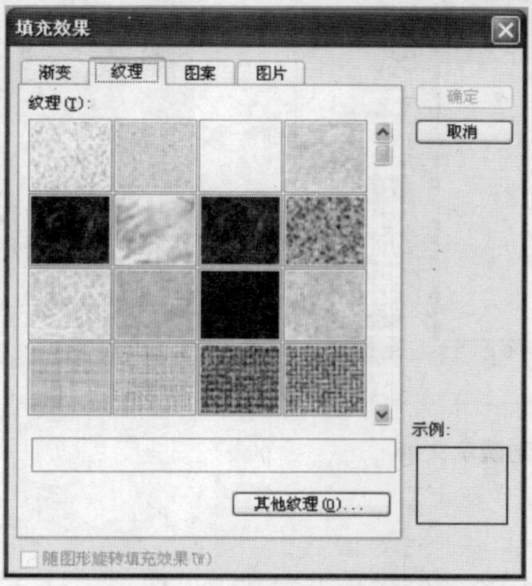

图6－53　“纹理”对话框

（7）单击“应用”按钮，设置纹理填充效果。

6.6.4　应用设计模板

PowerPoint 提供多种由专家们精心制作的模板，其造型和色彩都非常优美，巧妙地使用它们，可以在最短的时间内使自己的演示文稿充分地享有专业品质的特征。

要使用 PowerPoint 的应用设计模板，操作步骤如下：

（1）选定要应用设计模板的幻灯片，单击“格式”菜单，选择“应用设计模板”命令，如图6－54所示。

（2）屏幕右边出现“幻灯片设计”窗口，单击“应用设计模板”，弹出多种设计模板类型，如图6－55所示。

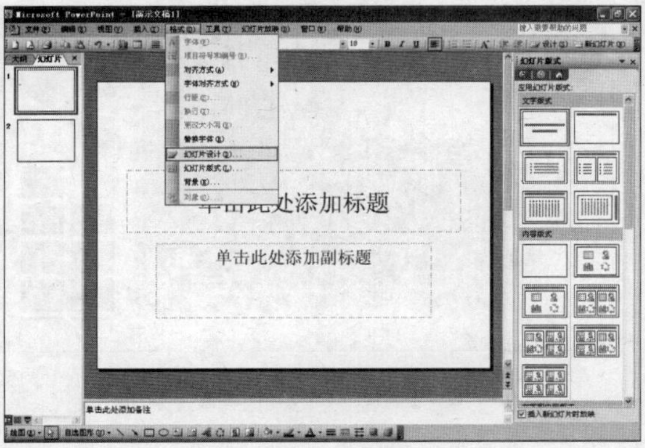

图6－54　选择“应用设计模板”命令

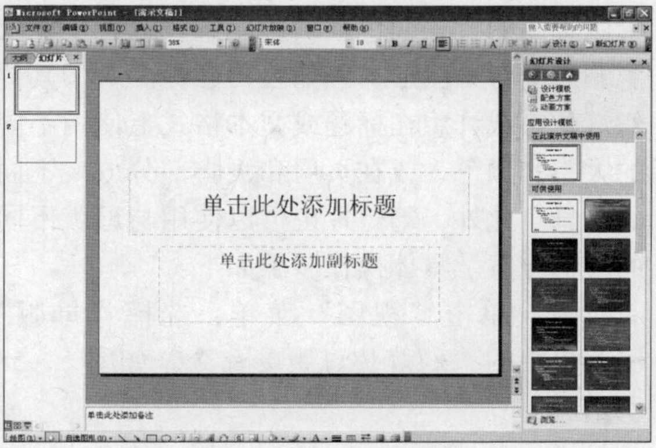

图6－55　选择设计模板

（3）选择所需要的设计模板，单击模板右边的下拉箭头，在弹出的菜单中选择“应用于选定幻灯片”项，则所选的设计模板将作用到幻灯片中，如图6－56所示。

（4）选择一些漂亮的设计模板，应用到其他的幻灯片中，效果如图6－57所示。

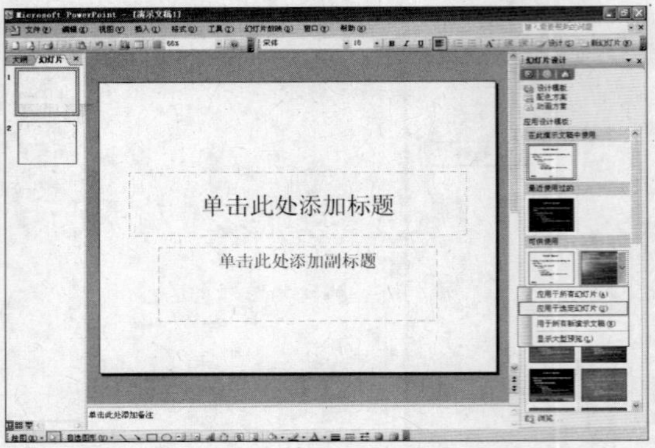

图6－56　将模板应用到演示文稿

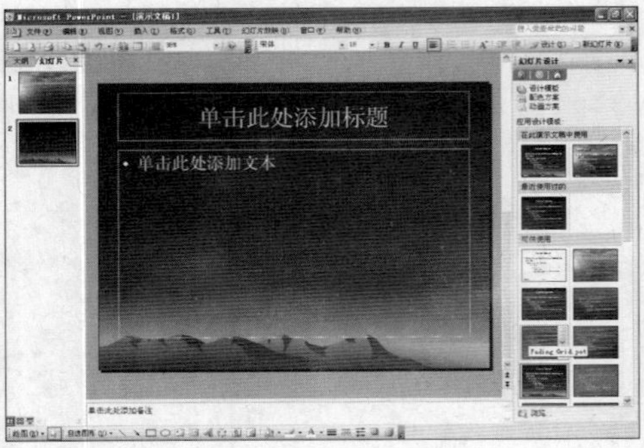

图6－57　应用设计模板

6.6.5　母版

母版是指一张具有特殊用途的幻灯片，在其中设置了幻灯片的标题文本的格式，正文文字的格式、位置，项目符号的样式、图形格式等。使用母版可以使整个演示文稿有统一的外观、一致的背景、统一的格式、共同的图形等，不必每次插入新幻灯片时一一设置。

母版分为四种：

1. 幻灯片母版

幻灯片母版：可以控制除标题幻灯片之外的所有基于该母版的幻灯片的标题、文本格式和类型，在幻灯片母版中修改的字体或添加的图片。

如果创建独特的幻灯片，例如背景和母版不同或填充颜色不同的母版配色方案，那么即使更改母版，这些幻灯片仍然维持不变，随时都可以将母版格式还原到已改变的幻灯片中。例如，如果幻灯片上有隐藏的背景项，只要从“格式”菜单中选择“背景”命令，再清除“忽略母版的背景图形”复选框即可显示背景项。

并非所有幻灯片在每个细节上都必须与幻灯片母版一致。例如，某张幻灯片可能使用与母版不同的背景颜色或阴影图案。或者可能要隐藏某个背景图形，例如公司徽标。对于其他幻灯片，或许想在标题或文本格式上使用不同的大小和颜色，或在页眉和页脚部分放入不同的信息。此外，幻灯片也可以使用与母版不同的配色方案。具体操作步骤如下：

（1）单击“视图”菜单，选择“母版”子菜单中的“幻灯片母版”命令，如图6－58所示。

图6－58　选择“幻灯片母版”命令

（2）选择所需要的幻灯片母版，幻灯片母版有5个占位符：标题区、文本区、日期区、页脚区和数字区，如图6－59所示。修改这些占位符的格式将影响所有基于该母版的幻灯片。

图6－59　幻灯片母版

2. 标题母版

通常情况下，演示文稿的第一张幻灯片是标题幻灯片，内容是演示文稿标题和副标题。标题母版控制标题和副标题。标题母版控制标题幻灯片的格式和位置，它还能控制指定为标题幻灯片的幻灯片，例如某部分的开始。

如果更改标题母版的版式，所有标题幻灯片也会随之改变。

选择“视图”菜单中的“母版”子菜单中的“幻灯片母版”命令，进入幻灯片母版视图。选择“插入”菜单中的“新标题母版”命令，进入“标题母版”幻灯片编辑窗口。标题母版视图也有5个占位符：标题区、副标题区、日期区、页脚区和数字区。

3. 讲义母版

讲义母版用于讲义的格式化标准。选择“视图”菜单中的“母版”子菜单中的“讲义母版”命令，进入讲义母版视图。讲义母版也有5个占位符：页眉区、日期区、页脚区、数字区和幻灯片或大纲区。在讲义母版视图中有一个“讲义母版”工具栏，利用“讲义母版”工具栏可以设置每张页面的幻灯片数量，或者显示大纲位置。

4. 备注母版

备注母版用于格式化演讲者备注页面的内容，备注母版还允许重新调整幻灯片区域的大小。选择“视图”菜单中的“母版”子菜单中的“备注母版”命令，进入备注母版视图，备注母版中共有6个占位符。

6.7　制作动画效果

6.7.1　制作动画效果

一份设计精美的演示文稿，会给人留下深刻的印象。如果再对它进行精雕细刻的话，那必定会锦上添花。为了更好地渲染主题，突出重点，可以在演示文稿中增加动画效果，设置动作按钮，使用超级链接，想必大家学过之后，定会对PowerPoint 2003的动态功能赞叹不已。

1. 设置动画方案

设置动画方案的具体操作步骤如下：

（1）选定幻灯片，单击“幻灯片放映”菜单，选择“动画方案”命令，如图6－60所示。

（2）屏幕右侧出现多种动画方案，单击一种动画方案，点击放映，可看到幻灯片按照选择的动画方案逐个出现，如图6－61所示。

图 6－60　选择“动画方案”命令

6.7.2　自定义动画

PowerPoint 2003 幻灯片的动画设计较 PowerPoint 98 增加了许多，并且在运用上也复杂了许多。使用“幻灯片放映”菜单的“自定义动画”命令，可以设置所需要幻灯片上的动画效果，更改幻灯片上对象的出现顺序，并且设置每个对象的播放时间。具体操作如下：

（1）单击“幻灯片放映”菜单，选择“自定义动画”命令，如图 6－61 所示。

（2）在屏幕右侧弹出“自定义动画”对话框，如图 6－62 所示。

图 6－61　选择“自定义动画”命令

图 6－62　设置动画效果

（3）单击右边“添加效果”框中的下拉箭头，选择动画。如图 6－63 所示。

（4）单击“列表”框，点击列表框下“重新排序”的向上、向下按扭，“移动”列表，可以设置动画出现的先后顺序。如图 6－64 所示

（5）在“开始”框中，有三种启动方式。可选择“单击时”、“在一事件之前”、“在前一事件后”时。如图 6－65 所示。

图 6－63　设置动画音效果

图 6-64　设置动画顺序

图 6-65　设置启动动画时间

（6）设置完成一个对象后，进行下一个对象的设置。

（7）单击“播放”按钮，可观看设置的效果。单击“幻灯片放映”按钮，可进行幻灯片的放映。

6.7.3　幻灯片之间的切换

幻灯片的切换方式指的是幻灯片进入和离开屏幕时产生的视觉效果，PowerPoint 2003 提供了包括盒状收缩、溶解、随机等 41 种幻灯片切换效果。

要对切换方式中的动画效果进行设置，具体操作步骤如下：

（1）单击“幻灯片放映”菜单，选择“幻灯片切换”命令，屏幕右侧出现“幻灯片切换”对话框，如图 6-66 所示。

（2）在“效果”列表框单击一种切换效果。

（3）在“速度”单选框中，选择切换速度；在“声音”列表框中，选择引入幻灯片时的声音。

（4）在“换页方式”中，可选择单击鼠标时切换，也可以设定幻灯片的切换时间间隔。

（5）单击“播放”按钮，可观看设置的效果。单击“幻灯片放映”按钮，可进行幻灯片的放映。

图 6-66　“幻灯片切换”对话框

6.8　幻灯片的放映

PowerPoint 2003 提供了三种不同方式放映幻灯片：演讲者放映（全屏幕）、观众自行浏览（窗口）和在展台浏览（全屏幕）。

6.8.1 设置幻灯片放映方式

1. 演讲者放映（全屏幕）

当一个演示文稿中的所有幻灯片制作完毕之后，用户可以有多种形式放映它们。最为常用的是利用这个演示文稿到报告会上向观众介绍有关的情况，这时可以选择“演讲者放映（全屏幕）”方式，此选项能以全屏幕的方式运行演示文稿，并且，演讲者在使用过程中对演示文稿有着完整的控制权。单击“幻灯片放映”菜单，选择“设置放映方式”命令，弹出“设置放映方式”对话框，如图 6－67 所示。

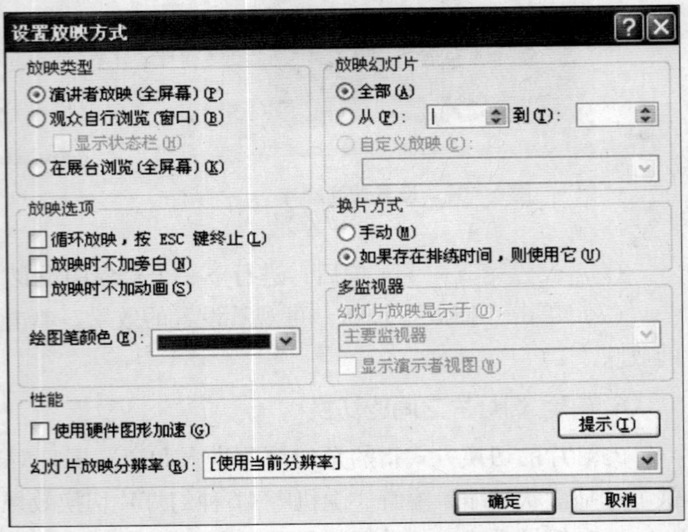

图 6－67 “设置放映方式”对话框

注意观察这个“设置放映方式”对话框的最上面的“放映类型”部分，它决定着将要以何种形式放映该演示文稿。鉴于用户要亲自去演讲它的内容，需要对它拥有完全的控制权，那么应按下“演讲者放映（全屏幕）”单选按钮。

2. 观众自行浏览（窗口）

选择此项可运行小规模的演示，演示文稿会出现在小型窗口内，并提供在放映时移动、编辑、打印幻灯片的命令。在此方式中，可以使用滚动条从一张幻灯片切换到另一张幻灯片。除此之外，还可以通过在幻灯片中添加动作按钮的方法，为幻灯片的放映提供控制手段。

在“设置放映方式”对话框中，选择“观众自行浏览（窗口）”单选按钮，单击“确定”按钮后，演示文稿就将以这种方式放映了。

为了使观众能够随意地浏览演示文稿中的幻灯片，应提供必要的放映控制手段，这个工作可通过“幻灯片放映”菜单中的“动作按钮”命令来完成。具体操作步骤如下：

（1）单击“幻灯片放映”菜单，指向“动作按钮”，如图 6－68 所示，可在打开的按钮工具栏中选定一个动作按钮。

（2）单击了该按钮之后，鼠标箭头改变成小小的“十”字，在要添加按钮之处按下并拖动它，就会以系统的当前缺省颜色画出一个按钮。

（3）当画出按钮松开鼠标时，会随即调出一个“动作设置”对话框，如图 6－69 所示，它将对鼠标以何种方式引发何种内容作出规定。

图 6－68　设置动作按钮

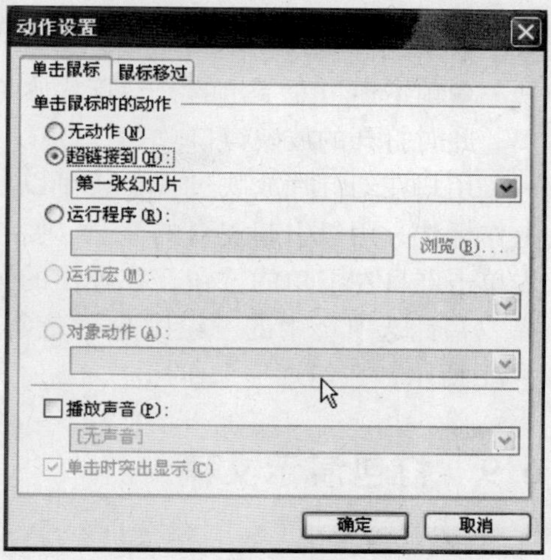

图 6－69　“动作设置”对话框

（4）图 6－70 显示了在幻灯片中添加了一个动作按钮，在幻灯片放映过程中，观众可通过这个按钮来进行幻灯片的放映操作。

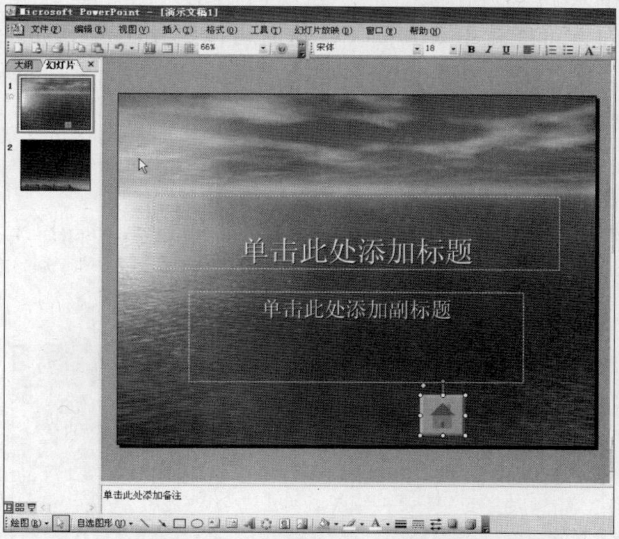

图 6－70　在幻灯片中添加动作按钮

3. 在展台浏览（全屏幕）

如果在“设置放映方式”对话框中选中“在展台浏览（全屏幕）”的放映方式，就可以使该演示文稿自动运行。这样在不需要专人看管的情况下，演示文稿就能够像在展览会场那样的环境里周而复始地循环放映下去。

6.8.2　放映幻灯片

制作并编辑完演示文稿后，可先观看放映效果。用户可用下面三种方式启动幻灯片放映：

●选择“视图”菜单中的“幻灯片放映”命令。

●选择“幻灯片放映”菜单中的“观看放映”命令。

●单击窗口左下角的“幻灯片放映”按钮 。

此时打开的放映窗口。

用户在幻灯片放映过程中还可以在幻灯片上作标注，用以引起观众的注意。要作标注可先单击屏幕左下角的按钮，在弹出的菜单中选择“指针选项”中的“绘图笔”命令，如图6-71所示，在幻灯片上作标注。

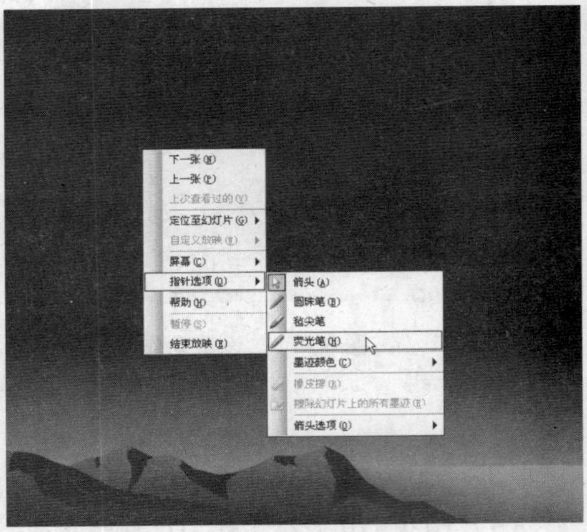

图6-71 用绘图笔作标注

6.9 打包演示文稿

6.9.1 打包向导

演示文稿制作出来以后当然是为了展示给人们看，这就有一个展示环境的问题。在自己的计算机上可以做好各方面的准备，以保证演示文稿能够以最完美的形式展现出来。但是当要借用别人的计算机（比如说展示会场提供的）来展示演示文稿时，可能就不太方便了，这时可以利用PowerPoint的“打包”向导将演示文稿打包到软盘上，这样对方的机器上只要有Windows 98或Windows NT系统，就可以放映演示文稿了。

打包演示文稿的具体操作步骤如下：

（1）打开要打包的演示文稿。

（2）单击“文件”菜单，选择“打包”命令，弹出“打包向导”对话框，如图6-72所示。单击“下一步”按钮。

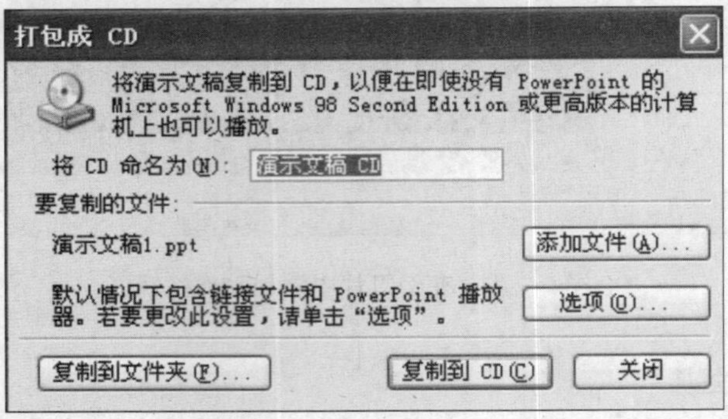

图6-72 “‘打包’向导”对话框

（3）点击按钮“复制到文件夹”，弹出一个对话框，要求用户选定打包文件存放的位置。单击“确定”按钮。如图6-73所示。

图 6－73　选择打包到的文件夹

（4）弹出一个对话框，要求用户选定打包文件存放的位置。单击“下一步”按钮。

（5）弹出一个对话框，显示“打包向导”可以包含演示文稿中所用的链接的文件和字体。单击“下一步”按钮。

（6）弹出一个对话框，说明如果要在没有安装 PowerPoint 的计算机上放映演示文稿，需要在打包时包含 PowerPoint 播放器。单击“下一步”按钮。

（7）弹出如图 6－74 所示的对话框，显示演示文稿的打包信息。单击“完成”按钮。

（8）屏幕显示正在打包演示文稿。等待一会儿之后，屏幕显示“打包”工具已经成功地打包演示文稿，如图 6－75 所示。

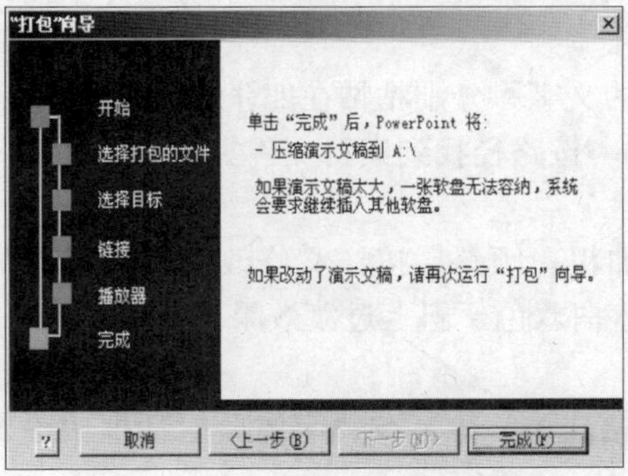

图 6－74　显示演示文稿的打包信息

图 6－75　打包演示文稿

6.9.2　打包演示文稿的放映

前面我们介绍了如何通过 PowerPoint 的打包向导，将演示文稿打包，以便在其他计算机中使用。但是，这种打包到软盘上的数据不能直接用来在计算机上放映，还要对它稍稍做些处理才能使用，这是因为打包的过程实际上就是对数据进行压缩和整理的过程，因而只有在对该数据进行“解包”恢复后才能有效地使用它。

下面我们来看看如何放映一个做过打包处理的演示文稿，具体操作步骤如下：

1. 打开包含演示文稿的文件夹，双击其中的 Pngsetup 程序，弹出一个对话框。

2. 在“目标文件夹”框中输入要存放这个演示文稿的位置，单击“确定”按钮，随后会出现一个对话框向用户报告安装情况，并询问是否愿意此时就放映该演示文稿。

3. 如果此时正等着用它，单击“是”按钮，该演示文稿将立即被放映出来；如果这时不打算放映它，当以后需要放映时，可以在为它创建的文件夹中双击 PowerPoint 的播放器 Ppview32，再单击所要运行的演示文稿就能放映它了。

【本章小结】

本章讲解了演示文稿的制作方式，幻灯片的编辑及修改，幻灯片的配色方案及母版的应用，幻灯片的动画效果，切换及放映方式等。通过对该章内容的学习，应可以制作出向公众表达观点、演示效果、传达信息的幻灯片。

例题

<一>按如下要求和样文（yp1 - a ~ yp1 - d）建立演示文稿，最后将演示文稿以 zpl 为文件名保存到考试目录（D：\ test \ ）中。

1. 应用设计模板“Blends”建立演示文稿；并按样文版式建立四张幻灯片。

1）打开素材文件夹中的演示文稿 yp1 - a. ppt ~ yp1 - d. ppt，另存为 D：\ test \ zpl. ppt；

2）格式→应用设计模板，选择 Blends，“应用”。

3）插入→新幻灯片→选取样文版式→确定

2. 将素材文件夹中 zwl 文件的文字分别粘贴在四张幻灯片中，在第三张幻灯片中插入素材文件夹中的图片 hl。

1）打开素材文件夹中 zwl 文件→复制 zwl 文件的文字→分别粘帖在四张幻灯片中

2）在第三张幻灯片中：插入→图片→来自文件→按路径找到素材文件夹中的图片 hl→插入

3. 将标题母版的标题样式改为：楷体 48 号、加粗、倾斜；按样文修改幻灯片母版的一级标题的项目符号；将所有幻灯片的背景设置为：蓝白双色、斜上过渡效果。

1）视图→母版→幻灯片母版；

2）选择文字“单击此处编辑母版标题样式”，格式→字体，在“字体”对话框中设置中文字体为“楷体”，字形为“加粗、倾斜”，字号为 48，“确定”；

3）选择文字“单击此处编辑母版文本样式”（1 级标题），格式→项目符号和编号，选择样文项目符号，“确定”；

4）格式→背景，在“背景”对话框的下拉菜单中选择“填充效果”，“填充效果”对话框中选择“过渡”面，设置颜色为“双色”，选择蓝白两色，在“底纹样式”国选择“斜上”，“确定”，“全部应用”。

4. 将第二张幻灯片的文字行距调整为：2 行。

1）选择第二张幻灯片的文字→格式→行距，在“行距”话框中设置行距为 2→“确定”。

5. 设置所有幻灯片的切换效果为：垂直百叶窗。

1）幻灯片放映→幻灯片切换，效果：垂直百叶窗，单击“全部应用”。

上机操作

POWERPOINT 操作按如下要求和样文（yp5 - a ~ yp5 - d）建立演示文稿，最后将演示文稿以 zp5 为文件名保存到考试目录（D：\ test \ ）中。

1. 应用设计模板" Notebook" 建立演示文稿；并按样文版式建立四张幻灯片。

2. 将素材文件夹中 zw5 文件的文字分别粘贴在四张幻灯片中，在第二张幻灯片中插入素材文件夹中的图片 h5。

3. 将标题母版的标题样式改为：黑体 48 号、加粗、倾斜；修改幻灯片母版：标题为仿宋40 号字，左对齐；一级标题无项目符号、行距为 2 行。

4. 在幻灯片页脚处显示幻灯片编号，标题幻灯片不显示。

设置所有幻灯片的切换效果为：随机垂直线条，中速。

参考书目

1. 郝建春．计算机公共基础．北京：科学出版社，2005
2. 曹尔敏．计算机文化基础．北京：机械工业出版社，2005
3. 王卫中．计算机文化基础教程．西安：电子科技大学出版社，2005
4. 崔　霞．计算机基础简明教程．北京：清华大学出版社，2005
5. 甘　岚．计算机导论．北京：北京邮电大学出版社，2005
6. 顾淑清．计算机文化基础．北京：清华大学出版社，2004
7. 沈素娟．计算机信息技术．杭州：浙江大学出版社，2005
8. 吴　玉．计算机文化教材．合肥：安徽大学出版社，2005
9. CEAC 国家信息化认证办公室．信息化办公——计算机基础．北京：人民邮电出版社，2003